U0137529

周易原解

朱东 —— 著

（上）

团结出版社

图书在版编目（CIP）数据

周易原解 / 朱东著. -- 北京 : 团结出版社,
2022.9

ISBN 978-7-5126-9405-7

Ⅰ.①周… Ⅱ.①朱… Ⅲ.①《周易》－研究 Ⅳ.
①B221.5

中国版本图书馆CIP数据核字(2022)第078873号

出版：团结出版社
　　（北京市东城区东皇城根南街84号　邮编：100006）
电话：（010）65228880　　65244790　（传真）
网址：www.tjpress.com
Email：65244790@163.com
经销：全国新华书店
印刷：北京天宇万达印刷有限公司

开本：145×210　1/32
印张：43
字数：970千字
版次：2022年9月　第1版
印次：2022年9月　第1次印刷

书号：978-7-5126-9405-7
定价：168.00元（全三册）

目 录

提源索易

中华有经，其名曰易，易之久不知其几千年也。中华有学，其名曰易，学易之人不知几千万数，笔者不过其中之一尔。

古来学者，皆知易之深，却不解易之奥；皆知易之博，却不懂之大。究其根源，不过是重易轻源的结果。所谓重易，就是专注于《易》的辞、象、数。重辞者，沉湎于寥寥数语之间，反复推演，以求其义理；重象者，醉心于阴阳六爻的变化之中，错综组合，以求辞外之义；重数者，痴迷于对数的深究，不惜将后世的数理，强加于前人名下。三者相互鼓荡推动，无形中实现了《易》的神化过程。所谓轻源，就是轻视对《易》的创始源头、演变渊源的探索，或置之于不顾，或引孔子的只言片语一带而过。却不知，古今之言，中外之文，无不需要置于特定的环境之中、背景之下，才能真正一窥其真意。

如果不求其根源，不解，甚至不揣度创易者的初衷，仅以一人一代之观念，来横解历经数千年沉淀而来之《易》，纵然学究天人，也难索其真意。以《提源索易》为题自作此序，便是感慨于此。就个人言，不欲再做一横解之人；为读者想，亦不欲其再成一代横读之人。

故在解析易理之前，先叙其源。

记事之说

《易》创于何时，出自谁手，至今已经无从考证。但是先人创造《易经》的初衷，仍旧是可以推测的。在今天的人们看来，《易经》既是一部占卜之书，又是一部人伦哲理之书。但是在其创始之初，不可能有这两个方面的功能，而仅仅是一部记事之书。

因为，《易经》不可能是由某一人，在某一个时段内，一次性完成的，即便是其雏形，也必然要经过一个漫长的过程，因此，其诞生的时间，应当远远早于殷商时期。由此推算，说卦象是结绳记事或刻木记事法的遗迹，应当是可信的。

无论是结绳还是刻木，都具有两个基本特点：

一是对事物的记述能力十分有限。这主要是因为能够用于传情达意的"符号"数量有限，无论如何发挥想象力，所能组合出来的表现形式，终究是十分有限的。因此，只能用于记述与当时人们的生活关系最重大的事物，比如影响深远的历史事件、意义重大的生产技能、印象深刻的自然现象等等。简而言之，最初的《易》既不是人伦之书，更不是占卜之书，而仅仅是一部原始先民，累代积累而得的，由关于自然、生产、历史的知识，可能还有一些原始"法律"组合而成的一部"百科全书"。为了便于传承和查阅，承载这部"百科全书"的绳结或刻木，很可能就被悬挂在部落的某个神圣的地方，久而久之也就因"挂"而成"卦"了。

二是解读需要极为专业的"语法"知识。结绳记事，现在在中国云南的一些少数民族中仍有使用，其间绳结的大小、排列组合的方式，以及在绳结中编入的羽毛等物件，都具有特殊的含义。这些"语法"对于外人来说，犹如天书，对于熟悉它们的人来说，则是比文字内涵更丰富的符号。由此可以推测，在教育尚且无从谈及的时代，这些高深的语法，应当是仅仅掌握在极少数人的手中。由于当时的部落领袖，基本上还是公推而来，因此掌握知识的应当是那些传承关系更加稳定的神职人员。那些记录着部落全部智慧的绳结和刻木，很可能就悬挂在他们的活动场所中。

随着文明的进步，神职人员肩负的责任，或者说社会对神的需求不断提升，开始从消除眼前之灾，向祈求未来之福发展，导致占卜逐渐成为神职人员的主要职能，和维持自身在部落政治中地位的主要手段。这不仅最终完成了从"挂"向"卦"的转变，而且也使得，对那些挂在墙上的绳结和刻木的解读，变得越来越丰富，越来越与人伦政治关系紧密。另外两个问题也就随即产生，首先从原来相对简单的"语法"，到后来相对复杂的解读，神职人员自身需要完成的记忆内容，无疑大幅度增加了。这就使得出现错误的可能性，也大幅度增加，而对卦的解读错误，将削弱神职人员的威信。同时，如同后世政教一体的国家一样，首领和神职人员之间的关系，是一种极为复杂微妙、既合作又敌对的关系。其中大概最不能让那些有作为的首领忍受的，应当就是神职人员对神意的随意解读。因此，无论是出于神职人员自己的记忆需要，还是出于人与神之间的权力平衡的需要，都有必要将对卦的解读，用更加直白的方式，记录下来，固定下来。这大概就是卦辞、爻辞的雏形。

但是至少有三个原因，可能会导致卦辞、爻辞的遗失和变易：

首先是神职人员在传承过程中，逐渐失去了对象、乃至辞所代表的原始含义的记忆，导致象还在，辞虽存，但意已失的结果。这是极有可能发生的，因为神职人员的传承，基本上是世袭，即在一个家族的母女之间、父子之间传承，这就不可避免会出现不肖之子、不肖之女，无法掌握父母传承下来的全部知识的现象。

其次是战争，在以力量求生存的洪荒时代，部落之间的冲突是难以避免的，从后世可见的相对原始的民族之间的战争可见，战败方中，命运最为悲惨的，很可能就是部落的首领和他身边的大臣。因此，在频繁的战乱之中，这些记录着部落智慧的"卦"，或者因为自身被毁，而湮灭在时光之中，或者因为解卦之人被屠，而变成有字天书。

最后，就是政治的需要，人类发展的历史，其实就是一部神不断被驱逐、被改造，人不断被释放、被开发的历史。因此，被神职人员神化了的"卦"，也必然要随着俗世之王的权力增长，而逐渐修正、调整自己的内容，以与之保持协调。

三代之易

"易者易也"孔子一言将《易经》定义为讲述变易之书。事实上，《易经》本身也是经历了无数变易而来的。前面所说的种种猜想暂且不论，仅仅是见诸史籍的《易》，就有夏之《连山》，商之《归藏》，和周之《周易》三种。

夏商周三代，是真正的中华文明之始，因为这时在中原大地上，出现了具有国家意义的，相对稳定的政权。三代各有其《易》，一方面说明了《易》在当时社会、国家中的重要性。另一方面也是当时文明进步的写照，关于生产力进步对《易》的影响，将在乾卦中阐述，仅就用以记录对卦辞、爻辞的解读的文字而言，自传说中黄帝时代的仓颉造字，到殷商时代已经逐渐成熟的甲骨文，经历了数千年的演进。不断增加的文字数量，和逐渐精准的意义表达，都给《易》的发展，提供了直接而有力的支持。

《易》的发展应当分为两个部分：

一是对易理的深度发掘。文字在人类文明的进程中，最重要也是最伟大的作用，就是能够将已有的知识固化下来，使之成为后来者进步的阶梯。因此意义精准的文字记录，使后来的神职人员，能够真正站在前人的肩膀上，对易理进行更加深入、全面地发掘，使之能够更有效地适应社会进步的需要。其直接后果是，促使《易》从一部以自然、历史知识为主的"百科全书"，快速的向人伦之书、政治之书转变。

二是《易》的普及。文明的进步、国家的稳定，必然导致人口的增加，其中又以拥有特权的王族和"神族"为最。随着其宗族规模的扩大，那些亲缘关系较远，在现实中政治地位较低的成员，势必要与核心成员逐渐疏远，以致脱离显赫的宗族，而流于民间。与他们一起流入民间，应当还有留存在他们记忆中的各种知识，其中就有可能包括《易》。作出这种推测，是有依据的。

首先，在远古时代，"书"的本意就是史书，即便将其拓展一下，也不过涵盖有类似于《易经》这样的"统治工具"，也就是说，当时可以阅读的内容是十分有限的。其次，至少在殷商时代，中国就有了叫作"庠"的最原始的学校，其主要功能包括两个方面，即教育年幼的贵族成员，和为老年的贵族成员提供养老场所。因此可以推想，当时的贵族很可能是有机会接触到《易经》，也就有可能使《易》在某种程度上，变成一种所谓的家学，而在家族内部传承下去，以至于随着他们一并流落到了民间。进而再在民间，通过父子相传、师徒相授的方式，继续扩散传播。

沿着这两个方向，《易》在得到不断发展的同时，也必然会出现官方与民间版本的分化。如果官方之《易》能够得到完整有效的传承的话，这种分化应当有望在最终得到统一，但是三代的交替都是通过"革命"的形式完成的，尤其是商周的更迭更是一场既激烈又惨烈的，落后民族对先进文明的征服。在此期间，官方之《易》的遗失应当是难以避免的，而周人传说的"文王演易"的故事，实际上就是欲盖弥彰，恰恰说明了周王朝在战胜之后，并没有得到殷商的《归藏易》，至少也是没有得到完整的，又无法回避《易》在当时政治、社会中的重要作用——由于殷商重视占卜，《易》很可能已经被其上升为神权的象征、君权合法性象征的高度，因此周人只能在残存的《归藏易》基础上，再造一《易》——《周易》，以补其缺。

孔易之俗

《易》被用于占卜，应当说至少自殷商以来，就已然如此了。只是最初受其普及性和相关制度的限制，应当仅仅是为国家的最高统治者，或者统治集团的成员服务。随着周代商立，周王朝面对着，如何让商朝遗民归附于其统治之下，以及如何建立起统治的合法性等一系列问题。此时新创的《周易》应当发挥了巨大的作用，它通过商人好占卜、信占卜的特性，将重新编撰的人伦规范，顺利地渗透到人们的思想之中。即将易卜作为推广其统治思想，建立新的价值观念的通道，利用易卜来约束人民的行为。其带来的直接后果就是，进一步推动了《易》的普及。

但是，那个时候的易卜方法，与后世大不相同，仍旧主要是通过卦辞、爻辞来推断吉凶。在《春秋·左传》等同时代的书籍中，屡屡可见相关事例。而且这些事例也从另一个方面证明了，当时的易卜已经从君王显贵，向普通贵族延伸；从君国大事，向个人私事延伸；主持占卜、解读卦辞的人，也从专职人员，向普通人士延伸。也就是，社会上越来越多的人，会通过易卜了解《易经》。

《春秋》是孔子在《鲁春秋》即鲁国的编年体史书（类似于后世的"实录"）的基础上，编撰整理而成的。既然其中记录了大量的易卜实例，那么可以想见，在其他国家的《春秋》中，应当也有类似的记录。虽然，以孔子的身份，未必能够得见各国的史书，更不见得能够见到相对原始的、官方版本的《周易》，乃至更早的,但在当时可能还有残存的殷商《归藏易》,但是作为名动一时的学者,通过与同时代学易者的交流,并从中累积更丰富的,当时已经流于民间的对《易》的解读,应当是合于情理的。再结合孔子编撰《诗经》、修编《春秋》的行为分析,孔子为《易》所作的《传》,也就是后世所说的"十翼",应当绝大部分都是收集整理而来的内容,而非孔子一人的原创。

这里并没有贬低孔子,及其"十翼"的价值之意,相反无论如何,都不可否认,孔子的《传》固化和升华了当时的易学成就,也为后人开凿了通向易理深处的通道。正因为如此,后世学易者,无不"经""传"并重,无不将"十翼"视为易门之钥。因此,与其说是在读《周易》,不如说是在读"孔易"。

然而,同样不能否认的是,孔子汇编的仅仅是民间之易,其与官方秘藏之《易》,或者说《易》之本源相比,应当多了许多世俗性,少了不少科学性。因为即使是以《周易》为起始,传至孔子时代也至少经历了五六百年。这五六百年,尤其进入春秋时代以后的两百多年,用孔子自己的话说,就是一个礼崩乐坏的时代。何谓礼崩乐坏,简单地说就是世俗之风日盛,对传统的尊重日渐消退。在这样的风气薰袭之下,许多由远古的神职人员传承而来的史官,已经开始改弦更张,谙熟于奴颜媚主之术了,又何况是充其工具之用的《易》呢?

因此,孔子作"十翼",变《周易》为"孔易",其初衷应当是在传《易》于后世的同时,如其作《春秋》一样,欲立所谓的人间大义、正道。却不想将其时代之俗,一并打包传来。

后世之误

《易》是五经之首，因此后世的儒者，无有不读《易》者，其中的出类拔萃者，又多有投身解易行列的。但是，无一人能出孔子之右。其中原因，除了孔子所作之《传》实为无数更先智者的智慧结晶，后世之人纵然有天纵之才，也难以逾越之外，更重要的是知识结构和思维方式的问题。

后世之儒，根本上说都是孔子的再传弟子，所学之识都是建立在孔子的思想基础之上的，必然导致他们具有与孔子相似的价值观念和与孔子相似的思维方式。同时，对孔子思想的推崇，并不仅仅局限在当时的学术界，而是通过政治的手段，成为全社会的共识。因此，可以形象地说，后世之儒是笼罩在孔子思想的空气中，浸泡在孔子思想的海洋中长成的，期许他们彻底地否定孔子的思想，就等于让他们自绝于赖以生存的环境，所以是不可能的。

至于知识结构，由于自汉以后，尤其是隋唐以后，在中国一方面有堪称完整的教育体系，另一方面又有科举制度的推动。因此，当时儒者的知识结构大体是一致的，不同的仅仅是个人的天资不同。但是，无论才思如何敏锐，人要进行分析和判断，都要以自己的知识结构，也就是所谓的见识为基础，未见则不识。不能指望在一群知识结构几乎完全相同的人当中，猛然涌现出一个开天辟地的盘古来。

因此，学易、解易者古来不乏其人，但就整体而言，不过是对"孔易"的译释而已。至于自汉以后兴起的象数学研究,以致引出后世的六爻占筮等,以易之名,行占卜之实的分支,则已入术群,而非道类矣。

笔者此次,再走前人之路,又作解易之事,即希望用一新思维,换一视角,敬孔、尊孔,而不为孔所缚,去探索《易》之真义。而今将些许偶得记述于此,既愿与读者分享,更欲求斧正。

读易要例

虽然观象解易之术，从原则上说，已经失传。但是由于象是易的语言，所以不知象则不知易，不解象则不解易。因此在历代相传之间，还是保留了相当部分，虽是基础但却十分重要。关于易象的知识，现择其要收录于下。

《易》书的体例

《易经》的体例大致经历了四个阶段的变化，即有象无文阶段；有象无辞阶段；有辞无传阶段；象辞传兼备阶段。

在第一个阶段，《易》是完全由卦象构成的，读易者需要通过卦象，来直接领会其中的内涵，此时的《易》很可能还仅仅是神职人员的占用工具；

第二阶段，为了让《易》能够得到更广泛的应用，和更一致的解读，人们开始为其加入注解，但此时的注解，仅限于对卦象的整体判读，所以只有对卦象的彖（tuàn），而没有各爻的爻辞。彖，就是判断的意思。这个阶段，对应的时代背景应当是，人权逐渐替代神权，成为部落/国家的最高权力的过程，大致应当就是夏、商两代；

第三阶段，准确地说应当是第二阶段的延续，即在"象"的基础上，对卦中的六爻逐一加以注解，形成所谓的爻辞。这个过程大致应当在商末周初完成的，所以后人所说的文王演八卦，其真正的历史依据，很可能就是周人在对爻辞的编著上，起了主导性的作用这一事实；

第四阶段，是在春秋晚期，随着《周易》在民间的普及，客观上出现了对《周易》进行更加深入解读的需求。由孔子最终完成了为其作传（解说经义的文字）的工作，形成了象、辞、传具备的格局。

在这之后相当长的时间里，《周易》都是由"古经"（卦象、卦辞、爻辞），和"易传"两个部分组成，即经和传是彼此独立的。直到东汉末年的经学大师郑玄，才开始将《易传》中的《彖传》和《象传》同经文编在一起，之后人们又将《文言传》，续于乾坤两卦之后。由于这种改变，极大地方便了读者的阅读与理解，因此一直沿用至今。

只是原来作为一卦总论的"彖"的名目，逐渐被附于其后的"彖传"所占用。所以，现行版本中的《周易》"彖曰"之后的内容，也就是所谓的彖辞，并不是《周易》原书中的内容，而是孔子对《周易》原有的"彖"进行解读的"彖传"。而原来的"彖"，被后人改称为"卦辞"。

总而言之，现行的《周易》中，同时具有两种体例：

一种是仅见于乾坤两卦的，卦名——古经——彖辞——象辞——文言的形式；另一种是其他六十二卦普遍使用的，卦名——卦辞——彖辞——大象——爻辞与小象混编的形式。

例如：

屯

元亨，利贞。勿用有攸往。利建侯。

彖曰：屯，刚柔始交而难生。动乎险中，大亨贞。雷雨之动满盈。天造草昧，宜建侯而不宁。

象曰：云雷屯，君子以经纶。

初九：磐桓。利居贞。利建侯。

象曰：虽磐桓，志行正也。以贵下贱，大得民也。

六二：屯如邅如，乘马班如。匪寇，婚媾。女子贞不字，十年乃字。

象曰：六二之难，乘刚也。十年乃字，反常也。

六三：即鹿无虞，惟入于林中，君子几不如舍。往吝。

象曰：即鹿无虞，以从禽也。君子舍之，往吝穷也。

六四：乘马班如，求婚媾。往吉，无不利。

象曰：求而往，明也。

九五：屯其膏。小贞吉，大贞凶。

象曰：屯其膏，施未光也。

上六：乘马班如，泣血涟如。

象曰：泣血涟如，何可长也。

十 翼

《易传》，共计十篇七种，分别是：彖上传、彖下传、象上传

（又称大象，用于解释卦辞）、象下传（又称小象，用于解释爻辞）、系辞传上、系辞传下、文言传、说卦传、序卦传、杂卦传等，合称"十翼"。"十翼"本身十分精辟，对后世读者阅读理解《周易》意义重大。由于其间多有"子曰"之类的文字出现，即使不是孔子亲笔所撰，也是弟子们对其相关言论的记述，因此后世多将其视为是孔子所作。

阴阳/刚柔爻

《说卦传》中说"立天之道曰阴与阳，立地之道曰柔与刚"，说明阴阳与刚柔是相互对应的，又由于"在天成象，在地成形"，所以刚柔就是有形的阴阳，阴阳则是无形的刚柔。就其本源来说，无论阴阳还是刚柔，都是指同一事物，同一系统中，既对立又统一的两个方面、两种力量。后缀以"爻"，就是指《易》中象，也就是《易》用以比附阴阳摹画刚柔的符号。如下图：

阳/刚　　　　　阴/柔

连贯始终的阳爻、刚爻；中间断开的是阴爻、柔爻。关于阴阳的取象，自古说法各异，笔者认为是对阴阳的运动特性的摹画，即乾阳"其静也专，其动也直"，坤阴"其静也翕，其动也辟"。

三画卦

顾名思义，就是由三个爻画组成的卦象，由于阴阳两种爻，在三个爻位上的所能形成的组合方式一共只有八种，所以只能形成八种不同的卦象，即所谓的八卦。因此从逻辑上说，八卦应当是阴阳背后的二元论思想，所能导致的必然结果。即阴阳在先，八卦在后，八卦是由阴阳演绎出来的结果，并非是人们有意创造的，而八卦所对应的征象和特性，则应当是在其卦象基础上，人为赋予的。

八卦的意义在于，穷尽了阴阳（爻）相互交错叠加的可能性，因此象征着阴阳变易告一段落，形成了最基本的物象（参见《系辞传上》第十章的解读）。所以，八卦各有其象，也各有其基本特性，其象是先圣眼中构成世界的基本事物，其特性是普遍存在于世间万物中的基本特性。因此八卦对应的就是物质世界，及其内部事物之间相互关系的基本框架。

按照排列方式，或者说按照创作人/先后的不同，又分为先天/伏羲八卦，和后天/文王八卦两种，如图：

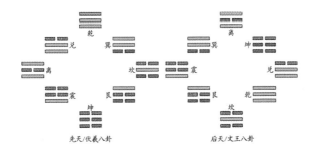

先天/伏羲八卦　　　　后天/文王八卦

其中先天八卦（排列方式），反映的是"易有太极，是生两仪，两仪生四象，四象生八卦"的生成原理，表现的是"天地定位，山泽通气，雷风相薄，水火不相射"的自然关系。

后天八卦（排列方式），反映的是五行相生、寒暑相推的变易原理，表现的是"帝出乎震，齐乎巽，相见乎离，致役乎坤，说言乎兑，战乎乾，劳乎坎，成言乎艮"的循环变易关系。

六画卦

就是由六个爻画组成的卦象，是在三画卦（八卦）的基础上"因而重之"——相互重叠而成的。《易》的主体六十四卦，都是六画卦。

六画卦由三画卦重叠而来，因此六画卦是建立在三画卦相互接触的基础上的，三画卦各有物象、特性，因此卦的接触就象征着物的接触与性质的碰撞，因此六画卦中才得以蕴含各种矛盾与变易，能够模拟世间万物的变化。

十二消息卦

十二消息卦，又称十二辟卦，所指的是阳刚自初爻起逐次递进至六爻皆阳的乾，再转而自阴柔自初爻起逐次递进至六爻皆阴的坤，依次形成的十二个卦象。在这十二个卦象背后的，则是阴阳此消彼长的过程，象征着四季寒暑、昼夜更迭、阴晴圆缺等一切变化的渐进过程。因此在《易》——六十四卦中，起着框架性的作用,支撑起整个循环变易的过程。

如下图所示,如果将其渐次而变的过程汇总起来,其实就是一个大的太极图,因而其中的每一卦,对应的就是阴阳变易过程中的一个节点,一种具有阶段性意义的,阴与阳两种力量/因素之间的整体态势。

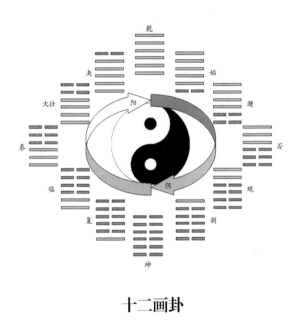

十二画卦

十二画卦是一个长期被忽视的概念,其产生的原理与十二消息卦是一致的,都是源于"刚柔相推而生变化"的基本思想。所不同的是,十二消息卦反映的是在宏观层面的阴阳相推,摹画的是宏观层面的变化,形成的是一个大的太极。十二画卦反映的则是一卦之内的,相对微观的阴阳相推,相对微观的变化,形成的是一个小的太极。

如下图所示:

根据阴阳共生而相推的关系，在正常（没有卦变发生）的情况下，任何一个阳爻的背后都会有一个阴爻存在，反之亦然，这是阴阳的共生关系。因此在事实上，存在着一个由六阴六阳共计十二个爻画，组成的一个闭合的环。基本卦象，即十二消息卦，则是在这个环的循环过程中，提取其显现出来的六爻而产生的。

所以对于任何一个十二消息卦来说，实际上都是由六个显现的，和六个隐伏的，共计十二个爻画组成的。以姤卦为例，就是:

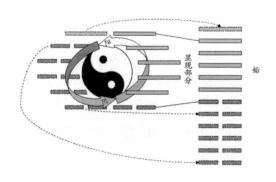

取用此象的好处是，能够更加清晰地展现变易的全过程，对于卦象尤其是初上两爻的解读，有颇多助益。

卦 变

卦变是一个被绝大多数解易者所接受的概念，即认为《易》中绝大多数的卦，都是经由另一卦中某些爻的变易，演变而来的。由于有不同才可称变化，所以卦变概念对于解易来说至关重要，因为它将卦象所示的变化的前后因果关系，展现了出来。

但是对于卦变的方式，自古却有两种截然不同的观点。概括起来说就是，横向和纵向两种。

所谓横向，就是说卦中的上下卦既不是乾坤，又阴阳属性不同时，即一个是震、坎、艮三阳卦之一，另一个是巽、离、兑三阴卦之一的时候，卦变才会发生。而卦变的方式是，阳卦由坤卦（三画）中相应的一爻，变为阳爻，演变而来；阴卦则是由乾卦演变而来。这种卦变方式，存在两个问题，一是有较强的局限性，符合上述条件的只有十八卦，然而在《易》中，通过卦辞爻辞能够明确感觉到卦变存在的卦，远不止这些；二是缺乏动态性，即没有办法准确地反映出，变化过程中的时势关系，然而"变通者趣时者也"，不能反应"时"，自然就不能完整地反映变通，而《易》所要阐释的恰恰是变通之道，因此也就难以真正将易理阐释清楚。

所谓纵向，就是认为卦变是，这一卦是由前一卦中的两个爻，经过了相互换位之后，演变而来的。古来学者的解读过程中，充当卦变起始的通常都是十二消息卦（不含乾坤），但是也有个别的卦，被认为是经由小过、中孚等卦演变而来。这种卦变方式的最大优势，就是将十二消息卦蕴含的"时"的内容，引入了进来。而且爻的上下运动，又增加一卦之内、六爻之间的所谓"爱恶""远近""情伪"等关系，极大地丰富了解读空间。

笔者在本书中，取用的是后一种卦变方式，而且在其基础上进一步发展，将所有的卦变的起始，都归结到十二消息卦上来。形成一个由十二消息卦为框架，为核心，其他五十卦为延展的完整体系。

互 卦

互卦是指由卦中二至五爻之间，任意三个相邻的爻组合而成的三画卦。虽然其仅仅是两个三画卦相互叠加，做成六画卦之后，产生于新的六画卦内部的卦象，但也是卦象交错的结果。况且有象即有性，有性必有情，所以互卦并非是人为臆造的，而是客观存在的，因此在对卦象的解读中，在爻辞的取象中，有着重要的作用。

覆 卦

就是将一卦的卦象，上下颠倒——旋转180度，形成的卦象，因此覆卦是一种相对关系，即两卦之间互为覆卦。也叫反卦、综卦。

变　卦

就是将一卦之中的六爻属性完全改变——阴变阳, 阳变阴形成的卦象, 同样变卦也是相对的。也叫反卦, 错卦。在六十四卦的排列顺序中, 卦象总是成对出现的, 而且成对的两卦之间, 非覆即变。可见互为覆卦或变卦的两卦之间, 是存在着某种关联的。

卦　主

指一卦六爻中, 其起主要作用, 处于主要地位的一爻。其在卦中的作用, 要么是促成卦象生成的关键一爻, 要么是能够集中反映卦义的一爻。通常来说, 卦主都是参与卦变的两爻之一。

正

"正" 的概念, 是针对爻与爻位之间的关系而言的, 概括地说就是阳爻居阳位、阴爻居阴位为 "正"。

比之于人事, "正" 的概念类似名正言顺、名符其实等关系, 是判定一爻的吉凶悔吝的重要依据。

中

《易》的核心观念，就是变易，而变易的目的，和正确与否的标准，就是顺天应时，就是合于天道，无论是超越，还是不及，都不符合易理。因此"中"所代表的适度、适中的概念，在《易》中有着至高无上的地位——超过"正"。

"中"在卦象的表现有两种，一种是在绝大多数情况下，是指上下卦的中位，也就是二爻和五爻；另一种是在极少的情况下，是指一卦的中间两爻，即三爻和四爻。通常所谓的中道，是针对二爻和五爻而言的。

乘承比应

这是爻与爻之间的四种基本关系：

甲爻在乙爻之上，则称甲爻"乘"乙爻；

甲爻在乙爻之下，则称甲爻"承"乙爻；

甲爻与乙爻紧邻，则称甲爻与乙爻相"比"；

甲爻与乙爻之间相隔两爻，即甲爻与乙爻分别处于上下卦中的相同位置，则称甲爻与乙爻相应，其中甲乙阴阳属性不同，则称为正应。

相得当位

　　这是对爻所处位置适当与否的判断，比如：居正为"相得"，为"当位"；阳乘阴，阴承阳为"相得"，为"当位"。是判断一爻吉凶悔吝的重要依据和思路。

乾——天道健进

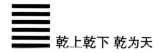

乾上乾下 乾为天

从《连山易》到《归藏易》再到《周易》，《易》的演进经历了一个漫长的过程，其间的细节，早已经遗失在那些文字尚不发达的岁月中了，留在人们记忆中的，仅仅是最显著的变化——《易经》首卦的变迁。

乾是《周易》之首，毋庸置疑有着特殊的地位和作用，自古以来学者们通常认为，其反映了当时社会关系的变迁，即父系氏族社会从根本上取代母系氏族社会。这种观点固然正确，但笔者认为，可以更进一步——与其说是社会关系的变迁，不如说是生产力水平的变迁，不如说是劳动工具的变迁。

《连山易》以取象为山的艮卦为首，《归藏易》以取象为地的坤卦为首，《周易》则以取象为天的乾卦为首。由此可以将《易经》的演化形象地看作是一个从"山"到"地"再到"天"的过程，与之相对应的，则是以劳动工具为代表的生产力进步，二者形成如下图所示的关系：

乾卦用图

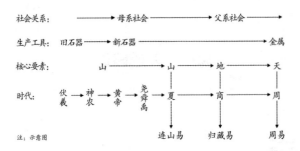

借助此图，就可以十分清晰地了解，为什么《周易》要以乾卦为首了。

在《连山易》之前的时代，人类尚处于蒙昧初开时期，采摘和捕猎是获取食物的主要手段，此时的人类必须依赖大山才能生存。直至神农氏时代，原始的农业开始出现，但此时的农业生产，并不能完全解决生存所需的食物问题，因此人类仍旧无法摆脱对大山的依赖。事实上神农氏又称烈山氏，所谓烈就是火烧的意思，由此可以推想所谓的刀耕火种，就是对神农时代原始农业生产方式的形象总结。按照中国古代公认的传说，创制八卦的伏羲在神农氏之前，黄帝则在神农氏之后，而创立夏朝的启，是禹的后代，禹则是黄帝建立起来的松散的部落联盟中，最后一位公推的"王"。其最大的功绩就是众所周知的治水。

在同时代的世界各地、各国的神话中，都有关于洪水的传说，但是所有这些神话传说，都仅限于描写两件事，一是洪水的凶猛程度，二是人类如何在洪水中维系种族的延续——诸如诺亚方舟、兄妹相交等等。只有中国的传说中（因为没有明确的文字记载，无法认定为正史），有关于治水的内容。这只能说明两个问题：第一当时的中国先民，已经初步具备了治水的能力；第二当时的中国先民，需要治水。其根源则在于，中国的农业生产水平，经历了神农以下数百上千年的发展，已经得到极大的提升，耕种的范围，已经从山坡林地，发展到了水边低地，而且农业生产的收成，已经成为当时最主要的食物来源。

也就是，自禹的时代开始，中国的先民就开始逐渐摆脱对大山的依赖，开始走出大山，走向大地，因此也就面临着与洪水争夺土地、争夺食物的问题。

但是由于当时的生产力发展速度非常缓慢，因此在禹之后夏之初，应当仍旧存在着一个相当漫长的，对大山由依赖而敬仰的时期，所以夏朝的《易》仍旧是以山（艮）为首的《连山易》。而从"山"到"地"的演进过程，则反映了随着人类生产力的进步，农耕技术的完善，人类食物的来源，逐渐由大山彻底转变为大地的过程。

在这个过程中，并行地发生着两种变化：

随着农业生产的进步，人类因为获得了更加稳定的食物来源，而导致人口数量的快速膨胀，进而产生了对食物数量的更大的需求。起初，这种需求可以通过简单的增加耕种面积来解决，当增加耕种面积的成本开始上升，甚至到了无法承受的地步时（比如需要通过战争，来获取新的耕地），人们自然就会更加重视现有土地的生产效率。此时，"天"在农业生产中的地位，就会逐渐高过"地"。在此转变过程中，人们对天的敬畏，则可以通过商朝时期对祭祀、占卜的重视，窥见一斑。而其结果则是，随着商朝结束之后，《易》的首卦，也从地（坤）变成了天

（乾）——出于对政治思想延续的需要，商朝不可能自我完成这一转变。

虽然用于农耕的工具基本上仍旧是各种石器，并没有发生根本性的转变，但是金属——青铜的出现，已经彻底改变了人们的感官认识。由于金属特有的韧性，使人们在使用它们的过程中，不仅会更多地体味到"刚健"的价值，而且也会进一步降低对大地的敬畏。因为金属不仅能够轻易地战胜来自大地的石器，而且也能够轻易地征服大地本身。这就在思想观念上，彻底颠覆了石器时代建立起来的柔与刚的概念——与金属器具相比，在石器的使用中，柔往往比刚更有效率。

因此，推动乾成为《周易》之首的，与推动《易》的演进的力量一样，都是生产力的进步。强调这种观点的意义在于，可以使我们更加深刻地理解《周易》的真正内涵。

先儒更愿意将视线聚焦于社会关系上的原因在于，其自身的知识结构的限制——儒学的本质就是一门以社会关系为研究对象的伦理学。由于社会关系的转变，既是生产力进步的必然结果，又是推动其不断发展的基础，所以二者之间在对社会的影响上，并没有本质性的差异，甚至在许多地方是可以"通用"的，但是在某些细节上，也确有不同。这种不同将决定一个人的视角，甚至是对问题的最终理解。所以有必要在解读《周易》之始加以明确。

至于乾卦以及随后的坤卦，在《周易》中的独特性和重要性，则从其卦象本身，就可以直观地感受到。也正因如此，孔子对其表现出了异乎寻常的关注，进行了几次三番的多重阐述、分析。

乾 元亨利贞。

【译文】创始，亨通，有利，正固。

【解读】围绕着乾卦卦辞——元亨利贞四字到底应当作何解这个问题，自古以来可谓争论不休，总的来说分为两派，一是以孔子为代表的，同时也是占主导地位的一派，认为这四个字各有其意（详见象辞的解读），分别代表着乾的卦德——"健"的一个方面的内涵；另一种是以南宋理学大家朱熹为代表的一派，认为元亨利贞不过是占断之辞，就是大亨通有利于正固的意思。造成这种分歧的关键在于，如何看待乾卦，以及之后的坤卦在《周易》中的地位和作用。简言之，如果认为乾、坤两卦与其他六十二卦是平等，则可以取朱熹之见；如果认为乾、坤两卦不同于其他各卦，则应当尊孔子之意。笔者认为应取其后者。

因为从卦的结构上看，虽然六十四卦中的任何一卦，都是由阳爻和阴爻组成的，但是却不能由此而简单地认为，卦是由阳爻和阴爻两种符号组成的。为了更清晰地认识这一点，不妨借用数学中矩阵相乘的形式，将卦象的形成过程表现出来，即如下图所示（两图形式不同，内容一致）：

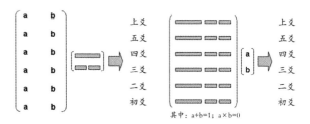

其中：a+b=1；a×b=0

由此不难看出，《易经》中的任何一爻都是由两个要素决定的：一是爻位，二是属性。换言之，不同爻位上的阳爻和阴爻是不同的。即如下图所示：

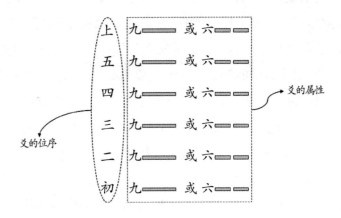

这就意味着：

如果，我们将卦象看作是一种语言（卦象起源于远古的结绳记事，因此将其视为一种原始的"语言"，也不为过），那么这种语言的最基本单位——文字，就不是阳爻和阴爻两个，而是其与爻位相结合之后，形成的初九至上九，初六至上六，共计十二个！

在此基础上，如果：

■ 将从初至上的爻位对应的不同意义，以及爻与爻之间的承、乘、比、应的关系，视为其使用的"语法"；

■ 将最初的三画卦，即八卦，就是其基本的"词汇"，或词组；

那么：

■ 六画卦, 就是用这十二个"字", 按照既定的"语法", 写成的短句!

但是这其中, 存在一个缺少的环节, 那就是这十二个"字"的基本内涵是什么? 在哪里表现出来的? 这个缺少的环节, 就是乾卦和坤卦。如下图:

乾　　　　　　　　坤

不需要任何数学常识, 也可以清楚地感觉到, 形成乾、坤两卦的这两矩阵的特殊性。回到"语法"中, 乾卦的六爻表达的是: 在没有阴爻影响的前提下, 不同爻位上的阳爻的内涵。坤卦的六爻表达的则是: 在没有阳爻影响的前提下, 不同爻位上的阴爻的内涵。这不正是那十二个"字"的基本意义吗?

所以, 乾、坤两卦是不同于其他各卦的, 它们的六爻就是易象这种"语言", 所使用的"文字"。如前所述, 这种文字的含义, 是由爻位和属性两个要素共同决定的。所谓属性外在的就是阴爻与阳爻, 内在的则是阴与阳作为两种哲学概念的内涵。阴爻与阳爻观象即见, 阴与阳的内涵, 最初也是观象即见的, 即纯阳的乾卦, 和纯阴的坤卦的卦德, 只是随着时间的推移, 人们越来越无法通过观象的方式, 来直接、准确地领悟《易》的真谛, 于是就有了注解——辞。因此, 由于乾、坤两卦在《易经》中的特殊作用, 其卦辞不可能是简单的"断辞", 而应当是阐释阴与阳的基本内涵。

这样, 以乾卦为例, 卦辞"元亨利贞"四字, 就是在解释"阳"的基本特性, 也就是乾卦的卦德"健"。之后的六爻则是分别在解释, 在不同爻位上的"阳"的基本特性, 也就是六种不同状态的"阳", 六种不同情势下的"阳"等等。

至于, 乾取象为天, 则是因为在古人眼中, 天是具备"阳"的基本属性——"健"的最大、最显著的事物。以之为象, 最有助于理解"阳"的基本属性——"健"。

由于孔子对"健", 和"元亨利贞"作了反复详尽的阐释, 所以其具体内容, 将在稍后的解读一并展开。

初九, 潜龙勿用。

【译文】潜藏于地下之龙, 不宜发挥作用。

【解读】乾为天, 是说乾卦的取象为天, 即以天来阐释乾的卦德, 阳的本质——"健"。所谓"象者像也", 说明所取之象, 不过是所要阐释的抽象概念, 在现实中的映像而已。正如随着视角的不同, 同一事物产生的影像也会有所不同一样, 易的取象也是多变的, 并不局限某一种特定的解说。即孔子所说的: "书不尽言, 言不尽意……圣人立象以尽意", 换作现代的语言来说, 就是书面语言与图像相比的局限性, 也因为如此,《周易》才能无所不包, 无所不及。

但总的来说, 易中取象的原则, 与现代语言中的"比喻"相似，都是为了将一个深奥的道理，解说得更加清晰易懂，因此基本上遵循着两个原则：

1.尽量选取当时的人们耳熟能详、触手可及的通俗事物；

2.为了讲述同一概念的不同状态，往往会在一卦之中选取不同的像。

比如在乾卦中，为了解释阳的基本性质，而以天为象，原因就是"天"既是当时的人们最了解的一个阳物，也是体现"健"的本质最为明显的一个阳物。如前所述，乾的爻是在阐释"阳"的，或者说是"健"的六种不同的状态，因此强调的是一种变化。这一点是《周易》中所有的爻的共性，即所谓"爻也者，效天下之动者也"，因此要选取一个既能体现"阳"的特性，又能突出变化的象，这个象就是龙。（关于龙的取象，还有另一层深意，在稍后对象辞的解读中，一并阐述。）

对乾卦六爻，可以从两个方向来解读：一是"龙"的六种状态；二是在六种境遇中的"龙"（的作为）。

"潜龙勿用"的"潜"，是潜藏的意思，既可以表示龙所处的状态，又可以表示龙所遭逢的境遇。前者的原因在于自身，后者的原因来自于外部环境。

"勿用"，是无所作为、不能运用的意思。同样也存在着内因、外因两种情况，如果是内因使然，则"勿用"的原因就是自身的能力尚不足，不能贸然行事；如果是外部原因使然，则"勿用"的原因就是缺乏必要的外部条件，而无法行事。

因此"潜龙勿用"一句，所要强调的就是：一切"阳"性的、正确的、积极的、好的事物，并不是一蹴而就、顺势自成的，相反它是需要内外两方面的条件积累，只有在内部力量足够强大，外部条件又能满足的时候，才能够有所作为。即如一粒种子埋于地下，虽然它具有生长的特性，甚至也具备一定的生长所需要的营养，但必须要在正确的时间发芽，才有可能存活。道理虽然简单，但是人却经常违拗，比如：

■ 错误地判断自己的能力，不能认清自身尚处于"潜龙"的状态而妄动；

■ 错误地判断身处的环境/时局，不能认清自身所处的"潜龙"的境遇而妄动。

所以初九，潜龙勿用，应当表述为：初九之阳，犹如潜龙，勿用！也即"初九"这个"字"的基本内涵就是，一切"阳"性的、正确的、积极的、好的事物，推行的艰难，同时不可因为有阳刚之性，而轻举妄动——正确的未必是可行的。

九二，见龙在田，利见大人。

【译文】龙出现在田野上，有利于大人的出现。

【解读】通《周易》全篇，始终在强调中、正二字，从卦象上看，"中"关注的是位置，即为上、下卦的中间位置。"正"关注的是爻与爻位之间的关系，即以阳爻位于阳位，阴爻位于阴位为正。显然从初到上，任何一个爻位都可以为"正"，而"中"只有二、五两个。因此，从直观上就可感觉到，相对而言"中"应当比"正"更为难得。事实上，在《周易》中"中"也确实比"正"更为重要，甚至有学者认为，如果得"中"，就可以视为得"正"，也是有一定道理的。

因为，"中"所对应的位，是一种与爻的属性无关的稀缺资源，将其映射到人类社会当中，就是官位、地位，即"天地之大德曰生，圣人之大宝曰位"的位，是圣人借以教化天下的基础。如果进一步引申就是权力、影响力，就是话语权等等。"中"是客观的、中性的，无论阳爻还是阴爻都可以占据"中"位，即如任何人都可以通过拥有权力、影响力、话语权等等，对社会产生影响一样。

正是因为"中"的重要性，在乾卦的两个中位上，使用了相同的爻辞——"利见大人"，所谓"大人"就是伟大的人，就是圣人，就是道德高尚的人，不用"圣人"而用"大人"，是因为在写作《易经》的时代，"圣人"往往用来指代君王，比"大人"具有更大的局限性。先前的解读者，有将乾的六爻都解读为君王，将爻位视为君王的六种不同的境遇的倾向，这一方面是其所处社会观念的条件反射——见龙就联想到君王；另一方面，则是因为对乾坤两卦的作用认识不足使然。

其实不然，二与五之间的共性是都是一卦之中，都拥有可以对社会产生影响的"位"；区别则是在全卦中的位置不同，也即在社会中的相对地位不同，一个在上一个在下。形象地说，二代表的是民间的领袖，五代表的是天下的领袖；二对应的是统领民间的士绅、名流，五对应的是统领国家的君王。这两种人，都需要有高尚的品德，都需要是"大人"，"利见大人"利在天下——"五"不大则国乱，"二"不大则民乱。

九三，君子终日乾乾，夕惕若，厉，无咎。

【译文】君子整日兢兢业业勤勉不休，晚上也时刻警惕，虽有危厉，也没有咎害。

【解读】"乾乾"是形容恭敬谨慎的样子。"终日乾乾，夕惕若"——白天"终日乾乾"，到了晚上也处于紧张的警惧状态，其中蕴含了两个方面的内容，一是动的特征，反映的是阳爻的基本属性"健"；二是忧惧的特征，反映的是"三"这个爻位的特性。

"三"位于下卦之终，同时又不属于上卦，是一个欲上不得，欲下不能的位置。如果按照六爻分别对应于天地人三才的观点来看，三与四对应的是人，三在四之下，因此是"小民"；如果按照六爻分别对应于，由民到君的不同的社会关系的观点来看，三与四对应的是官，三在四之下，因此是"小官"。无论"小民"还是"小官"，忧惧恭谨都是他们的基本心境。

"厉"——危厉就是"三"这个爻位的基本特性。九三阳居阳位，因此得正，"无咎"则是九三不中而正的结果。这个"无咎"仍旧可以从两个方面来理解：

首先，由于阳爻本身具有"健"的特性，始终都要处于主动的动的状态之下，因此在"三"这个充满危厉爻位上，只有"终日乾乾，夕惕若"才能"无咎"。此时的"无咎"是针对位于三位的阳爻而言的。

其次，由于"三"位于上下两卦的交接之处，虽然欲上不得，欲下不能，但也处于树欲静而风不止的变革之中，因此动是必然的，所以只有具有动的特性的阳爻居此，才能得正，才能"无咎"。此时的"无咎"是针对天下而言的。

上述这两种理解方式，普遍适用于《周易》中的所有断语，即断语同时针对特定爻和天下两个方面有意义。这是因为，虽然可以将《易经》视为一本讲占筮的书籍，但是那个时代的占筮与我们今天所说的占筮之间，存在天壤之别。在《周易》成书之前的占筮、祭祀等事务，与战争一样都是关系国家命运的大事，因此其占断的结果必然多是针对国家、天下而言的，即便是有关于个人，也一定是对天下安危有所影响的个人。读易者，对此必须有一个清晰的认识，否则就将无疆的大易，读小了。

九四，或跃在渊，无咎。

【译文】尝试着在渊中上下腾跃，没有咎害。

【解读】"或跃在渊"一句，应当分为两个部分来理解："或跃"是针对阳爻的性质与动作而言的；"在渊"是针对"四"所处的爻位而言的。

乾卦六爻以龙为象，"渊"对于龙来说有着特殊的意义，龙入渊才能得水，得水才能飞升，因此在"或跃在渊"中重点是"在渊"，"在渊"为"或跃"提供了可能，"或跃"是"在渊"的结果。也就是说，不是"或跃"到了"渊"上，而是在"渊"上"或跃"。因为"或"是表示动作的不确定性；"跃"是飞的准备动作，也有人认为是"未飞而习飞者也"。如果没有"在渊"这个前提，还是"见龙在田"——在陆地上，那么龙非但不能腾飞，就是连跃的机会也没有，而只能是爬或者跳。因为陆地不是龙适宜的生活空间，也可以视为导致九三处于忧惧之中的原因之一。

所以，九四用"在渊"一词，是借助龙的特性，龙与渊的特殊关系，向读易者说明：四爻在一卦六爻之中，往往具有承前启后的转折性作用。

具体到乾卦的九四上，"在渊"既说明，此时的龙已经进入了龙的生存空间（上卦），具备了飞升的外部条件，可以随时准备腾飞，同时，暗含着时机尚不够坚实，不可轻举妄动之意。这是因为九四是阳爻居阴位不正，而且有根基虚空不实之象，这也正是"渊"的另一种特性。因此"龙"在此时应当采取的是一种谨慎的行为方式——"或跃"。只有这样，才能"无咎"。

九五，飞龙在天，利见大人。

【译文】龙在天上飞舞，有利于大人的出现。

【解读】《周易》作为一本经过上千年，甚至数千年的沉淀而成的书籍，不仅蕴含了博大精深的易理，同时在文字的运用上，也堪称精妙绝伦。这一点就集中地体现在乾之九五的爻辞上。

首先，乾卦六爻以龙为象，在从初至上的爻辞中，分别用了三个"在"字，为龙划分出了三种不同的活动空间：九二"在田"，九四"在渊"，九五"在天"。分别对应着龙的三种不同活动形态："在田"则没有得水，说明外部条件尚不成熟，因此无论主观意愿为何，自身条件怎样，都无法也不适宜飞腾；"在渊"则得处适宜之地，具备腾飞的外部条件，但毕竟"渊"仍旧在地上，虽然进可以飞腾上天，退可以潜入深渊。但同时"渊"

既没有天空的广阔，也没有大地的坚实，所以龙只能"或跃"，进行腾飞前的准备与尝试；"在天"之龙，则完全获得了行动的自由，可以淋漓尽致地展现自己。创易者借此告诉读者，爻象至此又进入了一个新的境界。

其次，五与二分别是上下卦的中位，而九二与九五的爻辞，结构完全一致，内容几乎相同。作者如此刻意地突出二者的相似性，使我们相信在强调"中"的重要性之余，应当另外还有其他的用意。为此，不妨借助下表，将九二与九五的爻辞中的逻辑关系进行分解：

	象	辞
相 同	居 中	利见大人
不 同	爻位的上与下	"在田"与"天"
	正与不正	"飞"与"见"

关于居中得位"利见大人"，在九二中已经有所阐述，在此不再重复。

在存在差异的爻辞中：

"在田"与"在天"，应当主要是针对爻位的上下而言的，同时也与正与不正有关，因为九二不仅位于九五之下，而且因为阳居阴位而不正。田与天相比，天是龙的当居之所，而地——田则不是。

"飞"与"见"，同样与爻位的上下，和正与不正都有关系——可以说"见龙在天"，却不可以说"飞龙在田"，但应当更侧重于正与不正的区别。因为就龙而言，"飞"与"见"的区别可以表现在两个方面：一是动与静的不同，"飞"相对于"见"要更加灵动, 进而导致影响范围的不同; 二是主动与被动的不同, "飞"相对于"见"要更加主动, 进而导致施加影响的方式的不同。

如果将二位视为士大夫、民间领袖之位, 将五位视为君王之位, 就可以更加深刻地理解"在田"与"在天", "飞"与"见"之间, 也就是上与下、正与非正之间的区别了。当我们从人事重新回归到卦象之中时, 就会发现作者的"其他用意"——借此向读者阐释, 与正与不正相关的"语法"问题, 即: 得正, 则更加主动; 不得正, 则相对被动。

最后, 还有必要更加深入地理解"田""渊""天"三者的区别。通过下表:

	空间关系	与龙的关系	龙的运动的方式	与运动的关系
田	同属于地		横 向	背 景
渊		同为龙的居所	纵 向	
天			兼有纵横, 侧重于横	背 景

我们可以看到:

1.四位的特殊性: 一方面在空间关系上, 与九二(下卦)同属一类, 另一方在与龙的关系上, 又于九五(上卦)同属一类, 因此而充满了疑惑与不确定性。其在运动方向上的独特性, 也进一步印证了这种疑惑与不确定性;

2.二与五的相似性: 虽然飞龙在天时, 既可以横向游走, 又可以上下翻飞, 但是就站在地面上的观者而言, 无论纵横都是以蓝天为背景的一场"表演"而已。在这一点上"田"与"天"是相同的, 都是龙的"舞台", 因此二、五两爻都说"利见大人"。

顺便说一句, 有人将"利见大人"解读成, 有利于去拜见大人，这不仅是将《周易》简单地理解为占筮书的结果，而且通过九五的爻辞，还会发现这是不符合逻辑的。因为九五本身就身居既中又正的君位，是天下最大的人，还有什么"大人"需要他去见呢？

上九，亢龙有悔。

【译文】龙穷极高飞，会有忧悔。

【解读】《周易》的精髓在于一个"易"字，"易"的本质则在于变，即孔子所说的"易，穷则变，变则通，通则久"。因此爻"效天下之动"在变，卦本身也变，而卦与爻的变动的交汇之处，就在于一卦的上爻，即一个时代的终结，另一个时代的起始。因此上爻既是终结之处，又是最需要变易之地。

乾卦上九以"亢龙"为象，"亢"是过的意思，既是对爻位特性的描述，也是爻位与龙的特性相结合的结果，有因为过刚，而当止不止，需变不变之象。

变易是上位的客观需求，因为爻行至此，已经处终极，无论卦所对应的事物、时代为何，都已经终结，因此变与不变，已经不是爻的主观意志所能决定的——爻不变，卦变，最终爻仍旧要变。此时，凭借"阳"的刚健，扮演亢龙的角色，结果当然会"有悔"。

但是"悔"与"吝"不同，悔是知道自己的过错，而且有悔改之意，因此悔是吉之先；吝则是不知道自己的过错，或者即使知道也没有悔改之意，因此吝是凶之本。由此，可以看出"有悔"二字，暗含着另一种可能，即如果上九能够"有悔"，就有可能避免凶的结果。

所以，"亢龙有悔"一句，可以作如下两种解读：

■ 阳居上位，如果充当亢龙则会有悔。

■ 阳居上位，虽为亢龙，但仍能够及时知悔。

用九，见群龙无首，吉。

【译文】用"九"来表示阳爻，是为了显现"群龙无首"的状态，吉祥。

【解读】"用九"是针对占筮方法的说明。

古人用《易经》占卜的时候，是通过揲蓍法来产生卦象的，经过所谓四营三变的操作之后，所得的蓍草的余数，只能是六、七、八、九四个数字中的一个。得奇数七、九则是阳爻，得偶数六、八则是阴爻（详见《系辞传》中的相关内容）。按照阳顺阴逆的原则，虽然七、九所得同为阳爻，但是九是阳数之极，是"老阳"，因此对应的是变爻，即在成卦后会变为阴爻，进而形成新的变卦。同理，六因为是阴数之极，是"老阴"，所以对应的也是变爻。

因此，"用九"就是在说用《周易》占卜时，是占变爻，不占不变爻、占动不占静、占老不占少的。之所以要进行这一特别"声明"，是因为此前的《连山易》和《归藏易》都是占不变爻的。形成这种区别的应当就是前述的生产力进步的结果。"用九"和"用六"仅出现在乾、坤两卦之末，也进一步说明了，乾、坤两卦在《周易》中的"使用说明"式的特殊性。

"群龙无首"与现代常用的词汇——群龙无首在意义上完全不同，"群龙"是指乾卦中的六爻，指六爻所取的每一条龙。"无首"具有两重含义：

一重是借助龙细长蜿蜒的肢体特征，以"无首"来突出变化——无首而见尾则是"老阳"行将变去之象，如果同时不见首尾，则是正在运动变化之象，无论是哪一种情况，都有别于"见首"的逐渐发展而来的"少阳"之象。借助于太极图，可以形象生动地将这一过程展现出来，即如下图所示：

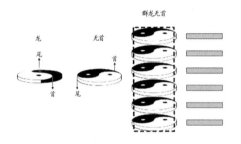

由于乾卦六爻皆以龙为象，因此此间的"龙"就是指爻。又因为在任何一个爻位上，都既可以出现阳爻，也可以出现阴爻，所以在每个爻位上，都存在着阴阳共生而互推的关系，形象地展示出来，就是一个平面的太极。

当为阳爻时，即在可视的范围内，只有阳而无阴时，其实却是，阳的"首"已过，阴"首"已生的状态，即阳爻正在老去，阴爻正在新生的变易之时。这就是"老阳"——"九"所代表的变易时刻。

乾卦六爻都是阳爻，每一爻又都"用九"来表示，因此说"见群龙无首"，也就是全卦各爻都是针对"老阳"——变易而言的。推而广之，在《周易》中所有的阳爻都"用九"来表示，就是要强调其关注的焦点是变易，不变的静止的，不在其讨论的范畴之内。

另一重更加深刻一些，是强调变的方式为——作无首之变。"无首"就是没有首脑，没有主观意志，因此无首之变，就是顺随于某种客观规律的变化，这也正是为下经立论的两卦之一，恒卦所要表达的精髓——顺而动。恒卦六五阴居阳位，统领恒卦六爻，且爻辞说："恒其德贞，妇人吉，夫子凶"。更是从象与辞两个方面强调，"动"尤其是能够恒久的动的真谛，在于柔顺守一，而不是刚猛的创制。（详见恒卦的解读）

"吉"在这里，不是什么吉凶断言，而是对占变爻，不占不变爻，占老不占少这种转变的自我评介。

在解读彖辞之前，需要说明两点：

第一，现行版本中的《周易》"彖曰"之后的内容，也就是所谓的彖辞，并不是《周易》原书中的内容，而是孔子对《周易》原有的"彖"所作的解读。而原来的"彖"，被后人改称为"卦辞"。（详见《读易要例》中的相关内容）

由此可见孔子对《周易》解读、传承贡献之巨大，影响之深远。同时，也正因为如此，又加之儒学在中国文化和社会中的主导地位，所以自汉以来，流传于世的《周易》，就是"古经"和"十翼"的结合体，因此在某种意义上似乎也可以称之为"孔易"。

第二，《周易》原文中并没说明乾卦的取象为何，乾以"天"为象，以"健"为德都是源于孔子，当然孔子也有可能是承袭了当时公认的观点。这不能不说是一种遗憾，因为，无论是从形式上看，还是从哲学内涵上说，《周易》反映的都是一种朴素的二元论思想，或者说是世界观，即世间万物都是由阴、阳二气的相互交融、作用而产生的。

二元论的产生是容易理解的。因为上古时代，人们的思考对象，只是也只能是，周围可以感知、触摸的具体事物，即"近取诸身，远取诸物"。在对这些事物的观察中，人们会很自然地感知到一个显著的事实，即一切概念都是两两相对，如左右、前后、上下、男女、生死、强弱、大小等等。今天所谓的哲学，在先民眼中不过是一些再浅显不过的具体事例而已。

难以理解的是阴与阳这两个非常抽象的概念。好在"二元论"并非中国独有，而是几乎出现在每一个古老文明的哲学体系中的"起步思想"，其中最著名的应当就是柏拉图的表述。他认为，所谓二元就是意识和物质两个独立本原，其中意识并不是指人类的"意识"，而是指自然法则。随着后续的解读不难发现，这一观点几乎就是"阳阴"的西式解读，至少是与孔子的观点，几乎是完全吻合的。

出现这一"巧合"的原因是，世界各地的先民们，在认识到"二元论"的同时，也必然会感知到另一个客观事实，即在两两相对的"二元"之间，是存有客观区别的。虽然区别的表现形式各异，但总的来说可以归结为两大类，即主动和被动两大分类。只是在不同的哲学体系中，表述方式各不相同，在西方被叫作意识和物质，在《周易》中被表述为阳与阴。相较之下，阳与阴的表述带有更强的感性色彩，想到创易之初可能要比柏拉图早数千年，也就不足为怪了。

所谓的遗憾是指，虽然孔子借助"天"这个象，揭示出乾（阳）"健"的本质，不失为一种简单而实用的思维方式，但却从此将后世的儒生引上了一条具象思维的道路。因为，以天、地，男、女作为乾坤之象，将天、地、男、女，与阴、阳视为同等的哲学概念来思考，与其本来的意识与物质的概念渐行渐远，模糊了二者之间主动与被动的关系，这不仅导致思想被框定在一个狭小的空间里，同时也将使《易》被读小了。这是当代读《易》者，时刻应当警醒的。

象曰：大哉乾元，万物资始，乃统天。云行雨施，品物流形。大明始终，六位时成，时乘六龙以御天。乾道变化，各正性命，保合太和，乃利贞。首出庶物，万国咸宁。

【译文】伟大啊乾元，万物依赖它才开始产生，因此它统领天道。通过云的漂移，雨的撒布，万物才有了自己的形体。光明贯通始终，六个爻位因时而成，时势的变化则通过六爻展现出来，以统御天道。在乾道的变化中，万物得以各自确立自身的特征。保有聚合太和之气，才有利正固，能够产生出万物，于是天下万国都得到了安宁。

【解读】象辞集中体现了孔子对乾卦卦辞"元亨利贞"的理解，因此倍受历代读易者的重视。通常是按照与"元亨利贞"四字的对应关系，将象辞内容分为四个部分：

"大哉乾元，万物资始，乃统天。"一句对应于"元"；"云行雨施，品物流形。"一句对应于"亨"；"大明始终，六位时成，时乘六龙以御天。"一句视为过渡性语句;"乾道变化,各正性命"一句对应于"利";"保合太和,乃利贞。"一句对应于"贞"。这种划分方式,导致"首出庶物,万国咸宁。"变成了对"元亨利贞"的补充说明。

民国时期的易学大师尚秉和先生,在其《周易尚氏学》中,对象辞的解读进行了重新划分,即以"大明始终,六位时成,时乘六龙以御天。"对应于"利";以"乾道变化,各正性命,保合太和,乃利贞。"两句合为一句,对应于"贞"。认为"首出庶物,万国咸宁。"一句是在说,"元亨利贞,相循环者也"。

笔者认为,尚先生的解读方法是一种进步。但其划分方法仍有可商榷之处。

细读象辞,不难发现整段文字中,有三处结构相同的,由连词+动词+宾语组成的短句——"乃统天""以御天""乃利贞"。从语义上看,上述三个结构,在句中的作用都是作为前半句的结果而出现的。这种对仗工整的结构,不会是偶然出现的,通常应当是在暗示所陈述内容的并列关系。据此,笔者认为,象辞是由以上述三个连词结构为核心的,三个并列关系的部分组成的。其与"元亨利贞"的关系如下:

- "大哉乾元,万物资始,乃统天。云行雨施,品物流形。"两句为一段,对应于"元"与"亨";
- "大明始终,六位时成,时乘六龙以御天。乾道变化,各正性命。"两句为一段,对应于"利";
- "保合太和,乃利贞。首出庶物,万国咸宁。"两句为一段,对应于"贞"与"元"。

　　这样划分，三个段落的结构均衡而严谨，都是前一句讲原因和结果，后一句则是前一句导致的结果的延续。同时，更能体现"元"生于"贞"的乾道循环的哲学思想。其中：

　　"大哉乾元，万物资始，乃统天。"是在阐释"元"的内涵。这里的"天"是乾的象，并不是具体的天，而是天所代表的自然规律。天与地相比，最显著的特征有两点：一是变动性，二是不可抗拒性。所以用"天"来象征不以人的意志为转移的客观规律，确实是一种既形象生动，又便于理解的方式。

　　"大哉"是赞美之辞，"乾元"不是"乾"和"元"，而是"乾"的"元"，也就是"元亨利贞"中的"元"。

　　"万物资始"有两重作用：一是解释"乾元"何以为"大"，二是说明"元亨利贞"中"元"的作用是"资始"。

　　需要注意的是，"资始"不等于"始"，"资始"仅仅是为"始"提供的条件和机会。但也不能因此而贬低"元"的价值，所以孔子用"乃统天"三个字，明确其地位。统是统领、总括的意思。

　　"统天"就是统领或总括"天"所代表的自然规律的意思。因为任何规律都是针对某种变化过程而言的，规律的客观性，不仅在于其发展过程的不可变性，也在于其发生的必然性。形象地说，就是有一种内在的动力，推动着事物走向起始，这种动力对于"规律"而言，其作用就是"资始"——提供"始"的条件和机会。所以：

　　"元"不是"始"，而是"资始"，是促使事物发生变化，规律发挥作用的内在动力，因此才是"统天"者。

"云行雨施，品物流形"阐释的是"亨"，是"元"的延续和结果。"云行雨施"是天的行为，云在天上，雨自天而下，落于地上，联通了天与地，天与万物，实践了"元"所资之始。"品物流形"中的"品"和"流"都应视为动词，"品"即形成品类，"流"就是传播散布。"品物流形"就是说，形成万物及其各自不同的形态。

这一句显然是古人在对自然界长期观察的基础上，通过自己的想象，对自然景物进行的"快放"。今天这种"快放"依然经常出现在众多影视作品中——雨过天晴，一道彩虹斜挂天边，随着镜头的摇移，花草树木如同流淌的河流，迅速地铺满大地……

"大明始终，六位时成，时乘六龙以御天。乾道变化，各正性命。"是在通过卦象解释"利"的形成原理——和然后利。其中"大明始终，六位时成，时乘六龙以御天。"讲的是和，"乾道变化，各正性命。"是利——"元亨利贞"中的"利"的结果。

"大明始终"是对卦象的直接描述，乾卦自下而上都是阳爻，因此叫"大明始终"。

"六位时成"强调爻位是有意义的，《易》分别对应于不同的"时"，这个"时"就是符合"天"，即客观规律的事物发展过程中的不同阶段，可以是季节时令，也可以是事态时局等等。反之，"六位时成"也可以被解读为"六位"是因"时"而成的，是对客观规律的模拟。

"时乘六龙"中的"时"，与"六位时成"中的"时"略有不同，不是指时令、时势，而是指在不同时令、时势中的行为。不说

"六位"而说"六龙",就是在强调行为——六位对应的仅仅是一个位置概念,六龙则包括了"位"和"龙"两个概念,位是有龙之位,龙是当位之龙。所以,"时乘六龙"就是在说,在不同的"时"应当按照相应的"龙"所示的方式,来行动。只有这样才能"御天"——驾驭客观规律。"御"就是驾驭马车的意思,其妙处是在强调人与马的和谐,表面看来是人在"御"马,实际却是马在"领"着人跑,只有二者相互协调,马才能真正被人所用,人也才能得到"御"的好处。这不正是人与规律之间的关系吗?因此"时乘六龙以御天"就是在说,如何才能实现"利"的条件——"和",人与天,与客观规律的和。

"乾道变化,各正性命"是"和"的结果。其中"乾道"就是"天"所代表的客观规律,"变化"是其基本特征,因为如果一成不变,就无从谈及规律了,因此所谓规律就是"变化"的规律。

"各正性命"是针对万物而言的,是"变化"与天,与乾道,与规律相和的必然结果。"性"是指事物具备的特性,"命"是指上天赐予的特性。"正"是端正、整理的意思,因此也含有"和"的意思。"各正性命"就是说,万事万物都(因此)得以具备了自身的秉性,也就是各得其宜的意思。

概而言之,任何人作任何事,其目的不外乎趋利避害四字,而"避害"的本质也是"趋利",所以"利"是人世间一切行为的动力与目标。这一段关于"利"的解读,恰恰从一般规律层面,揭示了"利"的由来,因此是发人深省的。如下图所示:

御 ➡ 人与马的和谐 / 人与天的和谐 ➡ 利

天下之利不过两种，一种是运气所赐，另一种是人为所得。前一种因为完全不受人的控制，是可望不可及的飞来之利，因此通常不在大多数人的渴求之列。后一种，因为是人力所及，所以就其结果而言，必然是通过人力对某一事物，某一过程的控御，而最终形成的结果。但是，常人往往只是知其然却不知其所以然，只是知道"控御"是取利的关键，却不知如何去实现对人、对事的控御。将"控御"错误地理解为控制，理解为对象单方面的顺从。

岂不知，真正的"御"是建立在，自身首先主动尊重并顺应于客观规律，谋求与规律相"和"的基础上的。更不知，"和"是一种双方的共同需求，因此夫欲取之必先与之。

御手期望得到马的"和"，同时马也期望得到御手的"和"；君王期望得到百姓的"和"，同时百姓也期望得到君王的"和"。反之，"和"一经得到，就会成为一种既得利益，而成为维系合作，建立忠诚的纽带。因此，马对主人的忠诚，员工对领导的忠诚，百姓对君王的忠诚，都是其对从主人、领导、君王那里得到的"和"的反馈，是因为担心/害怕失去既得之"和"，而作出的反映。

因此，御天之术，在于"时乘六龙"；御人之术，在于顺人之愿。

"保合太和，乃利贞。首出庶物，万国咸宁。"两句在彖辞中意义最为深刻，既解释了"贞"的内涵，又解释了"贞"的作用，"贞"与"元"的关系。还表明了"元亨利贞"循环相生的特性。

其中"保合太和，乃利贞"既是在讲述如何实现"贞"，也是在说明"贞"的基本功用，即"保合太和"。"太和"就是所谓的气，是一种带有基因特性的抽象物质，是生成万物的基础。"保"与"合"略有不同，"保"是保有，"合"是冲合，在保有的基础上，有继续累积发展的意思。因此"贞"含有动的要素，是一个动的过程，只不过其动的过程是在内部完成的，而不是外露的。

"首出庶物"就是其动的结果。对于"首出"二字，自古以来也有诸多说法，其实只要回到"乾"字的本意上，就一目了然了。乾的本意就是"上出"，象征着植物向上生长、伸直的样子。所以"首出"就是"上出"，就是生出，也就是"元"，就是"资始"。即如尚秉和先生说"贞非寂灭无为也。乃植元亨之基。"至此，"元亨利贞"形成了循环相生，周而复始的过程，这也正是一切规律的基本特征——始终如一，过程不变，重复发生。

虽然，古人对象辞的解说方法各异，但是对于"元亨利贞"循环相生的观点，基本上是一致的，同时又因为自孔子以来，就以"天"为象来解读乾卦，而天的最显著的规律，就是一年四季的周而复始，故而古人也将"元亨利贞"比作春夏秋冬。

应当说在当时的条件下，这种比喻是有助于对"乾"的理解的，但是由于对象辞的划分错误，导致了"元亨利贞"与春夏秋冬之间对应关系的偏差——"元亨利贞"不应当直接对应于春夏秋冬四季,而是如下图所示,对应于各个季节之间的变化过程。

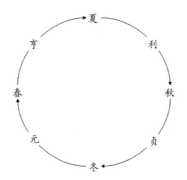

因为:

"元"仅仅是"资始",而春则是万物初生之季,此时万物的生长"已始",所以元不应当对应于春,而应当对应于春之前、冬之后的季节交替过程。

"亨"是"品物流形",正是一派万物初生蓬勃发育的景象,与夏之老绿娇艳不符,因此也不应当对应于夏,而是春夏之交的生长阶段。

"利"是"各正性命",重点仍是可见的"变化",与秋天万物成熟,从此外在不变的景象也不相符,因此应当对应于自夏至秋,万物褪去浮华,回归本源的过程。

"贞"是"保合太和",虽有动,但却敛藏于内,而不显于外,这正是由秋至冬,万物在看似一成不变的外表下,却正在为再次繁盛,再次进入符合规律的"轮回",所进行的准备行动。

此外,将元亨利贞对应于各个季节的交替变化过程,更符合"乾"所代表的客观规律的特性——规律所要约束的对象,就是变化的过程和方式。因此,要比直接对应于四季,能更加准确地反映"乾"的卦德。

象曰: 天行健, 君子以自强不息。

【译文】天道的运行刚健不止, 君子仿效天道, 应当懂得自强不息。

【解读】《象传》分大象、小象两种, 大象是针对卦辞的, 小象是针对爻辞的。与象辞相比, 象辞更多的是反映孔子对易理的发挥与应用, 因此也更能反映孔子本人的思想。

"天行健"是由孔子首次明确提出, 意思是说乾的卦德(特性)为"健"。卦辞说乾具有"元亨利贞"四种基本特性, 此处孔子又将乾的特性归纳为"健", 因此"健"就是"元亨利贞"四种特性的总汇。

如前所述, "元亨利贞"虽然各有其意, 但其所要传达的核心要义却是, 彼此连贯, 循环相生, 无始无终的永恒性。因此由"元亨利贞"总汇而来的"健", 其内涵就是这种不可抗拒、不能变易的精神。这也正是乾(阳)所象征的, 在事物的发展过程中, 起主导作用的客观规律的特性所在。

"行"字则突出了乾(阳)的另一个基本特质, 那就是变化, 天道、乾道都是变化之道, 就是"元亨利贞"间的循环往复运动。"健"则是对这种"行"——变化/运动方式的描述。换言之, 在客观现实中, 变化完全可以是不"健"的, 比如基因可以突变, 人可以违法等等, 只不过这种变化, 通常都不能长久, 也都难以取得良好的效果, 因此不能成为万物遵循的正道而已。

一言以蔽之，何谓健? 元、亨、利、贞生生不息就是健。

天道、乾道的"健"是其本性，是与之共生的。人——君子则不然，不能与生俱来的拥有"健"的特质，因此君子应当通过学习与实践，逐步地使之成为自身的一种品德。这种品德——"健"在人的行为中的表现，就是"自强不息"。

在"元亨利贞"中，"自强"对应的是"元"，是乾道"资始"的特性。"不息"对应的就是乾道"元亨利贞"循环相生的特性，其中暗含了"利"与"贞"所蕴含的正，因为不能"各正性命"，就无所谓"利""贞"，没有"贞"就不会有"元"，也就不可能"不息"。

所以"君子以自强不息"，不是盲目的执着，更不是邪恶的隐忍，而是以正为前提，要求君子在实践正的过程中、道路上，学习乾道"健"的坚韧与无惧。

潜龙勿用，阳在下也。

【译文】"潜龙勿用"是说"阳"尚在下位。

【解读】自此至"亢龙"六句为小象，是针对爻辞的解释。

此一句是说，造成"潜龙勿用"的原因，是"阳在下"。"阳在下"二个字的意义在于:

首先，这是孔子首次在对《易》的解读中，提到了"阳"字，也就此引进了"阳"的概念，拓展了"乾"所涵盖的范畴，使刚柔、大小、上下、尊卑等概念，得以显现出来。

其次，是具有深刻的社会意义。因为在孔子时代，上下二字早已不再仅仅是简单的方位名词，而是具有明确的社会、政治意义的词汇。"潜龙勿用，阳在下也"就是在说，"阳在下"则勿用。"勿用"是诫语，是劝诫不要用——当然也可以用，只是用的结果将不吉。"勿用"的对象是明确的，即是在下之阳。问题是"勿用"的主语，即可以用这个在下之阳的人是谁，也就是劝诫的对象是谁？笔者认为，这个被劝诫的对象有两个，一是在下之阳本身；二是其他有权运用"在下之阳"的人。

如果是劝诫在下之阳本身，则完全是就个人言，是在劝诫那些在下位，而有才能（或者自认为有才能）的人，不要轻举妄动；如果是劝诫那些有权运用"在下之阳"的人，则阳所指的范围就更加宽泛，即可以是在下位而有才能的人，也可以是指一切事物、事业的发端。

就客观规律言，乾元资始但并不等于始，因为一方面其自身需要经历一个"资"——积累的过程，另一方面还需要外部环境的配合，才能真正的"始"，"始"之后才能用。因此在"资始"阶段只能是"勿用"。

就人事而言，才与能是两回事，才是成事之素质，好比建筑之材料；能是成事之方法，好比建筑之技艺。只有二者结合，方可筑起高楼大厦。在下之阳，纵然有才也多半无能，因此也需要一个"资始"的过程方能有用，此前只能"勿用"。这一点，用人者需要明了，被用者更要清晰，否则就是害人毁己。

见龙在田，德施普也。

【译文】"见龙在田"是说其德行影响广远。

【解读】"见龙在田"已经不再是"潜",而是有所显现,即有了展示自己的舞台,有了施加影响的基础。"德施普"从语义上看,是在解释"见龙在田"的原因,同时也是指龙见在田之后的行为。即一语双关,一方面龙因为"德施普"而得以见在田,另一方面,见在田的龙就应当"德施普"。

其中的重点是对"德"字的理解,德的本意就是道德、品行,本来是个中性词,但后来被逐渐强化了正面的含义,引申为美德等等。笔者认为,就孔子的思想而言,这个"德"很可能就是指美德,但如果就客观事实而言,取其本意似乎更为贴切。

因为,爻位对应的是一种时势/阶段,时势/阶段是中性的;龙——阳(爻)代表是一种行为,行为本身也应当是中性的,因此爻辞所指的内容也应当是中性的。即"见龙在田",必然导致其"德施普";反之能够"德施普",也必然会导致"见龙在田"。

比如,汉武帝推行罢黜百家、独尊儒术的政策,进而将"孝"道提升到基本国策的高度。当时许多民间孝子,即因为其孝行、孝德广为传播——"德施普",而成为民间的精神领袖——"见龙在田"。但是随着时代的推移,孝逐渐被形式化,发展成为一种求取功名的手段,于是民间涌坝出大量的为孝而孝,为名而孝,为利而孝的伪君子,其所展示之孝,非但不再是美德,而且更应当斥之为丑行。然而这种丑行,在当时的那些"在田之龙"的推动下,仍旧得以广泛传播;同时也不断地有奉此丑行者,因为其"德施普",而继续得以成为新的"在田之龙"。直至其中最大的一条——王莽，飞升到庙堂之上，成为了皇帝。

所以，将此"德"字理解为中性词，更有助于领悟爻位作用的真谛，更有助于理解现实意义上的"位"的真谛——显赫的地位与灿然的美德，并没有必然的联系。

终日乾乾，反复道也。

【译文】"终日乾乾"是说九三应当反复其道。

【解读】自上而下曰反，自下而上曰复。反复其道，既是对九三位于下卦之终、上卦之外的境遇的解释，又是"终日乾乾"的方法和内容，即要通过反复其道，时时处于反省、纠正、调整、改进的状态，来应对阳居三位的境遇。

或跃在渊，进无咎也。

【译文】"或跃在渊"是说前进、升进不会有咎害。

【解读】"进无咎"的"进"也应当具有两重含义，第一重是就九三发展而来，三与四同处变化之地，但是三近地而远天，非龙所宜居，因此"终日乾乾"。至四入渊，虽然仍未到天，但毕竟是龙的当居之所，因此"进无咎"；第二重是就龙在四位（渊）的行为——"或跃"而言的。"或跃"是一种审慎的行为方式，即龙没有因为在渊，初步具备了飞的基础，而贸然腾飞，而是通过"或跃"来尝试和练习，因此才能"进"而"无咎"。

也就是说，"在渊"和"或跃"，分别带来了两种"进无咎"。

飞龙在天，大人造也。

【译文】"飞龙在天"是说大人应当有所创制。

【解读】如前所述，"大人"即为具备龙德之人，是在人间之龙。此句的关键在于"造"字。"造"即为造作，有创造、创制之意。在文中对应的是龙在天上的行为与结果，也就是解释"飞"字的。

爻辞中，九二、九五同为大人，区别仅仅是一个见在田，一个飞在天。而在象辞中，二者的行为方式，出现了更大的区别，一个是施，一个是造。"施"是将现有的东西，加以散播，并不产生新的事物；"造"则有无中生有之意。由此可见，分别位于二、五位，位于民间和朝堂的大人，其担负的责任不同，行为的方式不同，产生的后果也不同。因为在后面的《文言》中，还有相似的内容，在此不作更深的解析，稍后一并阐述。

亢龙有悔，盈不可久也。

【译文】"亢龙有悔"是说满盈的状态，是不可长久的。

【解读】"亢龙"阳居上位，客观时势已到终了了，主观却仍旧欲动不知，因此必然要"有悔"。反之只有提前"有悔"，才能避免最终的不利。因此孔子劝诫人们应当知道"盈不可久"的道理，"盈"是针对爻位而言的。"不可久"的原因就是乾道的"健"——变化是不可违逆、不会停顿的。

用九，天德不可为首也。

【译文】"用九"一句是说，天道的特性，是不可以有主观性的。

【解读】对这一句的功用，是在解释为什么《周易》关注变爻，要占动不占静，占老不占少的原因。或者说是通过"天德"来证明，《周易》在占筮原则上有所改变的合理性。但对其的解读，却是自古众说纷纭，想来原因可能是，"不可为"三字带有过分强烈的人文色彩，"强行"将读者的思路引向了人事。

事实上，"天德"就是乾的本质、特性的意思，也就是所谓的"健"。"健"是对客观规律自身特性的一种描述，因此"首"可以理解为与之相对的主观性。因此"天德不可为首"就是说，客观规律的基本特征就是没有主观性，不受主观意志控制的。与前述"见群龙无首"中"无首"的第二重含义基本一致。

结合到实际的变易过程中，一旦"有首""为首"，就会淡化了变易的必然性，也即淡化了"健"的特性。因为如下图所示：

有首　　　　　　　　　无首

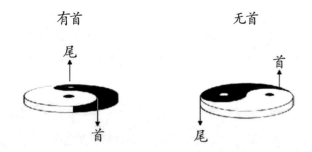

"有首"之时，对应的是变易的前半段，变易正在发展之中，因此有停顿、延迟的可能性；"无首"则对应的是变易的中后

段，作为可见（表面上居主导地位）的一方，已经失去了对变易的主导性，所以变易是不可能被主观控制的了，这就保证了其循环往复的必然性。

不直接用"无"，而用"不可为"三字，确实是具有对人事的劝诫意义（这是与整篇象辞的结构相一致的），是在强调人们在奉行"天德"，或者自认为是在奉行"天德"的时候，应当顺从于其"健"的本性，即尊重客观规律，顺从客观的"健"，不能加入主观愿望，甚至是推行主观的健。

据此，将其推广到古代的君王，或现代的管理者的行为上、思想上，都是合理的。但是如果将"不可为首"，理解为不可以"自为人首"，而应当等待别人的推举等等，虽然也有一定的道理，但未免有迂腐之嫌，而且"不自为人首"，在看似超然的背后，却有着浓重的主观色彩。

文 言

《文言》是十翼之一，但只有乾、坤两卦才有。至于文言二字究竟何意，至今众口不一。笔者认为，文与质相对，有文饰之意。因此所谓文言，就是用以修饰、文饰的语言，用现代的语言来说，就是带有拓展性的解读。

元者善之长也，亨者嘉之会也，利者义之和也，贞者事之干也。君子体仁足以长人，嘉会足以合礼，利物足以和义，贞固足以干事，君子行此四德者，故曰乾元亨利贞。

【译文】"元"是众善的首长，"亨"是嘉美的汇聚，"利"是适宜的和谐，"贞"是做事的根本。君子以仁为体，所以足以为人尊长；汇聚各种嘉美，所以足以合于礼；有利于外物，所以足以与适宜的标准相和谐；坚守正固，所以足以干支撑事业。因为君子是践行这四种品德的人，所以说："乾元亨利贞"。

【解读】文言从不同的角度，对卦辞、爻辞进行了三番五次的解读。此一番，是以人事入手。这一段是针对卦辞的解读，全文又分为两大部分。

第一部分，"元者善之长也，亨者嘉之会也，利者义之和也，贞者事之干也。"是对元亨利贞四字的人文解读。

乾元资始，为一切事物的推动力量，因此为"善之长"。

"亨"品物流形，赋予万物有形的生命，使一切美好得以显现，因此为"嘉之会"——此处之"会"仍旧应当理解为汇聚过程，而不是静态的聚会。

"利"是顺乎乾道而各正性命，因此是"义之和"。所谓义有两重含义，一是其本意，即为宜；二是其引申意，即为私为利，为公为义的义。由于创易之先哲，和孔子的基本思想，都以天下为先，以天下之利为利，因此即使取其引申意，"义"仍旧可以解为宜，只不过宜的对象，宜的参照物是天下，而非客观规律罢了。"义之和"就是与义之和，就是要合于"义"，就是要宜。

"贞"是保合太和，因此是"事之干"。事有万千，因此"事"仅为表象，"干"才是被保合之太和，不是流于外之形，而是藏于内之质。这实际是在暗示读者，在解读有关人事的"贞"的时候，不能简单地认定为是外在形式的正固，而应当理解为是内在思想的正固。

这里需要说明一点，这一句话并非孔子原创，而是出自《左传·襄公九年》中，襄公的祖母穆姜之口。有学者据此认为，孔子对《周易》进行的解读内容，都是《周易》的本义，孔子仅仅是进行了整理、转述而已，笔者认为不妥。只能说，在孔子之前，已经有人对《周易》进行过解读，而孔子在做十翼的过程中，借鉴了其中部分他认为可取的内容，至于这种解读，是否因为时代较孔子更早，就是《周易》的本义，那倒也未必。

第二部分，"君子体仁足以长人，嘉会足以合礼，利物足以和义，贞固足以干事，君子行此四德者，故曰乾元亨利贞。"通过解释元亨利贞在人事中的价值与功用，完成了元亨利贞，与仁义礼智信之间的转换。

"君子体仁足以长人"是说"元"即对应于"仁"。"仁者爱人"，是一切善念的基础；"爱人者，人恒爱之"，故可以为人之长。可见在孔子思想中的"长人"，并非是靠武力驱使，而是通过精神的感化、思想的认同水到渠成的。因为文中没有出现"元"字，因此通过"长"字来明确"元"与"仁"的对应关系。

"嘉会足以合礼"说明"亨"与"礼"相对。有人以周礼的复杂，如同夏日草木的繁盛为理由，据此认为"亨"在四季中对应于夏，却不见文中还有一个"合"字，而"合"字的前面更有"足以"二字。"足以合"仅仅说明能够合，而非已经合，强调的是条件和最终的结果，因此"亨"在四季中应当对应于由春至夏的过程。同样，"足以合礼"在说明"亨"与"礼"相对的同时，也说明"亨"是最终能够合于礼的保障，而不是说"亨"就是"礼"。

　　"利物足以和义"是说"利"与"义"相对，前面已经通过"义"的引申意，对"利"与"义"的关系进行了讨论，此处孔子直言"利物"，说明要"足以和义"，其前提就是"利物"——利于物，而不是仅仅利己；先利物，而不是先利己。

　　"贞固足以干事"是最令人费解的一句，因为它没有说明"贞"在五常中对应的对象，同时顺上述三句而来，仁义礼智信五常，言其三而余其二。元亨利贞，则仅余其一。因此也无法顺序推定。

　　比较本句"贞固足以干事"，和前文"贞者事之干也"，可以得到这样一个结果："贞"对应的是作为名词的"干"；"贞固"即对"贞"的固守，对应的是作为动词的"干"。作为名词的"干"是太和之气，是事物的内在本质。如果以草木为例，作为名词的"干"就是一粒包含了所有遗传信息的种子。那么作为动词的"干"，就是将这些遗传信息释放出去的过程，使之形成新生的植物。这样理解"事之干"与"干事"应当是合理的。

　　"足以干事"不等于"干事"，而是指具备了"干事"——将"贞"所保合之太和，所保有的遗传信息释放出去的条件，也就是具备了"资始"的条件。因此所谓"贞固足以干事"，就是在说一旦能都"贞固"，就足以保证进入"元"的阶段，是在讲述"贞"生"元"的过程。

　　剩下的问题就是，这个过程对应的到底是"智"，还是"信"。笔者认为，应当是既对应于"智"又对应于"信"。因为无"智"不足以"贞"，无"信"不足以"固"，既然"干事"同时需要"贞"与"固"两个条件，那么作为其代言的"贞"，也应当同时对应于"智"和"信"两种品德。

所以前人认为,"贞"对应于"智"的观点是错误的,至少是不完全的。宋代的朱熹将"贞"字解读为正固,实则已经感到了,"贞"字同时具备"正"与"固"两个方面的含义,如果只解作"正",则无法理顺后续的诸多卦辞、爻辞的意义。

对最后一句"君子行此四德者,故曰乾元亨利贞"的解读,以宋代的朱熹最为精当:"它把'乾'字当君子"。

初九曰,潜龙勿用,何谓也? 子曰:龙德而隐者也。不易乎世,不成乎名,遁世无闷,不见是而无闷,乐则行之,忧则违之。确乎其不可拔,潜龙也。

【译文】初九的爻辞说:潜龙勿用,是什么意思? 孔子说:是指具备龙德而又隐伏的人。(他)不被世俗的观念所左右,不以功名论成就,隐遁于世心中并不苦闷,不被认可心中也不苦闷,心乐往之,则有所行动;心中有所疑虑,则远离规避,坚定而不可动摇,就是潜龙。

【解读】由此以下,至"上九"六段,都是以问答的形式,阐述孔子对爻辞的理解。

"龙德而隐者"是孔子对潜龙的形象化描述,即具备龙德——高尚的品德而又隐遁于民间的人。之后,分三个层级来解说何为"龙德而隐者":

首先是"不易乎世,不成乎名",即不被世俗所左右,不以名利论成败。这是隐者的基本心态,可称之为"心隐",此一句就分清了龙德而隐者，与自作清高、沽名钓誉，身隐心不隐的隐者之间的区别。

其次是"遁世无闷，不见是而无闷"，对于一个具备龙德的人来说，身处下位虽然"不易乎世，不成乎名"，但也难免心中有郁闷之情。因此"遁世无闷，不见是而无闷"，是一种更高的层次心境，而"不见是而无闷"则要比"遁世无闷"更加难以做到，因为"遁世"反映的仅仅是一种"无位"境遇，但是"不见是"是不被认可，即非但无名、无位，而且连起自身的"龙德"也不被认可。这种境遇颇似五代十国时期的文人，经过了晚唐长期的割据战乱之后，中原大地武夫当道，强权思想成为当时的主流观念，文人在当时的主要功用，就是充当军中的记账先生，如果没有此项技能，则会被那些大字不识两个的将军们，讥讽为没用的"毛锥子"。

最后，"乐则行之，忧则违之"，则颇有出仕之意，由此可见孔子所说的"隐"，不是被动无为的隐，而是主动的有选择的隐，在有条件——心乐往之的情况下，则会有所行动；在不具备条件——心有忧虑的情况下，则会远离、规避（违，即为远离之意）。但出与不出，全在自己内心的感受，也即有所为有所不为，全在外部条件与心境的契合与否。因为，初九为龙德而隐者，与其心境的契合，就是与龙德的契合，就是与正道的契合，因此初九"乐则行之"的是人间正道，"忧则违之"的是诸般淫邪之道。

孔子最后以"确乎其不可拔，潜龙也"一句点破，"龙德而隐者"之所以能够"不易乎世，不成乎名"，能够"遁世无闷，不见是而无闷"，能够"乐则行之，忧则违之"，原因就在于他是潜龙，具备"龙德"，具备坚守正道"确乎不可拔"的勇气与能力。
用现代的话说，就是具有高出世俗、名利的追求与信仰。

同时，也可以理解为其隐遁而无闷的目的，即是要坚守"龙德"。这一层就是后面的遁卦的精髓所在——以身之遁，求道之存。

九二曰，见龙在田，利见大人，何谓也？子曰：龙德而正中者也。庸言之信，庸言之谨。闲邪存其诚，善世而不伐，德博而化。《易》曰：见龙在田，利见大人，君德也。

【译文】九二的爻辞说：见龙在田，利见大人，是什么意思？孔子说：是指具备龙德，行为又恰当适度的人。(他)说话始终保持诚信、恭谨，通过杜绝淫邪来保守真诚，对世人有所助益却不炫耀，通过道德的博大来感化世人。《易》中说：见龙在田，利见大人。这是人君之德。

【解读】乾卦六爻均为有龙德者，所不同的是各自所处的时势。九二出离潜、隐的境遇，现于田上。虽然尚没有飞腾于天际，但同样是可以施加影响的位置，因此同样属于得位——中。卦中只有二与五两个"中"位，九二与九五相比，区别在于九五是阳居阳位，为得正，九二是阳居阴位，并不"正"。因此"正中"之"正"，只能是针对九二的阳居阴位而言的，目的在于突出和推崇九二内刚外柔的特征，说明九二"中"的程度和方式。这一点就体现在下文之中。

"庸"是常的意思。"庸言之信，庸言之谨。"是说，说话始终保持诚信、恭谨——克己。

"闲"的本意是用来圈牲口的木栅栏，引申为限制、约束。"闲邪存其诚"就是说，时刻约束邪念，保持内心的真诚——仍旧是克己。

"伐"是夸耀的意思。前三句说的都是克己，"善世而不伐"说的是九二对外的行为方式，或者说是施加影响的方式——给世人带来好处，而不夸赞，但实际上仍旧具有克己的意味。

"德博而化"，通过道德的博大，来教化周围的人。其中"博"是对九二上述行为（克己）的概括，"化"则是其行为的最终结果。

总的来说，其行为特征是内敛的，其行为的结果，是被动的——通过对方的自发/自觉而获得的。这就是前文所说的，"见"与"飞"之间，静与动，被动与主动的区别，也即"正中"之"正"的内涵所在。

形象地说，九二犹如一盏明灯，它并不是要主动去照亮别人，而仅仅是保持自己的光明，别人被它照亮，只是其对光明的坚守的必然结果。

"《易》曰：见龙在田，利见大人，君德也"中的"君德"，是针对九二能够善世、化物，即造福一方教化万民的功用而言的，因此可以断定孔子所说的"君德"，就是对人民的教化与维护，只要有这种能力，无论在上在下都可成为有"君德"，其共性在于都得位——都得"中"，其差异则在于得位不同——分上下。

"伐"字还有一个通假字"阀"，就是著名的门阀的阀。所谓门阀就是，树在门前的木板，或者贴在门上的纸张，上面写着家族以往的拥有的功绩、获得的官爵等等。其初衷可能是通过彰显家族的辉煌，一面缅怀先人，一面来激励后人，盛行于东汉末年至魏晋时期，但与此风相对的却是士大夫的浮华与庸碌。自命清高，居官而不理政者有之；炫财斗富，锦衣玉食而不顾民生者亦有之。结果是不可避免地导致了长达四百年的五胡乱华、南北分裂的黑暗时代，而终由起自北朝的隋唐一统天下，更足见当年自诩为华夏正宗的南朝衣冠之士们，其德何其薄也！

建立后赵的羯族首领石勒，与被其所擒并斩杀的东晋大臣王衍之间的对话，更能让我们从正面了解门阀政治的可悲，同时也能从反面体味一下九二的深意：

王衍是东晋的尚书令——尚书省的首领，史称："虽居台司，不以事物自缨，当世化之，羞言名教，自台郎以下，皆雅崇拱默，以遗事为高……"

石勒羯（jié）族人，羯族是依附于南匈奴的一个弱小民族，其父曾是部落小帅，自己则在童年时即被卖作奴隶。

后来，东晋灭亡王衍被石勒俘获，为了活命，竟然恬不知耻推说自己"少不豫事"——从来不参与朝政，而且劝石勒"上尊号"——当皇帝，结果遭到石勒痛斥："君名盖四海，身居重任，少壮登朝，至于白首，何得言不豫世事邪？破坏天下，正是君罪。"王衍自知即将被杀，于是对别人说："吾等若不祖尚浮虚，不至于此。"

九三曰，君子终日乾乾，夕惕若，厉，无咎，何谓也？子曰：

君子进德修业。忠信所以进德也，修辞立其诚所以居业也。知至至之，可与几也，知终终之，可与存义也。是故居上位而不骄，在下位而不忧，故乾乾因其时而惕，虽危无咎矣。

【译文】九三的爻辞说：君子终日乾乾，夕惕若，厉，无咎，是什么意思？孔子说：这是在讲君子如何增进品德修习功业。坚守忠信可以增进品德，注重言辞的修饰与修养，能够树立其诚信，可以用来持守功业。知道将至的目标，而能够努力达到它，（这样的人）可以和他讨论事物的征兆。知道最终的结果，而能够最终实现它，（这样的人）可以和他坚守适宜的标准。所以身居上位而不骄纵，身在下位也不忧虑，因此只要勤勉的，因为时势而警惕，则虽有危厉，但却没有咎害。

【解读】"进德修业"是用来解释"终日乾乾"的，即君子终日乾乾是在进德修业。"忠信所以进德也，修辞立其诚所以居业也。"是在说如何进德，如何修业。其中前半句比较容易理解，"忠信"乃是为人根本，常有"忠信"之心，其德必进。后半句需要分两个层次来理解：

"修辞"就是修饰、注重言语的意思，"修辞"的目的和结果是"立其诚"，"诚"才是"居业"的条件。"业"即业绩、功业，是流于外在的表现，即非与生俱来，又非深藏自知即可，而是需要被外人了解、认可方能成就的（较之初、二的内敛自守更进一步），因此需要一个修习的过程。但是这个"修"必须以"诚"作为基础，否则就难免沦于矫揉造作。所以要分两个步骤——先立诚，再修业，只有这样才能"居业"。居是固守不变的意思。

为什么需要通过"修辞"来立诚，或者说"修辞"为什么能够达到立诚的目的呢？

这是因为，在各种"不诚"的行为之中，言语的"不诚"是成本最低、出现的频率最高的一种。因此，如果不重视"修辞"，不重视言语的诚信，就相当于"以恶小而为之"，久而久之就会积小恶成大恶，演化成行为的不诚，内心的不诚……

自身内心的不诚，最终必将导致外在形象的不诚，即失去他人对自己的认同，成为人群中被排挤的对象。至此，无业者不能够创立其业，有业者也不能够常居其业。

"修辞"的第二重含义是，通过将"诚"的信息转化成言语，就可以起到"导引"的作用，引导人的思想进入"诚"的境界，进而由内而外的杜绝"不诚"的言行。此时的"修辞"又可以分为被动和主动两种情形：被动的即如，中国古代的教育中强调对"圣贤书"的记诵，其目的就是要通过"修辞"来灌输和统一道德规范；主动的则是将自身的感受修成可诵之辞，这本身就是一个固化思想——"居业"的过程。

"知至至之，可与言几也"是针对"进德"而言的，因为"进德"是一个日新月异的过程，既需要通过知道将至的目标——"知至"来坚定信心，又需要最终去实现目标——"至之"来完成德的精进。"知终终之，可与存义也"是针对"居业"而言的，因为"居业"是一个坚守不变的过程，因此既需要通过知道最终的结局——"知终"来坚定信心，又需要最终去实现结局——"终之"来完成对业的坚守。

事实上，一如"德"和"业"是同一枚硬币的两面，"至"和

"终"也是同一枚硬币的两面，位于两面之间的主体，则是一个"诚"字。"诚"则心底无私，才能坦荡于天地之间，才能"居上位而不骄，在下位而不忧"。以"诚"心"进德修业"，则其表面上的"终日乾乾，夕惕若"，就仅仅是因为所处的位置所致，与其自身无干。如在其位谋其政，当其事尽其力而已，所以孔子说："故乾乾因其时而惕，虽危无咎矣。"

九四曰，或跃在渊，无咎，何谓也？子曰：上下无常，非为邪也；进退无恒，非离群也。君子进德修业，欲及时也，故无咎。

【译文】九四的爻辞说：或跃在渊，无咎，是什么意思？孔子说：其行为的上下无常，并不是出于淫邪。进退没有恒准，也并不是要脱离群类。只是君子在增进品德修习功业，想要跟上时势的发展而已，所以无咎。

【解读】"上下无常"与"进退无恒"是九四或跃在渊的形象描述，是因为"渊"上下皆为虚空的特性所致。"非为邪也"和"非离群也"，是对这种看似不正常的行为的解释，即告诉人们这是正常的，无咎的。因为，这也是君子进德修业的一种方式，之所以会与九三不同，要上下进退的"或跃"，是因为所处的时局不同，"九四"已经临近天位。对于龙来说，现于田的时候可以不动，但是一旦升于天际，则非动不可。因此，九四必须要早作准备——"欲及时也"。

九五曰，飞龙在天，利见大人，何谓也？子曰：同声相应，同

气相求。水流湿，火就燥，云从龙，风从虎，圣人作而万物睹。本乎天者亲上，本乎地者亲下，则各从其类也。

【译文】九五的爻辞说：飞龙在天，利见大人，是什么意思？孔子说：同类的声音相会应和，同类的气息相互吸引。水会流向湿处，火会趋向干燥的地方。云朵会追随飞龙，山风会跟随猛虎。圣人创制万民都会瞻仰。本性向上的会亲近高尚，本性趋下的会亲近卑贱，各从其类而已。

【解读】对这一段的解读，古来也多有异同，其中大多纠缠于文中字句的具体所指。笔者认为大可不必如此。因为对仗排比，自古就是一种用于强调主旨的修辞，因此取其主旨即可，其他无需细究。

本段的主旨有二：

一是"同声相应，同气相求"，这是普遍存在于万事万物之间的客观事实；

二是"圣人作而万物睹"。这是圣人和万物（民众）之间的相互感应与影响，孔子在其前连用了四个短句，除了强调相互感应的关系之外，更重要的是通过"流""就""从"三个动词，透露出一种从属关系。到"圣人作而万物睹"，一个在"作"，一个在"睹"，主从关系立现。这其中蕴含两重极为通俗而深刻的含义：

1."圣人"必须要"作"，结合象辞中的"大人造也"，可知"作"是圣人的责任与义务。从卦象上看，九五与九二同居中位，但是九二可以通过克己、博德来善世、化民，其不动是因为阳居阴位, 虽然自身具有阳刚的属性, 有动的资本, 但其位使之不能动, 也使之可以不动。九五则不同, 其位为阳, 使之不能不动。比之人事, 身为君王者岂能不"造", 不"作"? 如果君王不"造", 不"作", 万物、万民则无物可睹, 也就无所"流"、无所"就"、无所"从", 也就失去了方向。所以"圣人"必须要"作", 否则岂不成了明万历?!

2."圣人"的"作"必须有所顾忌, 因为在其下有万物、万民在"睹", 其一言一行, 一喜一忧, 一好一恶, 都可能影响一时之风尚, 一朝之风范。岂不闻: 楚王好细腰, 宫中多饿死?!

所以, 此一句, 实为对身居九五的君王们的警诫。

最后一句, "本乎天者亲上, 本乎地者亲下, 则各从其类也。"自古的解释也颇为繁杂而深刻。笔者认为可作两重解读:

一是对前述各种相会感应关系的再概括, 或者是对"圣人作而万物睹"的延续。此时句子的主语是"万物"即民众, 意思是说, "万物"在观瞻了圣人的创制之后, 各随其本性做出不同的反应。

二是对"圣人作而万物睹"的反说。此时句中的主语是未必达到"圣人"标准的, 广义的"君王", "上下"指其亲近的臣子或其决策、喜好等等, 于是这句话就给出了考察君王优劣的手段——视其所亲者的"上下"。

用一句俗语即可了然——上梁不正下梁歪。因此既是对九五的继续警诫, 也是对君王万物之间, 在对天下兴亡的责任上的划分。即虽然天下兴亡匹夫有责, 但主要之责在君王; 虽然公司兴亡全员有责, 但主要之责在决策者。

上九曰, 亢龙有悔, 何谓也? 子曰: 贵而无位, 高而无民, 贤人在下位而无辅, 是以动而有悔也。

【译文】上九曰: 亢龙有悔, 是什么意思? 孔子说: (其境遇如同) 尊贵而没有实位, 高高在上而没有民心, 有贤人在下位却得不到辅助, 所以如果行动, 则必然会有忧悔。

【解读】"贵"与"高"是就其爻位而言的, "无位"与"无民"是相对于九五而言, 九五居中得位, 九五"圣人作而万物睹"所以有民, 同时"五"的应爻在二是民位, 因此也是有民之象。"上"的应爻在三, 已出离民位, 因此也是无民之象。

"贤人在下位而无辅"有学者认为"在下位"是指九五以下各爻, 笔者认为, 似乎专指其应爻九三更为贴切。因为九三终日乾乾, 到了晚上也仍旧"夕惕若", 虽是贤者, 然自顾尚恐不及, 更无暇辅助上九, 与"无辅"之意相合。

"是以动而有悔也"说明动则必有悔, 不动则可能无悔, 即前面所述, 如果上九能够提前知悔, 不一味亢进, 则可以避免有悔的局面。

潜龙勿用, 下也。

【译文】潜龙勿用的原因, 是因为其地位低下。

【解读】自此以下, 至"乾元用九, 乃见天则"句, 孔子连续用简洁的语言, 对爻辞和"用九"进行了解读。

此一句, 是在说潜龙勿用的原因, 是因为其爻位在下。推及人事，则可以理解为，因为地位低下，或尚处于初级阶段，而不可用。

见龙在田，时舍也。

【译文】"见龙在田"是指其被时势所舍弃。

【解读】此一句仍是在强调爻位的作用，所谓"时舍"即为时势所舍弃。即没有得到发挥才能的时机。由"六位时成"可知，时就是位，位就是时，因此"时舍"就是爻位不当之意。

终日乾乾，行事也。

【译文】"终日乾乾"，已经可以作事情了。

【解读】此一句是在解释九三终日乾乾的内容——行事，可见九三与九二不同，已经不再为时所舍，而是开始有事可行了。古人认为修身、齐家、治国、平天下彼此相通，因此其行事的范围应当较今日之概念广泛得多。

或跃在渊，自试也。

【译文】"或跃在渊"，正在自己尝试。

【解读】"自试"是在解读"或跃"，"自试"应当拆成两个部分来理解："试"既说明了"跃"与"飞"的关系，同时也为九四的行为确定了范畴，只能试飞而不能真飞；"自"既强调了行为的主动性，不为外力的胁迫去试，而是自觉地有所准备；同时也强调了必要性，既然时局将至，就必须要有所行动，纵然不能飞，也要跃跃欲试。

飞龙在天，上治也。

【译文】"飞龙在天"，得以在上而治了。

【解读】这一句明确了"飞龙在天"，就是象征着君王对国家的治理。其治理的具体方法，就是前文所述："圣人作而万物睹"。

亢龙有悔，穷之灾也。

【译文】"亢龙有悔"，将事情推至穷极导致的灾祸。

【解读】"穷"是针对上九的爻位而言的，"穷之灾"是指有悔。说明亢龙面对的主要问题，仍旧是爻位造成的，是因为自身处于时局之末。

这一系列的解读，事实上在强化读者对爻位的重要性的认识。

乾元用九，天下治也。

【译文】用"九"来象征乾元，是为了彰显天下顺治的态势。

【解读】"乾元用九"应当理解为"乾元"和"用九"两个概

念,"乾元"即为资生万物的力量,推之人事就是仁;"用九"是对顺随客观规律而动的效法,推之人事就是因适时变易。因此"乾元用九"就是,既有资生之仁,又有适时之变,自然会"天下治"了。治与乱相对,是太平、安定的意思。

同时,以乾卦为首,和占筮用九,是《周易》区别于《连山》《归藏》二易的关键所在,因此"乾元"和"用九"并举,就是对《周易》的认可与赞美之辞。

潜龙勿用,阳气潜藏。

【译文】"潜龙勿用",是因为阳气尚处于潜藏状态。

【解读】说明潜龙勿用的原因是"阳气潜藏";同时也可认为潜龙勿用,对应的是"阳气潜藏"的局面。

见龙在田,天下文明。

【译文】"见龙在田",是天下文明之象。

【解读】"天下文明"既是"见龙在田"的结果,也是"见龙在田"的前提。民间有"大人"出现,即有道德高尚的精神领袖,或曰意见领袖,或曰舆论导向出现,则必然会有万民得化,天下文明的结果。但是"见龙在田"也是爻位时局使然,如果天下正值昏暗,则必然阳气潜藏,取而代之的必然是淫邪当道,即使是有龙德之人,也只能潜而勿用。

因此君王不能只是期盼有贤良充实民间,助其教化万民,更要设法构筑，有利于贤良出现与生存的环境。

终日乾乾，与时偕行。

【译文】"终日乾乾"是与时俱进的表现。

【解读】"与时偕行"就是与时俱进的意思，说明九三得时当行，因此应当改变初、二两爻以静为主的行为特征，开始"终日乾乾"地行动起来。但九三终究没有在渊，没有进入龙所当处之地，仍旧处于危厉之中。因此说明能力和机遇尚有欠缺，需要通过"终日乾乾"，来保持与时局的同步。

或跃在渊，乾道乃革。

【译文】"或跃在渊"，是说乾道至此出现了变革。

【解读】从卦象上看，九四脱离了下卦（乾），进入了上卦（乾），因此有乾道变革之象。从爻辞上看，九四在渊，虽然没有飞升于天际，但终究由田入渊，得居龙之当处之地，无疑也是一重大变革。

飞龙在天，乃位乎天德。

【译文】"飞龙在天"，是说处于有天德的位置上。

【解读】"天"乃乾之象，天之德即为乾之德。九五阳居阳位，居中得正，因此是能够完全体现乾之德的一爻。其之所以可以如此,仍旧离不开爻位的关系,因此说"位乎天德"。

亢龙有悔,与时偕极。

【译文】"亢龙有悔",是说与时势一同进入了穷极。

【解读】说明亢龙有悔,原因既有"时"的因素,也有自身"亢"的因素——亢也是极,因此说"与时偕极"。

乾元用九,乃见天则。

【译文】用"九"来象征乾元,是为了彰显天道的法则。

【解读】天则就是自然规律,其基本特征,就是不受主观意志影响地健行不止。"用九"是"见群龙无首",前文已述,"无首"就是没有主观意志,顺随而动。因此苏轼说"天以无首为则"。与前一句"乾元用九"相同,此一句仍旧是在论证,《周易》所作出的变革的合理性,只不过这一次的论据是"乃见天则"——体现"天则"。

乾元者,始而亨者也。利贞者,性情也。乾始能以美利利天下,不言所利,大矣哉。

【译文】"乾元"的作用是促推动"始"而亨通的过程。"利"和"贞",蕴藏的是事物的本性和追求。"乾"只是用美好的利益,来助益天下,却不言所利之处,真是太伟大了!

【**解读**】"乾元者，始而亨者也"是说，乾卦卦辞中的"元"，是促成"始"和"亨"的原因。"始而亨"是一个由初生到繁盛的过程，是一个逐渐发越的过程，此过程起自于"元"，说明由"元"至"亨"，就是一个向外释放的动的过程。

"利贞者，性情也"是说，乾卦卦辞中的"利"与"贞"，反映的是事物的"性"与"情"。通过前文可知，"利"是"各正性命"，是一个由繁盛而收敛的过程；"贞"是"保合太和"，是一个对太和之气先保再合的收聚过程。

因此，"利"对应于"性"，强调事物的本质，主静；"贞"对应于"情"，强调事物动的愿望，含动。

即如《论衡》所言：性，生而然者也，在于身而不发。情，接于物而然者也，出形于外。因此，"利贞者，性情也"说明，由"利"至"贞"是一个由收敛到积聚，由动至静，再转而向动的过程。

综合上述，"乾元者，始而亨者也。利贞者，性情也。"两句，所要揭示的就是如下图所示的，循环变易中的动静转换过程：

"乾始能以美利利天下，不言所利，大矣哉"是对"乾"的

赞美之辞,即"乾始"分读。因为从语义上说,前面两句分别说了乾的元亨利贞四德,至此应当再度总括为一,即乾。

有学者认为,此处的"始"即为"元","乾始"就是"乾元",而元"统天",因此有总括四德的意思。笔者认为,这种解读也可视为合理,但至少存在两点不足:

一是对"始"的理解有所偏误,因为象辞开篇即说"大哉乾元,万物资始,乃统天",可见乾元的伟大,以及能够统天的原因在于"资始"。而此处如果要将"乾始"连读,视为主语,那么本句可以简化为——乾始,大矣哉。与象辞相对照可知,此处的"始"应当是"资始",那么"乾始"就是乾元资始的简写。形象地说,乾元的伟大在于成人之美,而不是自成其美。

二是对文中的"以美利"三字的突出,有所不足。因为增加了状语"以美利"三字,即对"利天下"的方式进行了限定,所以"以美利利天下"与"利天下"是不同的。由此出发,不难想到既然有"以美利利天下"的情形,就应当还有以"恶"利,以不美之利,利天下的情形。因此,"以美利"三字是至关重要的,它说明了"大哉乾元,万物资始"之所以可以称"大",是因为"乾元"是"以美利利天下",即其中蕴含有"贞"的特性,虽然健行不止,却永远不会落入淫邪之中。

所以,笔者认为,如果将"乾始"连读,就应当解读为是"乾元资始"的简写;如果将"乾始"分读,则"始"可以被解读为:仅仅、只的意思,用以强调和突出后面的"以美利"三字。但无论怎样解读,"以美利利天下,不言所利"都是本句的核心,它为"乾"获得"大矣哉"的赞叹,提供了三个理由/前提:

1.利天下；

2.以美利利；

3.不言所利。

对于最后一条"不言所利"，古来学者大多认为是针对"乾"的广大而言的，即因为无所不包，因此不能准确地"言所利"；反之，"不言所利"也意味着无所不包。

笔者认为，由孔子加入"以美利"三字来看，其在此句中关注的焦点是"利天下"的方式，而不是范畴，况且"天下"本身就有天下万物无所不在其内的意思，又何必赘言呢？因此这个"不言所利"是指，类似于"善世而不伐"的行为方式，或者思想品德。

总之，"以美利利天下，不言所利"是孔子对乾卦卦辞、卦德作的最后也是最深入的发掘。

大哉乾乎，刚健中正，纯粹精也。六爻发挥，旁通情也。时乘六龙，以御天也。云行雨施，天下平也。

【译文】"乾"伟大吗！既刚健又中正，纯粹而精炼。六爻各自发挥，广泛地触及情理。时势则通过六爻（表现出来），而统御天道。通过云朵的流行雨水的撒布，促成天下的昌平。

【解读】上一段落是对卦辞的发掘，这一段则是对卦象的全面解读。共分为四个层次：

"刚健中正，纯粹精也"是针对乾卦一卦六爻皆为阳爻的卦象而言，有一气贯穿始终之象，因此刚健而中正，纯粹而精。即此处的"中正"不是指爻位，而是乾阳的象。

"六爻发挥,旁通情也"是说,虽然六爻皆为阳爻,但又各有发挥,即各有不同的内涵。

"时乘六龙,以御天也"进一步解说,六爻发挥的内容,旁通之内容,即六爻对应的是不同的时势,以及相应的正确的行为方式。也就说,六爻分别是六种不同时势下的阳、六种不同时势下的健。

"云行雨施,天下平也"收拢语义,以龙之德——"云行雨施",阐释乾之大——"天下平"。

君子以成德为行,曰可见之行也。潜之为言也,隐而未见,行而未成,是以君子弗用。

【译文】君子以完成的德业为行为的目标和基础,叫作可见之行。"潜"的意思却是,隐伏着而没有显现,践行着而没有完成,所以君子不能取用。

【解读】此一句,用对比的方式来解释"潜龙勿用"。

首先说君子用什么——"君子以成德为行","成德"可作两解:一是成就德业,二是已成之德。按前解是,君子以为就德业而"行";按后解是,君子应当"行"已成之德。二者有共同之处是,都有可以见证的结果,后者已成之德人人得而见之,前者至少也可见阶段性成果,即都是"可见之行"。

关于"曰"字,大多数版本认为是"日"字,但自古以来也有学者认为"日"是"曰"的笔误,笔者从之。因为一字之差,决定的是"成德"到底应当作何解的问题。如果是"日"字,则"成德"只能作"成就德业"解；如果是"曰"字，则"成德"偏重于"已成之德"，又可以兼顾"成就德业"之意。

后一句中用"隐而未见，行而未成"用来解释"潜"，显然"隐而未见"与"可见之行"相对，"行而未成"与"以成德为行"相对。"行而未成"说明"成"是"行"的目标和结果，因此"行而未成"就是目标尚未达到，德业尚未成就，所行也非已成之德，即使强而行之，也只能隐而不显。

所以，"君子弗用"——不采用这种"行"。

需要注意的是，在解读"成德"时，应当兼顾两种意义。因为如果单取"成就道德"之意，则有重爻轻位之嫌，即将造成的"勿用"的原因，完全归结于当事者自身，而忽视了时局的因素。如果单取"已成之德"之意，则含有取用为社会认可的"德"，顺应时势变化之意。看似合乎事理，实则难脱市侩之嫌，与"乾德"的唯一性，不变性，即所谓的"不易之恒"相悖。

君子学以聚之，问以辨之，宽以居之，仁以行之。易曰：见龙在田，利见大人，君德也。

【译文】君子通过学习而汇聚，通过探问来辨析（美德），然后通过宽厚来保守，通过仁爱来践行它。《易》中说：见龙在田，利见大人。是指人君之德。

【解读】九二所处的时局，是由初九发展而来的，而此一句关于九二的解读的语义，也是上承上一句而来——"学以聚之，问以辨之，宽以居之"，就是"成"的方法。与前一句连在一起解读就是：

初九因为自己的德行修为尚且不足，因此只能"潜"而不能"见"，但"潜"并非是无所事事，完全静止的，而是通过"学""问""宽"，来聚集、辨明，最终达到居有德业——"成德"目的。其中的宽，是虚怀宽宏的意思。

"仁以行之"讲述了两个方面的内容：一是二与初所处时势的差异，即九二在初九的基础上，经历了"学""问""宽"的过程之后，其德已成，可以行之的地步；二是行的方式，即"仁"以行之。将"仁以行之"置于"学以聚之，问以辨之，宽以居之"之后，实际上就是在说君子要"以成德为行"。"以成德为行"曰仁，以不成之德为行，则曰不仁。

因为，将未成之德行于人前，如同将未成之学教与人知一样，非但不利于人，而且有害于人。归其根本，不过是为一己之名利，置他人之利害于不顾，此不为不仁，则不知仁为何物矣。

九三，重刚而不中，上不在天，下不在田，故乾乾因其时而惕，虽危无咎矣。

【译文】九三以刚居刚，但却不在中位，向上不在天上，向下又不在田间，所以需要勤勉谨慎，因为所处的时势而警惕，则虽有危却没有咎害了。

【解读】九三阳居阳位，因此重刚。"重刚而不中，上不在天，下不在田"，是对九三所处的爻位的形象描述，说明其求退不能，欲进不得的境遇。进而说明其终日乾乾的惊惧状态，正是由于所处的时局所致, 而非己之过, 因此才"虽危无咎"。即"危"是三这个爻位的属性, 但阳爻居之, 能够终日乾乾, 则可以无咎。

九四, 重刚而不中, 上不在天, 下不在田, 中不在人, 故或之。或之者, 疑之也, 故无咎。

【译文】九四不在中位, 向上不在天上, 向下又不在田间, 中间又已不在人的范畴, 所以才会"或之"。"或之", 就是有所疑虑的意思。因此才能无咎。

【解读】九四阳居阴位, 因此不知"重刚"从何而来, 可能是在流传中产生的衍文。通过九三、九四两句中, 关于爻位境遇的描述, 可以看出三与四相似, 即都处于上下不定的变动之中, 但是四与三的不同之处在于, 即多了"中不在人"一句, 说明在变动之中, 虽然同为"上不在天", 但毕竟四比三更进一步, 已经进入了一个与三完全不同的境界。同时, 也使自己置更加没有明确的归属。因此, "或之"。

孔子进一步解释说"或之者, 疑之也", 说明"或"在此处是"疑"的意思, 而后"故无咎"说明, "或之"即"疑之"是"无咎"的原因。因此可以断定, 这个"疑之"的主语是九四自己, 即九四自己"疑之", 而非被他人所疑。

九四"疑之"的"之"即"疑"的对象, 就是"刚而不中, 上不在天, 下不在田, 中不在人"的境遇。爻位、境遇是客观的, 无需怀疑、猜疑, 因此此处的"疑"应当是迟疑、犹豫的意思, 进一步引申就是一种审慎的态度。

将其比之于人事,形象地说,九三是在九二成就德业的基础上,开始执行具体的工作;九四则是开始承担其独立决策任务。所以,九三应当兢兢业业,时刻警惕疏忽纰漏;九四则应当以犹疑弥补经验的不足,杜绝因为轻浮武断造成的谬误。

夫大人者,与天地合其德,与日月合其明,与四时合其序,与鬼神合其吉凶。先于天而天弗违,后于天而奉天时。天且弗违,而况于人乎! 而况于鬼神乎!

【译文】所谓的大人,是指其德行与天地相合,其光明与日月相当,其行事的次序与四季相合,其告示的吉凶与莫测的变易结果相同。如果先于天道行事,则天道不会违逆他,如果后于天道行事,则尊奉天时而动。上天尚且不会违逆,更何况是人呢? 更何况是变化莫测呢?

【解读】"夫大人者,与天地合其德,与日月合其明,与四时合其序,与鬼神合其吉凶。"相当对"大人"的名词解释。一言以蔽之,"大人"就是能够达到天人合一的境界的人。其中的鬼神,并非是后世所说的妖魔神怪,而是"造化之迹"。

"先于天而天弗违,后于天而奉天时。"是进一步解释"大人"与"天"的关系,简单地说就是同步的、一致的。"天弗违"不是天不敢违,而是天不能/无法违,因为"大人"所行之道就是天道。

"天且弗违,而况于人乎! 而况于鬼神乎!"则说明了九五大人作而万物睹，九二德博而化的合理性。即"大人"之德，是符合天德的，是符合自然规律、社会规律的，是"天"在世上的代言者。

亢之为言也，知进而不知退，知存而不知亡，知得而不知丧。其唯圣人乎，知进退存亡而不失其正者，其唯圣人乎。

【译文】"亢"的意思是说，只知进而不知退，只知保有而不知消亡，只知得到而不知丧失。难道只有圣人吗，能够既懂得进退存亡之道，而又不失其正道，难道只有圣人吗！

【解读】"亢之为言也，知进而不知退，知存而不知亡，知得而不知丧。"是在解释"亢"的内涵，因为孔子在前面，屡次提到亢龙有悔，是动而有悔，即在时局已终、大势已去的时候，继续亢进不止。因此，孔子此处列举了三种典型的亢进不止的行为，以警后人。

"进退存亡"是中性词汇，"知进退存亡"也是人人也可为之、人人皆能为之的事情。也就是说，"知进退存亡"既可以是明哲保身之举，也可以是见利忘义之行；既可以是因求道存义而知，也可以是因求名图财而知。为了不失其本义，孔子在"知进退存亡"之后，加上了"不失其正"四字。但要做到这一点，即如亢龙知悔，非常人所能及。因此反复用了两个"其唯圣人乎"，是赞叹也是感慨。

坤——逆行顺天

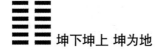

坤下坤上 坤为地

坤卦是殷商《归藏易》的首卦，是《周易》的第二卦，与乾卦一起被视为"易之蕴""易之门"，其在《易经》中的重要地位不言而喻。但是自孔子以来，历代儒者对坤卦的解读，都可谓是支离破碎，牵强附会，与在对乾卦的解读中，表现出来的缜密相比，真可谓有天壤之别。究其原因，应当有以下几点：

1.鹿台之火，断易之传。

在中国的史籍记载中，商纣这个暴君，最终在鹿台以自焚的方式结束了自己的生命，据说在随之一同付之一炬的是无数的金银财宝。然而，可以断言的是，这是经过了周朝人的"编辑"故事。且不说，商纣实际上是一位颇有作为的君王，西周不过是趁商军主力正在讨伐东夷之机，偷袭得手。单就纣王自身的意愿而言，在其眼见王国将倾，生命将逝，他最想毁掉的东西，应当就是他认为可能会为敌人所用，将为敌人带来福祉的东西。在这些东西当中，除了金银财帛之外，应当还有当时的占卜之术。殷商笃信占筮的程度，几乎是逢事必占，而且凡占必信。可见，殷商的君王显然在相当程度上，是相信占筮是可以帮助其治理国家、统御人民的。这种重要的"核心技术"，岂能留给敌人？

证明周朝人并不十分了解殷商的占筮之术，或者说殷商的占筮之术在西周之初，就已经大量失传的依据，虽然不多但却很充分。《尚书·洪范》中记载，周武王向箕子（纣王的亲属和重要朝臣）讨教如何管理国家时说："呜呼！箕子。惟天阴骘(zhì)下民，相协厥居，我不知其彝(yí)伦攸叙。"翻译成白话就是：哎呀！箕子。上天希望百姓安定，能够和睦相处，但是我不知道治理国家的常理。箕子的回答就是著名的"洪范九畴"，即治理国家的九条主要法则，其中就包括了五行生克等基本原理。

如果箕子答是所问的话，那么武王的上述言辞，就不是谦虚之辞，而是真的不懂。在"洪范九畴"的第七条"稽疑"（考察、解决疑惑）中，箕子向武王介绍了如何通过卜筮的方法来解除疑惑、作出判断的方法。由此可见卜筮在殷商政治中的功用，同时也可以断定，武王——西周的最高统治者，自己并不懂得上述这些占卜方法，或者只知其大概而已。甚至还可以怀疑，所谓文王演八卦成六十四卦之说，也是西周人编造的溢美多于事实的故事。

综上，可以作出这样的推测，经过了鹿台之火，自远古而来的《易经》的许多最核心的内涵，可能已经化为了灰烬，而《周易》很可能是在残存的《归藏易》的内容，以及部分内涵的基础上，经过周朝人出于自己的政治目的，通过自己的演绎编撰而来的。

2.孔子为象所误。

经过周朝人演绎的《周易》，作为殷商卜筮习俗的延续，和保证社会完成从商到周平稳过渡的工具，很可能逐渐走出了宫禁，在民间得到了更加广泛的传播。因此易卜这种原本是只有少数的、世袭的神职人员掌握的技术，开始流向民间。在这个流传过程中，出于传播和使用的双重需要，会产生一个必然的结果，那就是所谓"象"的问题。

"象者像也"，"象"的功用就在于让人们更容易理解《易》的内容，和拓展《易》的内涵。但同时也必然会使人们逐渐忘却《易》的本义，进而影响人们对《易》的理解。

世间公认孔子是古来解易第一人，事实上应当说，孔子是系统地解易，是将流散于民间的历代对《易》的解读，进行汇总整理的第一人。因此，孔子必然要受到当时已经形成的、公认的各种"象"的影响。在坤卦的问题上，在孔子的时代，很可能已经形成了明确的"坤"取象于"地"的观念，孔子接受了这种观点，也就影响了其对全卦的理解，也属正常。

与孔子同时代的另一位思想大师老子，在其著作《道德经》中，透露出与孔子完全不同的思想，后世学者普遍认为，孔子和老子的思想都源自于《易》，而孔子偏向于《周易》，老子偏向于《归藏》。笔者认为，出现这种差异的原因，除了二人的个性差异之外，还应当有二者所接触的研究资料、思考对象不同的影响。

众所周知，老子是"周守藏室之史"，相当于国家图书馆馆长，孔子仅仅是一个民间的学者，如果说老子看到的是《周易》的官方版本，甚至还有部分的《归藏易》内容的话，那么孔子所能接触到的《易》，应当是经过了再次演绎的《周易》的民间版本，至于《归藏易》很可能从未见过。因此，孔子对《周易》的解读，受到当时民间对《易》的理解，和形成的诸多的"象"的影响，不是可能，而是必然。

至于孔子自称曾到宋国学《易》，其行为倒未必值得怀疑，但是在那个等级严明的社会里，像孔子这样一个无官无职，仅有些许学问名望的人，是否能够得窥深藏与宋国王宫中的《易》，很值得怀疑。

3.后儒为孔子所误。

这一点，十分容易理解。一来后世之儒者，皆以孔子为宗师，从情感上难以逾越；二来后世儒者的知识结构、思维模式等，原则上都以孔子思想为基础，因此在体系上难以逾越。有此两点，虽然后儒也有不少人，感觉到关于坤卦的解读，颇有令人费解之处，但终究只能作些修补工作，而不能另开一说。

笔者认为，孔子对坤卦的解读的错误，是完全而彻底的。

首先是对坤卦的取象上，可能存在错误。因为坤的古字是"《《"，这个字读chuān，同川，也经常被用作"顺"的通假字，而且"用六，利永贞"一句中的"永"字，本意也是水流长的意思。因此，坤的本意极有可能是水，或者直接就是"顺"，只是在流传的过程中，逐渐被写作了坤，也逐渐被取象为地，又经孔子的认定与推广，变成《周易》的基本内容。

第二，对坤卦六爻的解读顺序，完全错误。目前读易者普遍认为，六爻自下而上，分别对应于一卦的不同阶段，但是笔者认为，至少坤卦是自上而下的。原因在于：

■ 中国的阴阳学说，始终认为：阳顺序，阴逆序，阳气清而上，阴气浊而下。坤一卦六爻全是阴爻，是所谓的至阴之体，应当全面地拥有和展示阴的特性，因此其爻序应当是自上而下的；

■ 坤是《归藏》之首，也应当体现《归藏》的真谛。何谓"归藏"，顾名思义就是归而藏之，就是收敛聚拢。在卦象上，向上即为向外，即为往，为出，为去；向下才是向内，才是来，是入，是归。所以如果周人没有对坤卦做根本性的改变，那么它的爻序依然应当是自上而下的。只不过，这可能是只有在官方文件中，才能看到的不宣之秘，遗憾的是，孔子无法掌握这些信息。

第三，对坤卦的由来，完全不了解。据笔者推测，坤卦应当产生于黄帝战胜炎帝、蚩尤，各部落统一之后，急需要人心归顺的时代背景之下。相关内容，将结合以下卦辞、爻辞，逐渐加以解说。但有一点需要先明确，由于西周在商王朝时代，仅仅是来自于西方的一个偏邦小国，而且与西戎有着千丝万缕的联系，严格地说并非华夏之类，因此在身份的正当性上存在一定的问题。

周人奉后稷为先祖，后稷是帝喾（kù）的妃子踏巨人的脚印之后，受孕而生（多少有些来路不明）的儿子；帝喾又是颛顼（zhuān xū）的"族子"——非亲生子，仅仅是有血缘关系而已；颛顼是黄帝的孙子。至此，周人才与中华的人文始祖扯上关系。这个关系是证明其统治合法性的关键。虽然当时的族类之分，未必如后世一般严格，但在商王朝的遗留势力尚且强大的背景下，这个身份仍旧是十分重要的。由此推测，如果当时的周人，通过商朝的遗留文件了解了这一卦的出处，就极有可能将其原封不动地保留下来。

综合上述三点，在既对卦的产生背景缺乏了解，爻序又错误，同时又受到经过民间演艺的取象的影响下，导致了虽然某些爻的解读仍可认为可取，但在整体上缺乏连贯性和条理性，在个别爻上，则是完全错误的结果。

坤　元亨利牝马之贞。君子有攸往，先迷后得主。利西南得朋，东北丧朋。安贞吉。

【译文】创始，亨通，有利于持守像母马一样的正固。君子如果有所行动，为事之先则会迷失，甘为人后则会得到主导。在西南方得到朋类，在东北方失去朋类。安于正固则会吉祥。

【解读】卦辞可以分为前后两个部分，前一部分"元亨利牝马之贞"，说明坤也同样具备元亨利贞四德，所不同的是坤的"贞"是"牝马之贞"。后半部分"君子有攸往，先迷后得主。利西南得朋，东北丧朋。安贞吉"，是对其进一步发挥和解释。由此可见，"牝马之贞"是卦辞的核心。

所谓牝马就是母马，草原民族在饲养马匹的时候，绝大多数公马都会被骟掉，以使其性情变得温顺，能够从事更多的工作。只保留其中最为强壮的作为种马，和一群母马生活在一起。种马的作用除了繁衍后代，保持马种的优良以外，还充当着管理者的角色。当任何母马想逃出马群的时候，都会被种马踢咬回来。因此，所谓的"牝马之贞"就是要顺从，顺从于种马的管理。这便是坤卦以"顺"为卦德的原因。

也正是这一句"牝马之贞",使人联想到此卦可能起自于轩辕黄帝。

一方面,中原民族,自古以来就是一个农耕民族,并不善于养马。这个问题一直延续到明末,当时在中国传教的利玛窦,就曾经记录说,明朝骑兵无法与清军抗衡的一个重要原因就是,中原人不善于训练马匹,因此明军虽然马匹数量众多,但是一听到枪炮声,就都惊恐万状四散奔逃,甚至还有的便溺不止,根本无法作战。因此很难想象,在距离明末至少三四千年以上的创易时代,中原民族会如此精通养马之术。

另一方面,目前越来越多的学者接受这样的一个观点,即黄帝、炎帝、蚩尤,分别是当时代表着游牧、农耕、渔猎三种文明的最强大的部落,而他们之间的那场惊天地泣鬼神的大战,就是作为中华文明发端的一次民族大融合。其中,最终的胜利者轩辕黄帝,就是来自北狄的游牧民族;炎帝则是来自中原(很可能仅仅是山西南部一带)的农耕民族;蚩尤则是以渔猎为生的东夷族。

更有学者通过考证,轩辕二字的读音,与阿尔泰语系中的"可汗""合罕"相近,阿尔泰语系就是北方游牧民族普遍使用的语言,因此推论那个统一了当时主要部落的轩辕黄帝,实际上就是北方游牧部落的可汗。

综合上述两个方面,通过"牝马之贞"推测坤卦起自于黄帝,至少是有一定合理性的。更何况在黄帝统一了各部落之后,最需要解决的政治问题就是"顺",就是如何让其他部落懂得,并遵循"牝马之贞"。至此，仍旧是一种推测而已，更直接的证据将出现在爻辞中。但是，这种推测仍旧是有利于对卦辞后半部分的理解的。

"君子有攸往，先迷后得主"中存在两个相互联系的问题，一是君子所指为何？二是先后对何而言？

按照《周易》中的常例，"君子"指的是阳爻，由此而来"先后"就是指时间上的先后（因为"阳"是主动的，在空间上始终占先），整句话的意思就是：君子有所行动，起先会迷失，随后会得主。这显然与"牝马之贞"的意义相去甚远。孔子及后世的解易者，也看到了这个问题，因此判定这里的"君子"，就是指具备坤德的君子（显然是一种无奈的牵强），由此"先后"就是指"空间"上的先后了，整句话的意思就是：君子有所行动，如果为事之先则会迷失，如果甘为人之后则会得到主导。也就是要顺从于主导，不自己做主创先的意思。

然而，不以"君子"为阳爻，终究还是显得与易理有所冲突，但是如果将"君子有攸往，先迷后得主"视为黄帝在统一各部后发出的警示、倡导性的诏令，那么这个"君子"的问题就迎刃而解了。

"利西南得朋，东北丧朋。"是被解读得最为繁复的一句，有从十二消息卦的变化入手的，也有从卦气说入手的。总之，所用的工具，都是以后天八卦为基础的。相传后天八卦为文王所创，如果坤卦的卦辞产生于文王之前，那么对它的解读也就不能再用后天八卦，而只能用先天八卦了。

事实上，在先天八卦图中，此一句的意思，可谓一目了然，如下图：

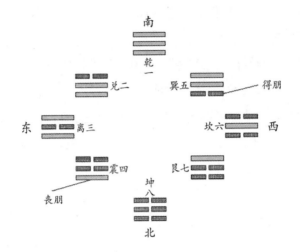

西南的巽，是由乾卦的初爻变为阴爻而来，对于纯阴的坤卦来说，可谓"得朋"；东北的震卦，是由坤卦的初爻变为阳爻而来，对于纯阴的坤卦来说，可谓"丧朋"。而"得"与"丧"象征的都是运动，运动的结果则是依次产生其他六卦。乾坤相错产生其他六卦的过程，象征着天地孕育万物的过程，然是有利的，也是符合自然规律的。

"安贞吉"比较容易理解，就是说安于贞固则吉。同样，也有明显的警诫的语义在其中。

象曰：至哉坤元，万物资生，乃顺承天。坤厚载物，德合无疆。含弘光大，品物咸亨。牝马地类，行地无疆，柔顺利贞。君子攸行，先迷失道，后顺得常。西南得朋，乃与类行；东北丧朋，乃终有庆。安贞之吉，应地无疆。

【译文】至美呀坤元，万物依赖它才能生成，顺应承续着天道。坤博大而能承载事物，同样具备没有边际的特征。因此能够包容广大，万物得以亨通。牝马是陆地上的生物，能够在大地上驰骋无边，柔顺而有利于正固。君子有所行动，如果抢先而行则会迷失方向，如果随后顺行则会得到指引。（利）"西南得朋"的意思是与朋类同行，（利）"东北丧朋"的意思是最终会有好处的。安于正固则能吉祥的原因是，能够对应于大地的宽广无边。

【解读】象辞对卦辞进行逐一对照的解读，其中"至哉坤元，万物资生，乃顺承天"是在解说"元"，较之乾卦中"大哉乾元，万物资始，乃统天"不难看出，坤元与乾元的区别在于生化万物的过程中，所起的作用不同，乾元资始，坤元资生。资始是赋予万物以无形的本性，使之能够在"利"的阶段可以"各正性命"，资生则是赋予万物以有形的躯体。当然这个"躯体"也是由其本性决定的，而不是由坤元随意为之的。

形象地说，乾元是创始，坤元则是将乾元所创之始，生而成之，也就说乾元是主动的，而坤元则是从动的。因此乾元"统天"，坤元则是"顺承天"，也就是要顺承于乾元。

由此回溯，就会发现，"大哉乾元"的"大"，和"至哉坤元"的"至"，都不应当简单地理解为赞美之辞，而应当将其看作是，分别用来诠粹"资始"和"资生"的两个动词，"资始"就是不断创始，因此有扩大延展之意；"资生"就是促使生成，也与"至"的本意"鸟飞从高下至地"——到达、到来相合。因此"大哉乾元"应当解读为：不断扩大啊乾元；"至哉坤元"应当解读为：促成到来呀坤元。

"坤厚载物，德合无疆。含弘光大，品物咸亨。"两句是在解说"亨"。其中"坤厚载物，德合无疆"是一句过渡性语句，重点在于说明坤如何"顺承天"，或者说为什么能够"顺承天"。

首先是物质层面的，即"坤厚载物"，乾元不断地创始万物，坤只有具备广泛的承载能力才能"顺承"其所创之始，反之坤只要具备这种能力，也就可以"顺承天"，因此不应当将"坤厚载物"中的"厚"，理解为大地的深厚，而应当取其引申意：大、广、多等等。

其次是精神层面的，即"德合无疆"，因为坤可以大量、众多地承载万物，所以才能够实现与乾元的"德"实现完美的结合——这里蕴含着一个深刻的内容，即虽然坤以顺为德，但也兼有乾之德——"健"。

"含弘光大，品物咸亨"是坤与乾"德合无疆"的必然结果。与乾亨的"云行雨施，品物流形"说亨不见亨相比，"品物咸亨"具有明显的生成之意，说明乾亨与坤亨之间，仍旧存在着乾元与坤元之间，一个资始——"流形"，一个资生的关系。即乾亨推动了亨的开始，而坤亨最终完成了亨的结果。

在解读乾卦时，曾借用春夏秋冬，来解释元亨利贞的作用。如今将坤的元亨利贞加入该图，以求能够形象化地来示意乾、坤的元亨利贞之间的相互关系：

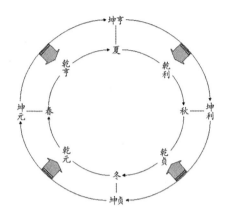

如图所示，坤的元亨利贞，与乾的元亨利贞，始终保持着两种关系：

一是"顺"，即始终追随于乾的元亨利贞之后，与之保持同步；

二是"承"，即承载乾的元亨利贞所产生的变化的结果。在图中则以春夏秋冬来示意。

当然，这两种关系不是彼此割裂的，而是始终并存的，即坤的元亨利贞，在追随乾的元亨利贞时，始终起着辅助生成的作用，之所以将春夏秋冬对应于坤的元亨利贞，只是为了突出其生成的结果。

"牝马地类，行地无疆，柔顺利贞。"是在解说"利牝马之贞"。长久以来通行的观点是认为，"牝马地类，行地无疆"和"柔顺利贞"，一个是"象"一个是"义"，表达方式不同，传递内容一致。但是"行地无疆"反映的是"德合无疆"中隐含的"健"的特性，因此"牝马地类，行地无疆"中，就没有与柔顺相对应的象，为了解决这个问题，后世的儒者就将"地类"解释为"阴类"，进而引申出柔顺之意。笔者认为这种解释不妥。原因有二：

1.由"地类"而"阴类"，再由"阴类"而柔顺，这是一个复杂的逻辑过程，而且每一个环节的推导，都不是必然的，因此极容易产生歧义，以孔子之正，何出此乖张之文？

2."牝马地类，行地无疆"既不押韵，又有文辞匮乏之嫌，这种行文方式，与孔子一向重视修辞的风格不符。即孔子大可以用其他，更符合韵律的文字，来代替"地类"中的"地"。

有此两点，笔者认为"地类"中的"地"，很可能是"坤"的衍误（特别是将"坤"解读为川流的话，就更显合理）。因为"牝马坤类，行地无疆"，不仅脱掉了修辞上的不足，而且也同时将牝马的"顺"和"健"两个特性，都完整地表现了出来，从而得以直接而全面地阐释"牝马之贞"的内涵——以"顺"为体，以"健"为用。

"君子攸行，先迷失道，后顺得常。"是在解说"君子有攸往，先迷后得主"，"失道"说明"先迷"的内容和结果，"道"的本义就是道路，"失道"就是失去了道路和方向；"常"的本义是旗帜，因此"得常"是对"得主"的进一步解释，即是得到了指引和领导。

"西南得朋，乃与类行；东北丧朋，乃终有庆。"是在解说"利西南得朋，东北丧朋"，同样后儒仍是用后天八卦对此句进行解读，笔者认为用先天八卦更为简洁，即如下图所示：

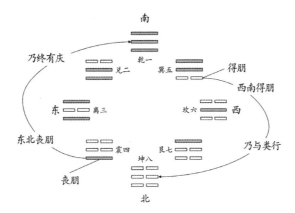

"西南得朋"不仅是指巽是由乾得阴而来，而且其发展的趋势是渐变为坤，因此说"与类行"；"东北丧朋"也不仅是指震是由坤得阳而来，而且其发展趋势是渐变为乾，正是坤所要追随的对象，因此"终有庆"。

所谓"安贞"就是安于牝马之贞，最后一句"安贞之吉，应地无疆"，是在解说"安贞吉"。因此不能将"安贞之吉"简单地理解为：安于牝马之贞所带来的吉祥，而应当理解为：之所以安于牝马之贞就能吉祥的原因。

这个原因就是"应地无疆"——以象言义，就是如同大地"德合无疆"一样的意思。即此处的"地无疆"，并不是像大地一样广阔的意思，否则"安贞之吉"就应当取前一种解释，是在说"吉"的规模，而不是"吉"的原因，也就不是在解读"安贞吉"了。

象曰：地势坤，君子以厚德载物。

【译文】大地的走势平顺宽广，君子应当向其学习，以博大的德性来承载事物。

【解读】乾卦大象与坤卦大象，句子结构完全一致，可见二者的功能也应当基本相同。孔子利用大象中的"天行健"，点明乾卦的卦德为"健"。而在坤卦中却说"地势坤"，"势"与"行"相对，说明坤外在的行为特征。"坤"与"健"相对，应当反映出坤内在的精神特质。但是以"坤"说"坤"，显然是陷入了死循环之中。因此，此处的"坤"，要么要另取其意，要么就是文字错误。笔者认为后者的可能性较大。

因为，前文已述，坤的古字巛，同时也经常被用作"顺"的通假字，因此很有可能是后人在传习的过程中，将原本作为"顺"的通假字出现的"巛"，当做了"坤"字，善意地纠正了过来。当然，也有可能在孔子的时代，坤另有其意，或者坤本身就是顺的意思，因为目前能够追溯到的坤字最早的字义，就是《说文解字》中的内容——地也，《易》之卦也。可见，到西汉许慎写《说文解字》的时候，"坤"的本意已经被遗忘了。又或者，坤这个字的起源，就是坤这一卦。

后一种可能，则刚好与坤卦起源于黄帝，而黄帝是来自游牧民族的远古可汗的推测相吻合。也就是说，"坤"这个字是黄帝带来的一个外来语词汇。这并不是笔者的一种无端的臆想，事实上郭沫若就认为在远古时代，中国就与古巴比伦有着一定的交往关系，甲骨文中的（帝）字，就与巴比伦文中，一个发音为digir的文字，外形极为相似，而且同样都有帝王之意。因此"帝"很可能是来自西方的外来语。既然黄帝的帝，可能是一个外来语,那么与之有关的"坤",为什么就一定没有这种可能呢?
而且,通过以下对于六爻的解读,读者将更多地感觉到,关于坤
卦起源黄帝的合理性。

上六,龙战于野,其血玄黄。

【译文】龙在野外交战,其血的颜色既青又黄。

象曰: 龙战于野,其道穷也。

【译文】"龙战于野",其道已经穷尽。

【解读】通常六爻的爻序都是自下而上的,然而坤这一卦却
是自上而下的,原因就在于对初、上两爻的深入理解之中。

自古以来,对上六的理解基本上一致的,即阴发展到了极
盛的状态,到了由阴转阳的时局,因此要与阳发生征战。但是由
于坤之德为顺,不能直接与阳战,因此用"龙战于野",说明是
"龙"——阳来逼迫阴……如是云云,大同小异。其中除了"龙
战于野"说明是阳来迫阴的观点是正确的,其余都难掩人为造
作的痕迹。

穷其根源,就是在对"阴阳互根"的理解上出现了偏误。即
将其理解为即如下图的一种,横向的,单一爻位上的变化。

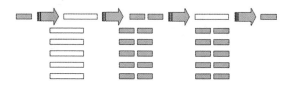

参照乾卦中"用九,见群龙无首"句的解读可知,这其实就是存在于单一爻位上的"太极",如下图:

单一爻位上的太极

这个过程,或者说这种关系,仅仅局限于某一爻的内部,形象地说其所反映的是,在一个大的时局(卦)背景下,在某一个特定节点上的不同选择/行为方式——或者是阴,或者是阳,并不能反映推动不同的节点/阶段,循序变化的原因。

所以,以此来解读爻辞,虽然可以知道"龙战于野"是在说阳来迫阴,但却不知本来柔顺的阴,为什么需要阳来逼迫才能退去,为什么会一改柔顺之德,要与阳战,而且还是"战于野"——古人以居住地的核心为国,周边为郊,郊之外才是野。

事实上,如果将"阴阳互根"理解为,纵向的,卦与卦之间的变化,上述问题就迎刃而解了。如下图:

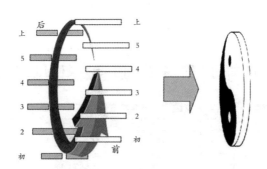

首先，因为阳气清而上，阴气浊而下，所以阳——乾向阴——坤的转变，是发生在上六这个位置上的。其次，从卦德上看，孔子说乾之德为健，即健进不止之意，而乾的本意又是"上出"，恰与上图所示的变化规律相符。同时，坤之德是顺，顺在行为上，必然是顺随在后，即所谓"先迷后得主"。由此可知，坤自上而下是追随乾的变化，而乾自下而上则是推动坤的变化，因此要用一个"战"字。

至于，为什么是"战于野"，而不是战于郊，甚至战于城，则是由于坤具有顺的特性，见龙战于野，既已顺随而动，自然不必战于郊了。

由于对"龙战于野"已经理解错误，所以先儒们对"其血玄黄"一句的解读，几近穿凿附会，笔者认为这一句是证明坤卦起于黄帝的重要证据之一，但在此先不作探讨，留待在六五的解读中，一并阐述。这里要说的是"龙战于野"中的"龙"。

当然，根据乾坤两卦的关系，上六中的龙，必然是来自乾卦之中，而且是乾阳的征象。但是这种理解，是哲学层面的，毫无疑问是经过了后人的升华改造的。如果跨过这一步，继续向前追溯，就要面临两个问题，龙是从何而来的，坤卦中的龙是从何而来的。关于这两个问题，至今都没有准确的、公认的解答，或许未来也不会有，但是却有如下事实存在：

■ 在中国的典籍中，确实有一宗关于"龙战于野"的记载。《山海经·大荒北经》中说："蚩尤作兵伐黄帝，黄帝乃令应龙攻之冀州之野。应龙蓄水，蚩尤请风伯雨师，从大风雨。黄帝乃令下天女曰魃（bá），雨止，遂杀蚩尤。"

■ 《辞源》说应龙是有翅膀的千年龙，五百年的被称为角龙。

■ 虽然现下，无论是国人将龙视为中华民族的图腾，但龙并非中国独有，所不同的是，中国的龙能飞而没有翅，西方的龙则是有翅膀的。

■ 英国学者史密斯认为世界上的各大文明皆有龙，而且所有的龙都出于同一个文化发源地——巴比伦，中国的龙同样也是巴比伦古龙的后裔。

■ 中国的著名学者章鸿钊认为，中国龙就是西方文化中的毒龙，约在黄帝时期传入中土。

■ 郭沫若认为，中国在殷商之前就已经与古巴比伦有联系，而且吸纳了后者许多先进的文明成就。

综合上述，我们至少可以作如下推测：所谓"龙战于野"，就是指应龙在冀州之野，也即涿鹿之野，与蚩尤进行的那场大战。这里的龙就是当时黄帝手下的大将"应龙"，而"应龙"本人则是来自于西方，在水利方面拥有较先进知识的人——传说后来应龙再度出世，就是帮助大禹治水，由于其在文明上与中原的巨大差异，因此成了另类和悠远的化身——有翅膀的千年龙。

笔者虽然认为孔子在对此卦的解读上，存在较大的偏误，不过也承认其所作的象、象基本上仍是可取的，但此爻的象不在所取之列，因为正是一句"其道穷也"，将后儒导入了歧途。

六五，黄裳，元吉。

【译文】因为拥有护腹的龟甲而吉祥。

象曰: 黄裳元吉, 文在中也。

【译文】"黄裳元吉", 文德汇聚在内心。

【解读】"裳"在此处读"cháng", 指遮盖下体的裙子, 是中国古代常用的服饰。因为先儒不知道坤卦始于黄帝, 因此就只能将"黄"首先理解为是指颜色, "黄裳"也就变成了黄裙子, 然后再进行逐步引申, 来解释为什么黄裙子会"元吉", 其中之牵强可想而知。

在甲骨文中, 黄字主要有两种写法:

无论是哪一种都是, 一个在腰腹部安置有遮挡物的人的形象。这应当就是黄字最原始的意思, 一种在腰腹部安置有遮挡物的人。"黄裳"则是指为这种人所特有的, 用来遮盖下体的裙子, 即黄人用的裳, 或者是叫作黄的一种"裳"。也就是说, "黄"是一种特殊的裳, 或者黄人拥有一种特殊的"裳", 并因此而得名。由此"黄帝"也就可以理解为是这一群, 以黄为裳的人的领袖。

在那个文明初现的时代, 一个民族/部落以一种服饰为名, 显然不应当是因为美观的原因, 而应当是因为这种服饰, 对其生存具有重大意义。

有学者就认为,甲骨文中的黄字中,遮挡于腰腹部的"口"或者"田",就是一种原始的护腹甲,因为,在甲古文中,"田"和"甲"经常是通用的,同时在黄帝时代,气候远比今天温暖,巨大的龟鳖应当并不少见,因此将其取来作为保护腹部的甲胄,也是有可能的。这一点,在考古发现中也可以找到一些证据。

在对5000年前的大汶口文化的发掘中,出现了大量的"骨矛、骨牙雕筒、龟甲、穿孔角器,一般也陈放在腰部,例外的情况很少"。通常来说,随葬物品的放置位置,大体应当和死者生前使用的位置是一致,因此龟甲置于腰部,说明生前是用于腰部的。而且在这些龟甲的边沿处还多有圆滑精致、大小一致且对称的钻孔,显然这是为了方便龟甲的串联。把2片或4片龟甲并联起来挂在腹部,就可把腹部全覆盖。在以石器和木棒为主要攻击武器的时代,这样的龟甲无疑具有重大的防御价值,也足以使拥有它的人,在战争中占有先机。

此外,1991年10月的美国《国家地理》杂志的封面上,刊登了一幅印第安人保留的名为《轩辕黄帝族酋长礼天祈年图》的彩色鹿皮画。图中酋长头上是一只天鼋(yuán)龟,天鼋正是天鼋黄帝族的族徽。在中国的传说中一共有三个黄帝即:轩辕氏黄帝、有熊氏黄帝和天鼋氏黄帝。在远古母系氏族社会时代,"姓"与"氏"是有区别的,姓是针对母系而言的,所以大多数历史悠久的"姓"中,如姬、姒、姜等,都以"女"字为偏旁;氏是指在一个姓之下的分支,多指从"姓"所代表的部族中分离出去的男性,及其再建的部落。因此所谓轩辕氏、有熊氏和天鼋氏,不过是黄帝这一族的三个分支而已,他们的共性都是来自于拥有

"黄裳"，并以之为"姓"的这一部族。

至此，"元"的问题也就可以解决了，因为在古文中"黿"经常被简写为"元"，而且周人也奉天黿黄帝为祖先，《国语·周语》："我姬氏出自天黿。"因此，"元吉"的"元"，就是黿龟的"黿"。当然如果简单地将其解读为大，也是可通的。

整个"黄裳，元吉"一句，事实上就是黄帝在统一了各部之后，对自己取胜原因的总结，和对自己部落的赞美。

象辞说"文在中也"，不知道是否是对黄字甲骨文的解读，至少后儒认为是说，文德汇聚于心中。也是顺其自下而上的爻序发展推导而来的。

在明确了"黄裳"的意义之后，上六中的"其血玄黄"一句就容易理解了，玄是黑中带红的颜色，正是血液凝固之后的颜色，在此处用作动词，即血液将"黄"染成了黑红色。

六四，括囊，无咎无誉。

【译文】扎紧包囊，没有咎害也没有赞誉。

象曰：括囊无咎，慎不害也。

【译文】扎紧包囊就能没有咎害的意思是，因为谨慎而不受伤害。

【解读】"括囊"这个词今天还在使用，其解释有两种，一是结扎袋口，比喻缄口不言；二是与囊括同意，指包罗、包含。

这两重含义用在此处都可以解释得通。取前者，则为：结扎袋口，缄口不言，可以无咎、无誉。由此"无咎无誉"的解释可以更加深入，即由所谓"恶不为则无咎，善不为则无誉"，引申而来，指无论善恶都不要有所作为。既要闭上嘴巴，又不能有任何行动，剩下的只有顺从行事，可谓顺之极也。如果取后者，则为：包容涵盖，既无咎，也无誉。相较之下，前者如同是战胜者，对战败者的训诫；后者则如同战胜者，释放出来的民族融合的倡议。

之所以说，二者置于此处皆可视为通顺，是因为，黄帝在战胜蚩尤之后，的确面对着两个问题，也同时解决了两个问题，即被征服部落，及其周边部落的反抗问题，和各部落的融合问题。尤其是前者，对于立足未稳的黄帝来说，更是一个严峻的考验，因此在传说中，他不仅将蚩尤身首异处埋葬，而且还将其画像派人送往周边部落宣讲——相当于后世的传首示众，以压服那些企图反抗的部落。至于民族融合自不必说，否则中国人不会炎黄并论了。

象辞说"慎不害也"，看来孔子选取的是"括囊"的前一种解释，透露出六四的谨慎无为的内涵。

六三，含章可贞，或从王事，无成有终。

【译文】敛藏章没可以正固，如果追随君王的事业，不能自主造作，而应当终成其事。

象曰:含章可贞,以时发也。或从王事,知光大也。

【译文】"含章可贞"是相机而动的意思,"或从王事"是智慧广大的意思。

【解读】稍加比较就会发现,坤卦六三与乾卦九四极为相似,在乾卦中,九四通过"或跃在渊",将卦象带入了一个由静转动的全新境界。坤卦中的六三也同样具有这样的功能,自上而下上六是被潜在的阳爻所迫,六五与九二相似,也有展示炫耀之意,六四则被直接要求不要动。只有到达六三之后,才出现真正动的可能性——"或从王事",之后的六二、初六也都是在讨论如何动的问题,因此坤卦至此,也进入了一个由静而动的境界。所不同的是,坤卦所说的动,都是顺随而动,不是乾卦中"飞龙在天","大人作万物睹"的主动行为。

通过六三前后爻辞的变化,并结合乾卦的结构特性,可以进一步印证,坤卦的爻序是自上而下的。而促成爻辞语义出现阶段性变化的,就是九四和六三,爻与位的属性不同的缘故。反映在爻辞上,就是"或"字所隐含的不确定性。

九四阳居阴位,虽有动的资质,但缺乏坚实的基础,因此只能"或跃"自试,等待时机,而不能贸然飞腾;六三阴居阳位——阳主进,阴主退,阴爻自上而卜不是进,而是退至三位,因此虽然其运动的方向与阳爻相反,但爻位却不随之颠倒——虽有动的机遇,但却缺乏动的资质。从爻辞来看,这种资质并不是我们通常理解的能力,而是坤——阴所处的地位,或者说是自身的属性决定的。

"含章可贞"，仍旧是强调收敛、不动。"章"的本意是乐章，或花纹，总之都是彰显于外的美好事物，爻辞说"含章"实际上等同于六四的"括囊"，只是告诫的对象不同，"括囊"的对象是所有人，尤其是那些所谓的普通人；"含章"则不同，因为首先要有"章"，其后才能"含"，因此其对象应当是那些有才华、有能力的人，这一点与乾卦九四的在渊之龙，又有相似之处。"可贞"基本上等同于六四的"无咎无誉"，善而言之是劝诫，恶而言之就是威胁。总之"含章可贞"警告那些有一定能力的人，要韬光养晦，不要轻举妄动。

但是这种人又是治理国家、安定社会所必须的资源，不能完全地善恶无为。因此说"或从王事"，即可以在有条件的情况下，参与到"王事"中来。这个条件就是"无成有终"。"有终"就是有始有终的意思，这是基本的人臣之道，也是坤德顺中所隐含的健。对"无成"的理解存在一定的分歧：

一些学者认为"成"就是成就，"无成"就是没有成就，但因为成就是客观的，所以没有成就，就是将成就归于君王。应当说这是后世盛行的臣子之术，既缺乏道的光明，又降低了坤的地位。另一些学者认为，"成"与"终"相对，因此有成立、创始的意思，"无成"就是不要自己创新的意思。笔者认为，后一种观点更为可取。

"无成有终"合在一起，就是（作为坤阴，即使处于可动的位置上）也不能自主造作，而应当（顺随乾阳）终成其事。

象辞说"含章可贞，以时发也，或从王事，知光大也"，是将"含章可贞"看作是等待时机的一种行为，但是无法解释"可"

字的用意。将"或从王事"看作是"知光大也"即智慧/见识/眼光的广大，但又无法解释"或"字的用意。

出现这种问题的根源，就是孔子将坤的爻序，即时势的发展过程，看作是自下而上的。笔者认为，如果将象辞改为"含章可贞，知光大也，或从王事，以时发也"，就正确了。

六二，直方大，不习无不利。

【译文】全面地追随大人，不去自我尝试创新，就不会不利。

象曰：六二之动，直以方也。不习无不利，地道光也。

【译文】六二的运动方式是，直而方。"不习无不利"是地"道"广大的意思。

【解读】如果不明白坤卦的爻序是自上而下的，六二中的"直方大"就无从解释。因此，此前的解易者在此问题上，可谓煞费苦心。甚至不惜动用几何知识，认为直就是直线，方就是由直线组成的平面等等。

事实上，六二不过是顺着六三而来的一句话而已。

后面的一句"不习无不利"中的"习"，本意是小鸟反复地试飞，在这里引申为创新、改变之意。整句话的意思是：不去自我尝试创新，就不会不利。与六三中的"无成有终"意义相似。六二自六三发展而来，六三尚处于犹豫不决，进退不定的状态，因此是"或从王事，无成有终"，六二应当更进一步，是更加明确的顺，因此"直方大"应当对应于"或从王事"，但比"或"更加确定。

所以，"直方大"既不是形容地的几何概念，也不是形容地之德的哲学概念，而是一种行为方式。其中，"方"的本意是两船并行，稍加引申即为等同、比拟之意；"直"即为直率、径直之意；"大"应当是大人、大王之意。合在一起就是：完全地追随大人——与大人同步，不做任何改变，就不会有不利。

象辞说"六二之动，直以方也"的意思是，六二的运动方式是，直而方。通过后面的《文言》可以知道，孔子的直以方/直而方，不是用"直"来修饰"方"，而是既直又方的意思。因此"不习无不利"中的"不习"也就变成了"地"的一种行为特征，即不去做任何改变。"无不利"就变成了无所不利的意思，只有这样才能引导出"地道光"的赞叹。

只是不知道应当如何解释：既然六二已经既直又方地动了起来，何以到了六三反而变成了犹疑不定的"或"；进而发展到六四，又变成了扎上口袋的"括囊"；到了上六竟然因为不能顺遂地变为阳，而被阳打上门来，战于郊野了。

初六，履霜坚冰至。

【译文】当踩到霜的时候，就应当意识到坚冰将至。

象曰：履霜坚冰，阴始凝也。驯致其道，坚冰至也。

【译文】"履霜坚冰"是说"阴"的力量开始凝聚。循序其道，最终坚冰必至。

【解读】这一爻的爻辞，比较直白。象辞是对爻辞的进一步解释，也十分清晰明了。

但是，问题在于，"履霜坚冰至"讲的既不是霜，也不是冰，而是在由出现霜，到结成坚冰的客观规律。这个规律是不可改变的，是天道，是坤所要随顺的对象。如果坤之德为顺，那么初六用"履霜坚冰至"阐释出来的，就是坤为什么要顺——天道不可违。这才是真正的顺的极致。因此不能因为文中有一个"履"字，就认为一定是下，也不能因为爻位为"初"字，就认为一定是起始之地。相反，这里真正的坤之极，集中地反映了坤的随顺、健动、养成三大特性。

如果自六三的"或从"，到六二的"直方"，更多地体现的是坤的随顺性，是从动。到了初六，表现出来的动，则是近似于主动的动，即坤中隐含的健的一面。正是这种"主动"，才使得坤具有了养成的特性，才形成了阴阳互根的互动，否则无论是坤被乾推动于前，还是尾随在乾之后，都无从谈及互根的问题。

"履霜坚冰至"推及人事，可以揭示出极为深刻的道理。即一切阴性（与私欲、私利有关）的事物，往往都具有自我养成性，即使没有可见的外力推动，也会自发地逐渐发展壮大。因此，人们应当在"履霜"之时，就意识到"坚冰"将至；在刚刚感到错误的行为出现，错误的思想萌生的时候，就应当意识到未来后果的严重性，而及时加以纠正、预防。也即后世所说的"勿以恶小而为之"的道理。用现代的话说，"履霜坚冰至"这种天道，就是人类的本能，它就"沉睡在人们心灵的最深处"，时刻等待着被唤醒，就像一颗等待发芽的种子一样。

回顾上述六爻，自上而下几乎就是一篇黄帝在胜利之后，对被征服部落的演讲稿，前两句是回顾战事，炫耀种族的优越性；接下来的三句，是对不同层面的被征服者的劝诫和警告。其主旨就是要求被征服者"顺"，最后一句则给出了"顺"的理由，即天道不可违。

从对坤德顺的阐释上看，坤卦六爻自上而下也是一个逐级深入的过程，也即讲述六种不同的顺：

- 上六，顺于势。即在外力、形势的迫使之下"顺"；
- 六五，无志之顺。即由于心志的丧失，而采取顺从的态度——"黄裳"的本质就是通过炫耀自身优势，来摧毁对方的心志，使之丧失反抗的意志。映射于人事，结合其爻位的寓意，六五的无志之顺可以有以下三重含义：

1.在一个"阴暗"时代里，"无志之顺"不仅可以使人得居高位（五），而且还会使之在精神和物质两个方面，都得到相当丰厚的回报，比如贪官污吏、奸佞百戏，甚至汉奸叛徒等等。虽然为君子所不齿，但却也是不争的事实。

2.对于一位不具备阳刚特质的君王来说，"无志之顺"往往是保证其统治的正确性的基础，比如汉高祖刘邦，唐高宗李治等等。

3.作为一种统治的手段，"无志之顺"则可以用老子的一句名言来诠释——实其腹空其心。即使民无志而顺。

- 六四，无为之顺。即既没有顺的行为，也没有不顺的行为。所以，才能既无咎，又无誉。

■ 六三，顺于心。即并非是迫于外界的压力，而是出于自己的心愿，所以才能"或从王事"。这里的"心"应当是对物质的渴求，和自我实现的冲动，甚至还有天下己任的高尚的混合体。

■ 六二，顺于人。即严格地追随于大人，或者追随于大人所具备的高尚品德。之所以要"不习"，用现代的话说就是，提高决策的效率，和保持决策和执行的一致性，这在军队中表现得最为明显，在商业运营中也同样至关重要。与所谓的创新性无关，因为六二的前提是"直方大"，即已经随顺的决定，剩下的只是如何实践、促成最终结果的问题，这既是坤之道，也是臣之道，也是下属、员工之道。

■ 初六，顺于天。即顺应客观规律的变化。由于规律是客观的，因此初六虽是阴爻，却含有健而动的特性。论及人事，则是当面对可能导致良性结果的规律时，就应当心无芥蒂地顺应它；当面对可能导致恶性结果的规律时，就应当防患微小。

用六，利永贞

【译文】用"六"来代表阴爻，是为了有利于永远正固。

象曰：用六永贞，以大终也。

【译文】用"六"来代表阴爻有利于永远正固的意思是，能够强化变易最终的结果。

【解读】"用六"与"用九"是一样的,都是在说明/强调,《周易》占筮的独特之处,即占老不占少,占动不占静。只不过阳顺序,因此在7、9两个代表阳爻的数字中,9为老阳;阴逆序,因此在6、8两个代表阴爻的数字中,6为老阴。所以阳爻用九来代表,阴爻用六来代表。

坤的贞是"牝马之贞",因此这里的"利永贞",也是指有利于永远持守"牝马之贞",也就是永远地顺序于阳刚。体现在象数上,则如下图所示:

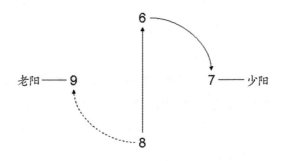

"用六"在进一步的变易之后是,得到的是7——少阳,既体现了对阳刚的随顺,又因为少阳不变,而得以永固。如果是用八,那么变易的结果可能是两个,一是按照阴的运动规则,后退至6——老阴;二是按照自然递进的规则,前进至9——老阳,都是需要继续变易的状态,因此不能够永固。

象辞则是对"永贞",进行了更进一步地解释。"以大终"的"大"是形容词动用,是扩大、壮大、强化的意思。"终"就是结果。"大终"正是坤道"资生"——追随于乾阳之后,成就其所资之始的"职责"所在。

文 言

坤至柔而动也刚，至静而德方。后得主而有常，含万物而化光。坤道其顺乎，承天而时行。

【译文】坤的本性是最为柔顺的，但在其运动中也蕴含着刚健的特征，坤的本性是最为平静的，但其基本特征却是准随对应。虽然后行而得到引领，但却能够恒常，包含万物而化育广大。坤道的基本特征应当是顺吧，承接上天的指引，依时而行。

【解读】这一段是孔子对坤之德、坤之道的概括。其核心在于全面地阐述了坤之德——顺的内涵，进而让读者能够更全面地了解坤的特性。因此起首两句最为关键。

"坤至柔而动也刚"一句深化了"柔"的内涵，即虽然坤的运动/变动方式是柔和的，但是内部却蕴含着刚健的本性。即如"牝马"虽然以柔顺为性，但同样具备"行地无疆"的能力。坤阴的作用和特征，是追随于乾阳，辅助成就乾阳的种种创始，所以不仅必然要具有与乾阳一样的"运动能力"，而且还要始终保持对乾阳的追随。即在能力和形式两个方面，都要具有"刚"的特征。换句话说就是，"刚"是其柔的基础，柔则是"刚"的应用——在与乾阳的协调上，表现出柔的特征。

"至静而德方"一句深化了"静"的内涵，其中的"方"是比附、对应的意思。一个人/事物，随时准备比附、模仿于其他的人或物，必然要以不断地改变自己为代价，因此在通常意义下是不

"静"的，只有在选择其比附、模仿的对象为参照物的时候，才会变为"静"。而且如果比附和模仿是完美的，那么其"静"就可堪称"至静"。所以这一句，仍旧是在强调坤阴对乾阳的追随与配合。

一言以蔽之，坤的"柔"和"静"都不是绝对的，而是针对于与乾阳的关系而言的相对概念，都是要以乾阳为参照物的。抛开这种相对关系，那么坤的基本特性同样也是"刚"。

"后得主而有常，含万物而化光。"一句是以卦辞"后得主"为引子，对坤道的赞誉之词，说明坤的伟大业绩——"含万物而化光"

"坤道其顺乎，承天而时行"说明了两个问题，首先是明确了坤道的基本特性就是"顺"，其次是对坤道的顺，加以了注解，即不是无条件、无原则的顺，而是有具体对象的——天，有具体方式的——时行的顺。"天"与"时"都暗含了刚健的特征的，因此最后这一句，实际上是与起首两句相呼应，是对其进行的总结与概括。

积善之家，必有余庆。积不善之家，必有余殃。臣弑其君，子弑其父，非一朝一夕之故，其所由来者渐矣，由辨之不早辨也。《易》曰"履霜坚冰至"，盖言顺也。

【译文】修积善行的家族，必然会累积下喜庆。修积不善的家族，必然会累积下祸殃。臣子弑杀君主，儿子弑杀父亲，都不是一朝一夕的缘故，其由来都有一个渐进的过程，是因为未能及早辨识的原因。《易》中说"履霜坚冰至",是在言说循序而至的道理。

【解读】坤卦的文言部分,基本上是用人事阐释各爻的爻辞,而且文辞比较直白易懂。

"积善之家,必有余庆。积不善之家,必有余殃"的重点在两个方面:

一是"积",即积累。将"积"置于句首,在说明积累渐进的客观性的同时,又隐含了事主的主观性因素。这两个方面,分别对应于后面的"其所由来者渐矣",和"由辨之不早辨也"。

二是点明了同时存在"善"与"不善"两种可能。在这一点上,孔子较之其后世的传人们,要客观、全面得多。因为,坤道顺"先迷后得主",因此善与不善的发端并不在于坤,而应当是乾元资始的结果。就如同,土地并不能决定种子的属性,它只能承载、接受种下的种子,并将其养成为各得其性的植物。

将这个道理推广到人文政治、工商管理之中,就是一个建立导向和关注导向的问题。任何一种导向的建立,都是以一些细小的,对于绝大多数人来说,既能够理解,又能够实践的事件或行为,为发端的。然后利用人的本性,将其逐渐放大,成为一种影响广泛的价值观念或行为方式。

最典型的例了,就是中国自汉以来,以"孝"治国的策略。由于孝是人人皆知、人人能行的事情,因此容易通过"资始"的阶段,进入随之而来的"资生"阶段。至于其后两千年,重义守信的民风,重礼守仁的国风,虽非一蹴而就,但也是如"履霜坚冰至"一般顺至而来。而中华文明之所以能够具有巨大的包容性，能够在数百年的外族统治之下，仍旧绵延不绝，且不失其真，成为当今世上唯一个从未中断的古老文明。其根源也正在此一个"顺"字上。

直其正也，方其义也，君子敬以直内，义以方外，敬义立而德不孤。直方大，不习无不利，则不疑其所行也。

【译文】"直"意味着品德端正，"方"意味着行为适宜，君子通过"敬"来存进内心的端正，通过"义"来规范对外的行为。"敬"和"义"都确立了，则德行也就不孤立了。"直方大，不习无不利"的意思是说，不怀疑其所作所为。

【解读】前文已述，将"直"与"方"并举，是自下而上看坤卦的必然结果。虽然笔者并不认同这种方式，但是孔子在此一段文言中所阐释的道理，却十分深刻，因此有必要深入地解读。

这里，孔子将"直"和"方"分别对应于人事中的"正"与"义"。"正"是自身的内心修养，"义"是外在的行为方式。"正"是"义"基础，一个内心不正的人，必是不义的小人。

"正"又是如何产生的呢？孔子给出的答案是"君子敬以直内"，即通过"敬"来实现内心的"直"，也就是"正"。何谓"敬"？孔子没有说。后世的儒者，对此展开了不少的议论。概而言之，"敬"就是保持内心的专一不杂，用现代的话说，就是要有敬畏之心。这是一个人涵养的修行过程，正如朱熹所说"敬以直内，是持守功夫"，一个不懂得敬畏的人，一个不专一的人，是无法提高自身的修养，无法保持内心之"正"的，因为这个世界上,有太多的诱惑,可以将人引向歧途,使之无法"直内"。"义以方外"同样将"方"用作了动词,是说,义的作用是使行为变得方正得体的。

至此,形成了"敬"生"正","正"生"义"的链条,顺序而言,应当解释"敬"是如何产生的。但是孔子却说"敬义立而德不孤",直接将"敬"与"义"并举,仿佛"敬"的产生是不言自明的。为了明晰这个问题,不妨通过下图,回顾一下由"敬"到"义"的过程:

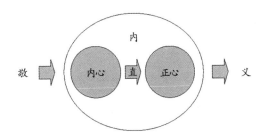

可见,"敬"与"义"都在内心之外,所不同的是"敬"是输入,"义"是产出。因此"敬"——至少最初的"敬",不由人的内心修养而来,而是由外部获得。笔者认为可以有两个渠道:一是天赋的秉性,二是周边的社会文化环境。这也是"敬义立"的"立"字的含义所在。

"德不孤"说明"敬"与"义"是"德"的两个组成部分,先儒将此进一步解读为,"敬"与"义"在德的修养过程中,起着"夹持"的作用,使之能够直达天德,也是正确的。

"不疑其所行也"是用来解释"不习"的,即因为"不疑其所行也",而不再不断作心的尝试,进而能够值守专一。

阴虽有美含之，以从王事，弗敢成也，地道也，妻道也，臣道
也。地道无成而代有终。

【译文】阴柔在下者，即使有嘉美之处，也应当含而不露，如
果用来追随于王事，则不能将成就归于自身。这是地道、妻道、臣道
（的本分）。地道没有自己的成就，而是代替（乾道）终成其事。

【解读】"阴虽有美含之，以从王事"是正确的，说明六三
的"或从王事"是有所指的。但是其后的"弗敢成也"，则令人费
解。

首先，十分明显地将"成"解读成了"成就"。坤既然是顺
承天，那么它的"成"就是天之"成"。这种"弗敢成"的根源在
于"天"与"地"的对立，即由于将乾对应于天，坤对应于地，因
此认为地是不敢僭越天道的。然而天与地不过是乾与坤的象而
已，根据乾与坤辩证统一，即阴阳互根的基本原理，二者是不可
分割的一个整体，彼此之间并没有高低贵贱之分，只有在共同
实践客观规律的过程中的作用——分工的不同。所谓的高低贵
贱，都是将其拓展到人事政治上之后，产生出的衍生概念。即使
深究这种贵贱之分，也不过是为了在人类社会关系中，模拟出
所谓的天道，使之能够更完美和谐地运转下去而已。因此君臣、
夫妻之间的贵贱之分，其本质就是一种相互的分工合作的规则，
其目的都是要天下和谐，家庭和睦。之所以要加以"贵贱"之
名，则是为强化其权威性，规避由于怀疑、轻慢而导致的执行不
力。因此乾之"成"来自于乾之用，坤之"成"来自于坤之用，即
如乾有"资始"之名，坤有"资生"之名，有什么敢与不敢？

其次，既然论"道"，则只有对与错，是与非，当与不当，何以言"敢"？用"敢"这个拟人化的词汇，来阐释客观不易之道，岂不正显无法圆通之态？

天地变化，草木蕃；天地闭，贤人隐。《易》曰"括囊，无咎无誉"，盖言谨也。

【译文】天地变化，才能导致草木繁盛；如果天地闭塞，则贤人就会隐伏。《易》中说："括囊，无咎无誉"，是说谨慎的意思。

【解读】"蕃（fán）"是草木茂盛的意思。"天地变化，草木蕃；天地闭，贤人隐。"两句互文，说明在天地变化（开放）的状态下，万物都会繁茂兴盛，反之天地闭塞，万物会凋敝，在人类社会中，贤人就会隐退。

孔子以此，来解释六四"括囊"的谨慎之意，则六四的谨慎就是出于自身的选择，这与六三的"或从"相比是倒退，而不是发展。

君子黄中通理，正位居体，美在其中，而畅于四支，发于事业，美之至也。

【译文】君子使内心调和适中，通于情理，处身端正。（这样）美德充斥于心中，而畅达于四肢，抒发于事业，是嘉美的极致。

【解读】"黄中"应当是根据"黄"为土之色，而五行中，以土居中，推导而来。"正位"是将五位"高"的寓意，和"裳"中

"下"的寓意相结合的产物,就六五本身而言,阴居阳位显然不正。

"黄中通理,正位居体",就是在解释"黄裳"——黄裙子的寓意,言其象征着,身居高位,却能谦卑待人的美德。之后的"美在其中,而畅于四支,发于事业,美之至也",就是对这种美德的赞叹。

但不知爻辞何以从六四的谨慎,一跃而发展到六五的如此美德。

阴疑于阳必战,为其嫌于无阳也,故称龙焉。犹未离其类也,故称血焉。夫玄黄者,天地之杂也。天玄而地黄。

【译文】阴被阳所疑因此必然有交战发生,因为卦中没有阳爻,所以用了"龙"字。为了强调其没有离开自身的同类,因此用了"血"字。所谓"玄黄",是天地相互错杂的颜色,其中天为玄色,地为黄色。

【解读】"阴疑于阳必战"解释"战"的原因,即是阴被阳所疑,而招致了战的结果。坤顺承于天,怎么会被阳所疑呢?笔者认为乾阳来战,反映的是"乾元资始"的特性,是阳与阴在同一运动过程中的不同分工所致。

"为其嫌于无阳也,故称龙焉"解释为什么用"龙"字,是可以接受的。"犹未离其类也,故称血焉"解释为什么用"血"字,即上六仍旧是阴类。进而引出,"玄黄者,天地之杂也"的解释,即爻辞中既有代表阳(天)的"龙",又有代表阴(地)的

"血"，那么"其血玄黄"，就应当是天地混杂的意思。其理论依据，就是"天玄而地黄"，即天的颜色是"玄"，地的颜色是"黄"。

笔者认为，"黄"这个字，之所以能够在中国文化中，具有如此重要而特殊的地位，必然与黄帝有一定的关联，而黄帝的"黄"最初也一定不会是黄色的意思。这是一个先后顺序、因果关系的问题。结合上述对"黄裳"之黄的解释，可以断定，用"天玄而地黄"作为依据，来解读"其血玄黄"，就意味着要将坤卦产生的时间，拉到了"黄为土之色，为中之色"的观念产生之后。不知孔子当时是以什么作为依据，作出了这样的判断。

屯——凭险谋进

震下坎上 水雷屯

屯，在此处读"zhūn"。《说文解字》中说：屯，难也。象草木之初生，屯然而难。这是一个会意字——从屮贯一。屮（chè），草。一，土地。

屯是继乾坤之后的第一卦，《序卦传》中说："有天地，然后万物生焉。盈天地之间者，唯万物，故受之以屯；屯者盈也，屯者物之始生也。"即，屯卦在《周易》中的意义，取得就是屯字的本意，象征着草木初生时的艰难。

屯卦的卦象本身，也蕴含着象形和会意两种含义：

二、三、四三爻构成互卦坤，坤为母，为孕，在此处则象征着一粒埋在土中的种子；种子埋于土中，则上下都有土，初、五两个阳爻就是包藏种子的泥土；上六则是种子破土而出，形成的萌芽。

震下坎上，雷在下水在上，展现出一副雷声滚滚，乌云密布，雨将下而未下的景象。春雷惊醒万物，使其复苏；春雨滋润万物，使其长成。因此雷已动、雨未下的景象，对应的就是万物不进则失时，冒进则无助的两难境遇。这就是所谓的"屯然而难"。

草木初生，会屯然而难；推而广之，万物初生也都会屯然而难；再推而广之，一切新事物的产生，尤其是像革天之命，改朝换代，这样关乎天下民生的大事，更是要屯然而难。因此，创易的先圣们，在这一卦中，是借草木初生之难，借草木初生的过程，来阐释创新革新的艰难、创新革新的方法。

上六"顽强"地生出了萌芽，也表明了先圣对创新革新的基本态度，即屯虽有难，但终将被克服，终将迎来新的发展阶段。因为震在内，是雷已动、时令已到之象。正所谓，雷声如律令，奋进方为正！

另，《周易》乃是周朝人在殷商的《归藏易》基础上，重新修改编撰而成的，周代商而立，经历了文武两代，其间的艰辛可想而知，因此卦中多处也藏有西周渐兴的屯难之象。

屯 元亨，利贞。勿用有攸往，利建侯。

【译文】大亨通，有利于正固。不要有所行动，有利于确立目标。

【解读】此处的元亨利贞，与乾卦的元亨利贞不同。在乾卦中，这四个字各有其意，在屯卦中则两两组合，形成元亨、利贞两个词，分别为大亨通，和有利于或应当贞正、正固的意思。

"勿用有攸往"似乎是在解读"利贞"，实则不然。实际上是与后一句"利建侯"组合在一起，来解释在雷已动、雨未下的时刻，一颗种子应当采取的策略。

首先，"勿用有攸往"，是在强调此时不应当强行出头，而应当顺其自然，因时而动。在雨水尚未下来之际，如果急于萌发，虽然表面上看是抢得了先机，但很有可能会因为自身储存的养分耗尽，又得不到来自外部的补充而夭折。但如果，为了等待雨水的降临，而过分隐忍不发，则有可能会因为违背了时令的规律——雷已动，而丧失生长发芽的机会，最终霉烂在泥土中。

因为"勿用有攸往"，容易给人以静止不动、无所事事的印象，因此先圣补以"利建侯"一句，来具体说明此时应当采取的行动。

对"利建侯"一句，自古以来的理解基本上都是：有利于/应当建立君侯。

笔者认为，这是错误的。原因有以下几点：

1.与易例不合。《周易》有上下经之分，上经30卦侧重于自然万物，下经34卦侧重于社会人伦。虽然严格地讲，包括屯卦在内，《周易》无一卦不与社会人伦有关，无一卦不是借自然万物，来说社会人伦，但终究有所侧重。而且即便是说社会人伦，也往往需要通过读者自己的引申理解，来加以领悟，怎么会在侧重自然万物的上经之初，就在卦辞中直接说：应当建立君侯呢？

2.与卦辞不合。卦辞"勿用有攸往"之声未绝，就说：应当建立君侯。"往"这样的普通的动作，尚且不在提倡之列，更何况"建侯"这样需要昭告天下的大动作呢？

3.与常理不合。将"利建侯"，解读为应当建立君侯。显然是将视线转向了社会人伦，在人类社会中，与草木初生相类似的过程，就应当是创新或革新的过程，其中又以革天之命、改朝换代最为引人注目，既然延及人事，不妨就借此来勘验其合理性。回顾中国历朝历代的革命过程，大凡可以分为上下两部：上部是，一群热血澎湃的人士出来，举起大旗给旧王朝造成重创；下部是，另一群相对更加老谋深算的人士出来，最终建立了新的政权。中间的过渡就是，第一部分人成了先驱，成了后一部分人的铺路石。原因往往就是他们过早称王称帝，将旧王朝的注意力集中在了自己身上。因此才有了"高筑墙、广积粮、缓称王"，这句名言。所以，在雷已动，雨未下——条件尚未完全成熟的时候，就急着建立君侯，是不合理的。

此处的"侯"，应当取其本意，即用皮革做的箭靶。"建侯"就是设立目标和方向。建立目标和方向，是任何创新、革新的基础，是应当在行动之初，就首先明确下来的。同时，建立目标和方向又是可以在内心深处完成的过程，与"勿用有攸往"不发生矛盾。

这样，卦辞就可以分为四组两层来理解：

第一层，元亨——利贞；勿用有攸往——利建侯。前半部讲卦象所示的未来趋势和结果，后半部讲解具体的行动方式。

第二层，元亨——勿用有攸往；利贞——利建侯。前半部是解释为什么"勿用有攸往"，后半部则是解释"建侯"的意义所在——"建侯"就是建贞。

彖曰：屯，刚柔始交而难生，动乎险中，大亨贞。雷雨之动满盈，天造草昧，宜建侯而不宁。

【译文】屯卦之时,刚柔(阴阳)刚开始交媾,尚难以形成生化,(但因为万物)在危险中变动,终将有大亨通,应当正固。雷雨的涌动,已经达到临界点了,虽然上天的造作尚且杂乱而不明,但应当建立目标而不能静止不动。

【解读】刚柔即阴阳,阴阳交媾万物生化,屯取象于草木初生,又位列乾坤之后,因此有"刚柔始交"之象。"难生"中的难应读为nán,是用来修饰"生"的,指万物初生时的艰难。

"动乎险中"是用上下卦的卦德,来进一步诠释"难"——屯时的难。上卦坎为险、为陷;下卦震为动。"动乎险中"包含了两重看似相互矛盾的含义:首先是绝对的动,其次是客观存在的险,明知有险仍必须要动,这就是万物初生时所面临的艰难。

反之,万物若知难而退,遇险而止,哪里还有周而复始的繁衍?正是因为万物虽面临艰险,仍旧闻雷声而动,才有了这生生不息的世界。因此,其结果必然"大亨贞"。"亨贞"之大者,超乎一事、一物、一人,乃关乎天下万事、万物也。

后半部分"雷雨之动满盈,天造草昧,宜建侯而不宁",因为历来将"侯"事先设定为君侯、诸侯,而导致解读上的错误。如果,没有此先入为主之观念,顺序读来就会发现,"侯"绝不应当解为君侯、诸侯。

"雷雨之动满盈",其中"雷雨之动"是主语,"满盈"是谓语。"满""盈"连用,是为了突出满的程度,但终究没有溢出。所以是说:雷雨的涌动,已经达到临界点了(但仍旧没有真的下雨）。这是在直接解读卦象。

"天造草昧"，天造是指天的创始，也就是造化之始的意思，其中草是杂乱的意思；昧是昏暗不明的意思。这是一句在《周易》中应用极为普遍的，将话题从自然规律，转向社会人伦的过渡性语句，但也清晰表达了一个概念，即将成而未成——创始与成就是两回事，而且即使草创之初，存在诸多混乱不足之处，但决不能称之为昏暗不明。

因此，借此一句认为就是指天下初定，甚至引申为武王灭纣之初的状态，进而以武王分封诸侯的史实，来佐证"建侯"就是建立诸侯的观点，是错误的。武王伐纣，是伐其昏庸不明，伐而灭之则是拨云见日、天下大明之时，即使有"草"之嫌，也断无"昧"之理。所以若硬要套用商周故事，那也是文王被囚羑里之时，上天虽然已有灭商之意，但商纣也有改过自新的机会。此时的天意即为"草昧"——杂乱而不明。

"宜建侯而不宁"重点在于"不宁"，而"建侯"则是指应当如何"不宁"。由此可见，"建侯"这个具体的行为，仅仅是相对于"宁"而言的，所以虽动也不应十分显著。因此不可能是什么封王拜侯之举，既不可能是自封，更不可能是去封别人。再用商周故事来说，文王虽然灭商之志早定，但至死都为殷商之臣。传至武王，一直到二分天下有其二，又经过了孟津会盟诸侯，然后才最终下定伐商的决心。所为者何？无非是待天造之明而已。

象曰：云雷屯，君子以经纶。

【译文】屯卦呈现出雷在云下滚动之象，君子观此象应当着手进行谋划经营。

【解读】孔子的象辞，往往与卦辞脱离较远，但屯卦的象辞却与卦辞结合紧密。"云雷屯"一语道破所谓屯之时，就是雷已动、云已聚、而雨未下的时刻；所谓屯之难，就是闻雷而必动、无雨则有险的背景下，把握动的时机的困难。

"君子以经纶"是说君子应当着手进行谋划经营，就是象辞中"宜建侯而不宁"的另一种表述，由此也可再次断定，"建侯"是建立目标、方向，至多是策略，而绝不可能是建立诸侯。

初九，磐桓，利居贞，利建侯。

【译文】犹豫盘桓，适宜保持正固，适宜建立目标。

象曰：虽磐桓，志行正也。以贵下贱，大得民也。

【译文】虽然犹豫盘桓（但却适宜保持正固，适宜建立目标），是因为其目标是践行正道。以尊贵的身份下居卑贱，因此大得民心。

【解读】磐通盘，"磐桓"就是盘桓不进的状态，但是它不同于静止不动，仍旧有所行动，行动的特征是"居贞"，行动的方式是"建侯"。

"贞"表现在思想上可以被理解为"正"，表现在行为上则又有"固"的意思，因此"居贞"落实到行动上就是躯体的不动。躯体不动的动，当然就是思维、思想的动，这个动就是"建侯"——建立目标和方向。

初九位于下卦震之初，正当雷方动、雨未下之际，此时虽然有动的欲望，但应当加以隐忍，采取外"居贞"、内"建侯"的策略。

从卦象上看，如下图所示：

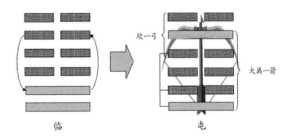

屯卦是由地泽临，经过二五爻的换位演变而来的，临之九二升进屯之九五，形成上卦坎，坎为弓；同时又在屯卦中形成一个大离——初至五形成一个大的离卦，离为箭矢。因此经过由临到屯的卦变过程，正是弯弓搭箭，隐忍不发之象。象辞中"雷雨之动满盈"中的"满盈"，也正印此意。

象辞"虽磐桓，志行正也"，更加明确地指出，此时的行动是一种心理过程，而不是具体的、显著的肢体行为。"志"即心志，"正"就是行为的特征——拥有正确的方向。《诗·齐风·猗嗟》中有"终日射侯，不出正兮"一句，此处的"侯"即为箭靶，而"正"则是箭靶中的红心。

"以贵下贱，大得民也"一句，将话题转向社会人伦。在《周易》中以阳刚为贵，以阴柔为贱，初九以阳刚之才，"居贞"

于二、三、四三个阴爻之下,可谓"以贵下贱"。二、三、四三个阴爻形成互卦坤,坤为众,为民,初九与六二亲比,与六四正应,坤之民三者有其二,因此"大得民"。

得民者君也,因此说初九"大得民",即有暗指初九为君之意。这其中又蕴含着深刻的,而且与现代观念有所不同的君臣思想:

以全卦的卦象而论,互卦坤如一粒种子,包裹在初九、九五组成的泥土之中,如果初九有君之象,那么九五亦应有君之象。以此推之,种子是因泥土的养护而得以生长发育,也即民赖君之养护而生。这仿佛是与后世认为君如舟,民如水,君赖民之载而得桴的观点相矛盾,但却与中国历来,臣视君如父,君视民如子的思想一脉相传,子当然是要依靠父的养护而生的。

君民关系由父与子,向舟与水的演进过程,不遗为一部人类的文明演进史,在此处不能详析。概而言之,随着生产力的发展,子民的力量不断发展壮大,逐渐胜过了君父,于是由被养护的对象,转而成为了承载的力量,这倒也与人类中的父子关系相合。但在文明初开的创易时代,君基本上等同于部落的首领,通常他都是最孔武有力者,其部众也确实要依靠其保护,才能在竞争中,赢得生存的权力。因此形成上述观念,也就不足为奇了。

初九与九五之间的不同之处是,初九是位于种子的下方,给种子乃至其后的植物提供滋养的泥土;九五则是位于种子之上,起到保护作用的土皮。因此,初九会"大得民",而九五则不能。

比之于人事,初九则颇有文王之象——任何一场改朝换代的革命，都需要一个漫长而细致的发动民众的过程，这个过程的基本特征即所谓礼贤下士，一如文王一生；另一方面则对内勤政爱民，访贤用能，对外联络诸侯，始终秉持一种谦卑的心态，最终才有了天下归心的局面。发动民众的目的是利用民众，细观卦象就不难发现，那支搭在弓上的"箭"不是别的，正是互坤——民！诚然哪个王朝不是最终灭于民众之手？但民众——那支"箭"的能量又来自哪里呢？

六二，屯如邅如，乘马班如，匪寇婚媾，女子贞不字，十年乃字。

【译文】处境艰难盘旋不进，骑着马盘旋不进，不是贼寇而是求婚的，女子正固而不出嫁，十年才出嫁。

象曰：六二之难，乘刚也。十年乃字，反常也。

【译文】六二的艰难，是因为乘刚的缘故。十年才出嫁，是反常的表现。

【解读】"屯如邅如"即为盘旋不进之意，这是屯卦一卦六爻的通意。

"乘马班如"一句在六爻中出现了三次，都是用在阴爻上，而且其中两次与"婚媾"同时出现，值得关注。班通般，也是盘旋不进之意。因此其意重在"乘马"二字，因为坎、艮、坤都有与马有关的征象，所以后人往往以此为切入点，进行解读。

笔者认为，此处的"马"不是指卦象，而是指爻象，具体而言就是指阴阳亲比的关系。

屯卦中有四个二、三、四、上共四个阴爻，其中只有六三与阳爻不存在亲比关系，也只有六三的爻辞中没有"乘马班如"一句。由此可见，"乘马"是针对阴阳亲比而言的。

两个爻辞中包含"婚媾"的爻，都有另一个共同的特征，那就是与阳爻存在亲比的关系的同时，还与阳爻存在正应的关系。以六二为例，向下与初九亲比，向上与九五正应。由此就产生了婚媾的对象的问题。

前人以上坎有盗寇之象，而爻辞又有"匪寇婚媾"，而解读为：不是盗匪而是婚媾的对象。进而认定六二的婚媾的对象是九五。笔者认为这是错误的，原因如下：

■ 就婚媾本身而言，当然是远不如近，卦中何以舍近求远；

■ 在一卦之中逻辑关系应当是统一的，如果六二的婚媾对象是其正应，则六四的婚媾对象就应当是初九，这样就与其爻辞相矛盾（稍后详述）。反之如果六四的对象也是九五，就会出现"一夫二妻"的现象，这与当时社会奉行的一夫一妻制，相矛盾。

事实上，关于六二、六四的婚媾对象的选择，或者说确定，实际上就是方向问题。与其众口不一，不如回到卦象上。如下图所示：

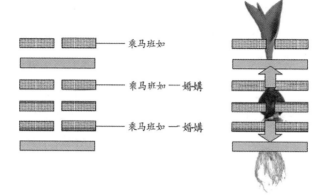

互坤为一粒埋藏与泥土中的种子，而种子的生长存在两个发展方向：胚芽部分向上生长，培根部分向下生长。它生长的一个共同结果是，都要与泥土相交结，而"媾"正有交结之意。如果将位于"种子"互坤之上的六四，视为向上生长的胚芽，将位于"种子"互坤之下的六二，视为向下生长的培根。则一切问题洞然可见。

六二的婚媾对象就是初九，六四的婚媾对象就是九五，而且二者之间也有统一性，即都是以与自己形成亲比关系的阳爻，为婚媾的对象。

而且，在六二的爻辞，和象辞中也都有所明示，只是被后人误读了而已：

因为要在上卦中的九五，和下卦中的初九进行选择，所以爻辞明说"匪寇婚媾"，即不与盗寇形成婚媾关系，也即婚媾的对象不是盗寇——坎卦中的九五。而象辞中说"六二之难，乘刚也"，所谓六二之难就是屯时之难，就是对时机进退把握的难，具体到六二身上，就是使其"屯如邅如，乘马班如"，难以抉择的问题——婚媾对象的选择问题。其原因就是"乘刚"，即位于阳刚之上。如果六二的婚媾对象是九五，则呈现出居中得正的阴柔之爻，与居中的正的阳刚之爻形成婚媾关系的局面，此正所谓天作之合，何来"乘刚"之难？因此，正是因为其选择的婚媾对象是初九，因此才有了使之盘旋不进、辗转反侧的难。

"女子贞不字，十年乃字"中，"字"是婚嫁、孕育之意；十年是指互坤，坤为女、为孕，同时所对应的数字又是十。由"贞不字"到"十年乃字"显然存在一个演进的过程，这个过程就是卦变的过程——六二是从临卦的四位，来到屯卦的二位的。其运动的特点有二：一是自上而下——婚媾的方向，胚根的生长方向；二是经历了互坤的三个爻位——"十年"。

但是，无论是胚根的生长方向，还是六二选择的婚媾对象的方式，都是有违常理的，所以孔子在象辞中说："十年乃字，反常也。"

六三，即鹿无虞，惟入于林中，君子几，不如舍，往吝。

【译文】追捕动物到了山脚下，却没有虞人，最终只有进入山林之中。君子察觉到这种征兆，就不如舍弃，强行前往则有吝难。

象曰：即鹿无虞，以从禽也，君子舍之。往吝，穷也。

【译文】追捕动物到了山脚下，却没有虞人，将会形成追随在禽兽之后的态势，君子应当舍弃这种行为。前往会遭受吝难，是因为将会陷入穷困之境。

【解读】六三是屯卦四个柔爻中，唯一一个爻辞中没有"乘马班如"一句的，同时也是唯一一个没有亲比的阳爻的；六三与上六的爻辞中，又都是没有"婚媾"一词，同时它们也都没有正应的阳爻。由此看来，在屯卦中"乘马"对应的爻象是阴阳亲比；"婚媾"对应的的爻象是阴阳既亲比，又正应。这似乎是在暗示，"婚媾"应当与正应有关，因此也就与六二中的观点有异。

其实不然，因为在西周乃至更早的时代，婚姻问题不是某两个人的问题，而是关系到两个家族之间的问题。即《礼记》所云："昏礼者，将合二姓之好，上以事宗庙，而下以继后世也，故君子重之。"也就是说，婚姻是联系两个宗族之间的纽带。以此来理解为什么，凡言"婚媾"的都是，既有亲比又有正应的关系了——借在当时人看来，一目了然的"婚媾"之象，来言说刚柔爻之间的关系，即亲比者为婚媾的对象，而正应者则是提供应援的本家。这种关系在六三的爻辞中，得到了印证。

"即鹿无虞，惟入于林中"中的"鹿"，后人有解读为指动物的鹿，也有人解读为与山麓的麓通假，即指山麓。从卦象上看，解读为动物的鹿，缺乏卦象支持；解读为山麓的麓，则六三为互卦（三、四、五）艮之初，艮为山，因此指六三为山麓，是有卦象根据的。但无论怎样解读"鹿"字，这句话都是在说：追捕动物却没有虞人，最终只有进入山林之中。

在今天看来，到山林中打猎是理所当然之事，但在创易时代则不然。以赵武灵王因为胡服骑射而为后世广为传颂这件事情来看，中国在此之前非但没有正式的骑兵，甚至连骑马的人都不多。至于距此数百乃至数千年前的创易时代，人们狩猎的方式，应当仅限于徒步或乘车，以这两种方式进入山林，无疑是十分危险的。所以当时捕猎，都要设"驱逆之人"，即要有人将动物驱赶出来，朝向前来围猎的人。这个"驱逆之人"就是所谓的虞人，虞人的本来职责是替贵族看守山林，在贵族进行围猎的时候，也就顺理成章地肩负其"驱逆"的职责。

显然这个虞人对狩猎的成功十分重要，是猎手的应援。六三与二、四不同，没有正应，其应爻是阴柔无能的上六，因此就没有应援。这就像一个人没有本家，只能给人充当奴婢，不可能言及"婚媾"一样。

"君子几，不如舍，往吝"，"几"读"jǐ"，为预兆、征兆的意思。在此处是名词动用，是说：君子察觉到这种征兆，就不如舍弃，强行前往则有吝难。

象辞中，"即鹿无虞，以从禽也"，"禽"是泛指一切飞禽走兽（由此也可看出，鹿应当是指山麓），原本田猎在虞人的协助下，是有计划和方向的，如今"无虞"只能"从禽"，即追随飞禽走兽而动，显然就失去了既定的方向，而且已经到达山脚下。

"君子舍之。往吝，穷也"是在解释为什么要舍之，原因就是已经到达了山穷尽之处。事实上，六三无应而动，乃是勉为其难之举，就如同自己没有家族的应援，而要去求婚媾一样，不如早早放弃，因为去了也是自取其辱。

在卦象上看，六三位于动之极、艮之初，再往前则入坎——险之中，因此有急迫要动，但不如不动之象。而其根源则是没有应援——无虞。

六四，乘马班如，求婚媾，往吉，无不利。

【译文】骑着马盘旋不进，（准备）去求婚媾，前往可以得吉，没有不利因素。

象曰：求而往，明也。

【译文】求婚媾而前往，前途光明。

【解读】六四与九五亲比，有初九为正应，如前所述，即有"乘马班如"之象，又有"求婚媾"的资本。

通过"往吉"的"往"，可以进一步明确，其婚媾的对象就是与之亲比的九五，因为在《周易》中向下、向内的运动为来；向上、向外的运动为往。因此"往吉"明确标注了"求婚媾"的方向不是向下，而是向上。

"无不利"似乎与全卦盘旋不进的主旨有所冲突，这一点可以从三个方面来理解：

1.就种子的生长规律而言。既然六四对应的是向上生长的胚芽，那么只要它已经突破种皮，唯一的出路就是奋力上长，直到突出地面，即便面对雨水可能不足的艰险，也不能退缩。否则，就只能腐烂在泥土中。

2.从卦象上看。六四已经进入上卦坎中，因此其所对应的时局是，雷声已过、细雨纷飞的时候，即已经有"水"，较之于下卦诸爻，至少已经部分地摆脱了屯难，因此应当有所行动——"往"。

3.就人事而论。六四已出震之动、而入坎之险，说明创新、革新的行动已经开始，此时最好的策略就是快速推进，而不能退缩。所以先圣在"往吉"之后，又加上了一句"无不利"，以打消读者的一切顾虑，强调勇往直前是身处险境时的唯一选择。

象辞"求而往"中的"求"是"求婚媾"的简写。如前所述，屯卦中的婚媾，实际上是借婚媾之名，表述刚柔之间相互应援的关系，六四上承九五，既与之亲比，又处于正确的尊卑关系状态——不"反常"，同时又得到初九的有力支撑，因此其前景必然明朗——互坤与九五和初九共同形成一个大离，离为火，为明。

九五，屯其膏，小贞吉，大贞凶。

【译文】通过阻挡屯聚其滋润，坚持一定程度的正固，是吉祥的。过分坚守则会有凶祸。

象曰：屯其膏，施未光也。

【译文】通过阻挡屯聚其滋润，说明其施与尚未广泛。

【解读】"膏"在此处读"gào"，是滋润的意思。"屯"在此处应取其引申意义——屯聚，因此读作"tún"更加适宜。"屯其膏"就是屯聚其滋润的意思。孔子在大象（针对卦辞的象辞）中已经点明, 屯卦中的坎所取的象为云不是雨, 所谓云就是雨水聚集于上, 而未下之意。九五就是上卦坎之主, 因此九五也应当具有云的特征。

因此, 九五仍旧是有水无雨之象, 所以象辞说"施未光也", "光"通广, "施未光"就是施加的恩泽还不够广泛。

九五爻辞中的"小贞吉, 大贞凶", 是指在一定限度内坚守贞正则会吉祥, 过分则会有凶祸。在此基础上, 可以进一步引申为, 做较为细小的工作, 而不适合有大的动作。这与六四的"往吉, 无不利"形成了鲜明的对比, 似乎是动的方面出现了倒退。其中的原因在于九五与六四的地位不同。

六四是民, 是众, 所顾及的仅仅是一己是利害, 而九五为君, 其所要顾及的内容, 则要更加广泛, 行为也必然更加谨慎。

在初九的解读中, 已经提及了初九、九五两个阳爻之间的不同, 现在需要补充一点, 二者都为君, 但不是相互对立之君, 而是同一个君位(国家、集团)的两个不同阶段——初九是发展之初, 因此需要礼贤下士, 以贵下贱, 而成为得民之主(在下); 九五则是经营已经初具规模, 因此可以号令臣民, 成为领民之主(在上)。但此时, 他的恩泽仍旧不够广泛, 仍处于"屯"的阶段, 因此仍旧不能有大的图谋。

如果, 将初九比作文王, 那么九五的, 就是文王的晚期, 或武王的早期。

上六, 乘马班如, 泣血涟如。

【译文】骑着马盘旋不进，泣血涟涟。

象曰：泣血涟如，何可长也。

【译文】泣血涟涟，怎么能长久。

【解读】上六的"血"来自于上卦坎，坎又称血卦，有血之象。而其"泣血涟如"，则是源自于它特殊的位置：

1.上六是阴阳交战之地，因此坤卦中上六的爻辞为"龙战于野，其血玄黄"。

2.上六是屯卦中，唯一一个暴露于"地面"之外的爻——九五对应于地面，互坤为种子，初九为泥土，从初到五均位于地面以下，而其他阴爻，也因此有两个阳爻的夹护。只有上六，身处"屯"时而强行出头——乘刚，在卦中又没有应援，只能独自面对屯难。

先圣实际上是用这个特立独行的上六，来警示后人，在"屯"的时代简单冒进的后果。而孔子在象辞中的"何可长也"，则进一步强调了冒进的徒劳性。因为冒进的目的，往往都是为了抢得先机，然而既然"何可长也"——不能长久，先机又有什么意义呢。

因此，"屯"的时代所对应的动，应当是一种瓜熟蒂落、水到渠成的动，是一种带有一定被动色彩的动。

蒙——下解民怨

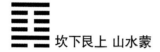 坎下艮上 山水蒙

与其他卦象相比，对蒙卦的解读，自古以来可算是整齐划一了，绝大多数人都认为蒙是讲述教育、阐释师道的一卦。这样就与前面的乾、坤和屯卦形成了一个完美的天、地、君、师的组合。虽然，《周易》是一部政治性极强的书，但是在创易之初，乃至创制《周易》的时代，作者的政治思想是否就已经如此完美了？当时的政治美学，是否就已经与后世的孔圣及其门徒们一般无二了？都是值得怀疑的。同时，既然在对屯卦的解读中，笔者已经否定了"利建侯"就是要建立君侯，也就是否定了屯卦是阐释君道的观点，那么上述的"完美"也就不再是束缚我们去理解蒙卦的绳索。

然而，难道历代的贤哲都陷于愚氓，竟然一错再错？难道今人要比古之贤者更加聪慧？非也！问题在于：

一方面，任何人对任何事物的理解，都无法摆脱社会和自身的束缚，所谓历代贤哲，实际上就是孔子的历代再传弟子，其所尊奉的学说观念，都是源起于孔子。当时的社会也是建立在，

孔子创制的儒学的基础上的。因此可以说孔子的思想笼罩着当时的社会，尤其是那些读圣贤书的士大夫们。而孔子是第一个解读《周易》的人，我们今天所看到的通行本的《周易》中，除了卦辞、爻辞以外的彖辞、象辞、文言等等，都是孔子当年的解读文字。不难想见在一个被其思想所笼罩的社会里，对于"蒙"这样一个强调师道的一卦，对于屯与蒙形成的君与师的完美组合，其弟子们心向往之尚且不及，又怎么会（愿意）去否定呢？

另一方面，则是因为蒙卦自身在演进的过程中，出现了较大的变异。如前所述《周易》的形成经历了一个漫长的演进过程，最初的《连山易》应当源于文明初开的神农时代，此时的人们尚不能摆脱对大山的依赖，因此将代表山的艮卦置于首位；到了夏商时期，随着生产力的发展，尤其是农耕技艺的提升，以及水患的解除，人们开始移居平原，因此代表大地的坤卦，逐渐取代了艮的地位，成为《归藏易》的首卦。到了周朝建立的时候，人们已经初步具备了改造自然、征服自然的能力，唯一让他们感到需要绝对敬畏的，对其生活起着关键性影响的是天，所以代表天的乾卦，被推到《周易》的首位。在这个由山到地，再由地到天的演进过程中，易经与当时社会的关系，也发生了巨大的转变。最重要的一点就是，后来的人们，越来越无法对经由结绳记事法变化而来的易象，进行正确的解读。因此需要对其进行文字注解，显然这种注解出现的时间越古老，后世对其理解的难度也越大，产生曲解、误读的可能性也越大。既然《连山易》重视艮卦，因此作出如下的推测，也就应当是合理的了，即在现行的《周易》中与艮（山）有关的卦，可以追溯到《连山易》时代，其存在的历史，应当比其他卦要长；所经历的注解，应当比其他卦要多；产生曲解、误读的可能性，也要大。（六十四卦不是一次性创制完成的）而这一切就集中地体现在了蒙卦上，导致了后人对蒙卦的本意失去了把握，而只能追随孔子的解读。

今天，虽然我们仍旧尊崇孔子的思想，并对孔了本人，乃至其历代接触的传人们抱以由衷的敬意（至少笔者本人作如此之想），但却不必因为政治的影响，而使思想束缚于儒家一学，有机会以更加开放、客观的心态来探索《周易》。因此，才有机会窥见前人所未见的内容。

但是，因为孔子在对蒙卦的解读中，精辟地阐述了他的教育观点，而且其观点又是如此的"先进"、可贵，因此在下文中，亦将并行地引入。在给读者提供多重的思考原料的同时，也能够再次体味孔子的教育思想。

蒙 亨。匪我求童蒙，童蒙求我。初筮告，再三渎，渎则不告。利贞。

【译文】亨通。不是荑蒿来求蒙草，而是蒙草来求荑蒿。首次占筮会有告示，再三占筮则是亵渎，即是亵渎则没有告示。有利于止固。

【解读】所谓大易无疆，是指《易》的内涵包罗万象，涉及自然人文的方方面面。造成这一结果的原因在于，《易》是以象取义的，因此一种卦象，往往蕴含了多重的意义，随着观象者知识结构、思考的角度不同，就会产生出不同的意义来。但是在解读

《周易》的时候，又必须在众多的意义中进行取舍，以期接近作者的本意。笔者认为，取舍的标准应当是：

1.于卦象上有依据；

2.于卦辞、爻辞上能通顺。

笔者推定蒙卦所示并非教育一事，也正基于此。

造成对蒙卦理解偏误的根源在于卦辞中的"我"字，这是六十卦中，唯一的一次在卦辞中用"我"——与在其他爻辞中的用法也不同，在其他爻辞中用到的"我"，如小畜卦中的"自我西郊"，实际上是"我的"的简语，在句子中充当的是定语。

正是由于这个"我"的出现，将卦辞瞬间具体化，失去了《周易》经常运用的，通过隐晦的暗示，引导读者的想象来完成，由自然而人文的延伸的过程的写作手法。而是直言人事。这就势必要造成，一卦说一事的结果。如果真是如此，又何来大易无疆，岂不成了小易有限？

由于是直言人事，随即带来了新的矛盾，后一句"初筮告，再三渎，渎则不告"，十分直白地在说占卜的问题。那么与前一句连在一起，其中的"求"字，似乎理解为"求占"，比"求教"更为贴切——也确实有少数人，将卦辞直接解读为是一群"童蒙"，向"我"问占的。只不过，在孔子这样一位教育家的眼中，"童蒙"二字将其思绪引向教育的吸引力太强，进而将后一句理解为求学的态度（详见象辞的解读），也是正常的。但总不免有牵强之感。

前一卦"屯"讲述草木萌生的艰难，后一卦"需"讲述滋养，总之没有离开花花草草的生长发育，是在讲客观的物，因此

"我"字的出现，具有极大的跳跃性——不仅跳出了植物范畴，而且跃入了人的行列。我们不妨作一种猜想，是否会在易经的演进过程中，卦辞中的"我"字书写出现了错误呢？这种可能是完全有可能的，在那个以刀为笔，以骨、竹为纸的时代，绝大多数文件都是孤本，或者只有极少的几个抄本，因此只要出现错误，流弊后世几乎就会成为必然。而且，这个问题在蒙卦中就有现成的例子——九二的爻辞，在现下的通行本中，大多被写作"包蒙"，但也有较早的版本中，用的是"苞蒙"。

所以，笔者推测卦辞中的"我"字，应当是"莪"（é）的误写。

莪，即莪蒿，是一种生长在水边的多年生植物——卦象所示正是山水相接之处，莪的茎、叶都可以食用，可以推测在农业尚不发达的《连山易》时代，莪很可能是人们的一种重要食物来源。因此在诗经中，多次出现了关于莪蒿诗篇。但是随着农耕文明的发展，估计到了殷商时代，莪已经逐渐淡出了人们的食谱，因此对于蒙卦中的"莪"变为"我"，也就认为是顺理成章的了。

认定"我"即是"莪"，并非仅仅源自推测，首先"蒙"的本意就是一种叫作菟丝子的草，这种草的特性就是要寄生在其他植物上，以吸食其他植物的汁液为生，因此也叫无根草。其次，"莪"与"蒙"的关系，在卦象上也有明确的体现：

■ 上、下卦的组合，正是"莪"与"蒙"，以及《连山易》时代人类的生存环境；

■ 上卦艮所对应的植物的征象为"多节木"，与莪蒿有相似之处；

- 下卦坎又有矫揉之象，矫是将弯曲的东西弄直，揉是将直的东西弄弯，合在一起则有缠绕之象；

- 在上、下卦之间，由二至五形成一个大的离卦，离所对应的植物的征象为"科上蒿"，科即为枝条的意思！

因此，卦象上显示的就是：二阳九二、上九代表的栽蒿上，自下而上缠绕着四个阴爻代表的蒙——菟丝子。

建立了这样的认识之后，卦辞和爻辞不仅基本通顺了，而且顺着这个思路发展下去，还可以发现一个更惊人的结果：

- 卦辞："匪我求童蒙，童蒙求我"，解释了菟丝子与栽蒿之间的，寄生者与宿主的关系；

- 初六：发蒙。

- 九二：包蒙。

- 六三：勿用取女——蒙，又叫女萝、王女。

- 六四：困蒙。

- 六五：童蒙。

- 上九：击蒙。

这些隐含在爻辞中的文字，连贯一气，俨然就是一整套防治蒙灾的办法。说明蒙卦在《连山易》时代的最初形态，很可能仅仅是用来指导人们应当如何根除蒙灾的。而《周易》中的"蒙"，是经过了人们的多次注解、误读之后，演化而来的。

此间，发人深省之处就在于，菟丝子是一种危害性极高的寄生植物，如果不尽早清除，被其缠绕的宿主将会枯萎而死，人们面对食物即将被"蒙"缠绕致死的情形，为什么还要说会

"亨"呢? 这说明, 后人——至少是《周易》的编撰者, 对蒙卦的内涵, 作了一次从自然到人文的大范围的拓展。

首先, "匪我求童蒙, 童蒙求我"是针对卦变过程进行的必要注解。

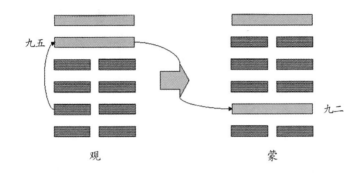

蒙卦是经由风地观卦的九五与六二互换后, 演变而来的。观之九五, 从上位而来进入二位, 虽然仍旧居中, 但已然不正(阳居阴位), 是反常之举。因此容易被人误解为, 是来求于阴爻。但是阳爻是宿主, 阴爻是寄生者, 因此只能是童蒙来求莪蒿, 而不可能是莪蒿去求童蒙。这个童蒙的童, 应当解为弱小之意, 指初六(详见初六的解读)。

如果仅就蒙灾的防治, 至此便可直接续以"利贞", 其意足以。因此"亨"应当是后人拓展而来的, 按易例, 卦辞中的"亨", 是指道之亨, 指天下之亨。何以农作物上爬满了菟丝子, 还能天下亨通呢? 因为, 加入了"亨"之后, 卦辞中的"莪"与"蒙"就从具体的植物, 变成了有象征意义的符号, 象征领导民众之君王, 与依附君王生存的民众。这一点与现在通行的观点虽然有些相悖, 但是只要看看那些生产力相对落后, 社会关系相对原始的游牧民族就会发现, 在他们之间主动借用强盛部落的名号, 以及在部落内部, 以正当强势的首领的名字为姓氏的现象比比皆是, 充分说明了在部落时代, 民与君的关系。

经此一推演, 则"亨"就容易理解了——民如果像菟丝子缠绕莪蒿一样, 缠绕在君王周围, 当然是亨通之象。

后半段"初筮告, 再三渎, 渎则不告。利贞。"笔者认为则是《周易》的编撰者, "强行"添加进去的, 因此显得比较生硬。直接体现了《周易》借天道, 证人伦; 借卜筮, 传教化的基本思想意图。

因此可以将前半段: "亨。匪我求童蒙, 童蒙求我。"视为是君与民之间的物质关系, 而后半段"初筮告, 再三渎, 渎则不告。利贞。"则是对民众的精神统治的方法, 最终的"利贞"是结果。

同时, "初筮告, 再三渎, 渎则不告"也强调了民众对君主应当持有的尊重与服从。正因为君民之间, 师徒之间, 父子之间, 都存在着这种依附关系, 所以后人将蒙卦直接解读为与教育有关的内容, 也是可以理解的。

彖曰: 蒙, 山下有险, 险而止, 蒙。蒙, 亨。以亨行, 时中也。匪我求童蒙, 童蒙求我, 志应也。初筮告, 以刚中也。再三渎, 渎则不告, 渎蒙也。蒙以养正, 圣功也。

【译文】蒙, 呈现出山下有险阻之象, 遇险而止, 就是蒙。蒙而亨, 是沿着亨通之道而行, 把握适当的时机的意思。"匪我求童蒙，童蒙求我"，是其心志有所感应的意思。"初筮告"是因为此时刚正而适中。"再三渎，渎则不告"的意思是，再三发问就是渎乱蒙学的秩序。启蒙的目的是为养成人的天性，因此堪称圣功。

【解读】孔子在这段象辞中，精辟地阐释了其教育的基本思想。其中的核心在于"险而止""以亨行""志应也"以及"养正"。前两者阐述的是教育应当因材施教，顺势而为。因此如遇险阻，则应当停止；应当沿着亨通的路径进行。"志应也"就是说求学者，应当心志有所感应，有所追求。即有求学的主动性和积极性，也就是卦辞中所说的"匪我求童蒙，童蒙求我"。上述三点综合在一起，就是《论语·述而》中，著名的一句："不愤不启，不悱不发，举一隅，不以三隅反，则不复也"。宋代理学家朱熹解释："愤者，心求通而未得之状也；悱者，口欲言而未能之貌也。启，谓开其意；发，谓达其辞。"

这显然与现行的教育思路截然相反，因为现在的教育，小而言之是强调各门功课的均衡发展，大而言之是德智体美劳全面发展。在此期间如遇险阻，则应当迎难而上……二者之间的根本区别只有一条，孔子教的学生不用考试，或者说考试的方式不同。

二者之间孰优孰劣呢？孔子也似乎早有预料，因此在其象辞最后，脱离卦象补充了一句"蒙以养正，圣功也"，说明启蒙、教育的核心在于"养正"。何谓正？人之天性为正。《中庸》有言："唯天下至诚，为能尽其性。能尽其性，则能尽人之性。能尽人之性，则能尽物之性。能尽物之性，则可以赞天地之化育。可以赞天地之化育，则可以与天地参矣。"如果教育本身，不能真诚的面对人的天性；如果教育的结果，是人不能真诚地面对自己，面对天地。那么其所养、所教岂能为正？

所以，无论是否接受孔子对此卦的解读。我们都应当说：大矣哉，孔圣之教！

当然在笔者的解读中，"险而止"也具有重要的意义。风地观对应的阴柔逐渐升进至四位，紧逼九五之位的情景，可谓危在旦夕。此时九五下至二位，入观卦的下卦坤而领之，坤为众、为民，因此观之九五，变蒙之九二，有化险为夷之象，因此九二虽入坎卦，断语却是吉，只是应当将"险而止"，改为"止其险"而已。

事实上，这种事情，今天的人们透过媒体每天都能看到——世界各地，只要发生重大的灾害，其国家的领导人，都要身临险境。其目的就是要稳定民心，防止小灾演变成大乱。

象曰：山下出泉，蒙。君子以果行育德。

【译文】蒙有山下涌出泉水之象。君子观此象应当，通过果敢的行为，来培育自己的德性。

【解读】山下出泉，水流迟缓，去势不明，因此有蒙昧不明之象。但是水的特性是外在柔弱，内则果决，即便是出于山下，无山势可依，也终将会奔流而去。因此君子应当学习水的这种特性，以果敢的行为，来培育和实践自己的德性。此处的德——德性，是指人的特质、天赋等。事实上，任何一个所谓的成功人士，除了一些必要的运气之外，都具备两种行为特征，一种是懂得舍弃；另一种是懂得坚守。舍弃的是外来的羁绊，坚守的是自身的天性。

初六，发蒙，利用刑人，用说桎梏，以往，吝。

【译文】在蒙初发之际，适宜通过树立典范规范其行为，如果使之摆脱了束缚，继续发展下去，则会有吝难。

象曰：利用刑人，以正法也。

【译文】"利用刑人"就是以此来端正法度的意思。

【解读】菟丝子的种子在成熟后，会落入土中经过休眠越冬，因此田地一旦被菟丝子侵入后，会连续数年均遭其危害。在温度较高，湿度较大的地区，菟丝子的枝条还会缠绕在植物上过冬，在来年的春季重新开始生长。初六的"发蒙"应当就是远古的人们，对蒙——菟丝子这种植物，连年纠缠的直观感受。

"利用刑人，用说桎梏，以往，吝。"如果就治理蒙灾的本意而言，"刑人"应当取加刑于人之意，即进行革除的意思。因为蒙的种子在第二年春天陆续发芽之后，遇宿主后缠绕危害，若无宿主，在适宜条件下，可独立生活达一个半月之久。如果在此时加以革除，不仅会使农作物在当年免于蒙灾，而且还可以结束其多年的纠缠。否则"用说桎梏"——一旦摆脱了束缚，发展下去——"以往"，就会迅速蔓延开来，虽然仍旧可以进行治理，却也已经难度增加，进入了吝境。

在经过后人的内涵拓展之后，"刑人"就应当取"型人"之意，即刑通型，为规范人们的行为，树立楷模的意思。也即象辞所说的"正法"。下卦坎为水，水象平整，所以坎又有象征法律公平之意。初六为坎之初，因此有端正法制之意，也是顺理成章的。

北宋王安石对此一爻的解读比较精辟：不辨之于早，不惩之于小，则蒙之难极矣。当蒙之初，不能正法以惩其小，而"用说桎梏"，纵之以往，则吝道也。

初六是蒙卦的六爻中，爻辞与教育相关度最高的一爻，甚至可以说是唯一适用于教育的一爻。但其反应出来的，注重细节，强调约束的教育观点，却是非常深刻的。尤其是与所谓注重个性自由的现行教育观点，存在明显的差异。在笔者看来，后者不过是以还童蒙以自由之名，行不负责任，或者不知如何负责任之实。

但是如果用教育的观点来解读此爻，对"用说桎梏"的理解就会产生歧义——既可以按照上述"一旦摆脱了束缚"来理解，也可以按照"用以摆脱束缚"来理解。之所以会产生这种歧义，原因正是因为其出发点的偏差。

九二，包蒙吉，纳妇吉，子克家。

【译文】能包揽蒙民，吉祥。能娶纳妇人，吉祥。儿子能够担当家业。

象曰：子克家，刚柔接也。

【译文】"子克家"的卦象依据是，刚与柔交接。

【解读】笔者认为九二"包蒙"的包最初应当写作"苞"，为草木发芽繁盛之意。因为九二为阳，在卦中为菱蒿之象，互震又有动而上升之象，而蒙也正是从此处开始，向上缠绕的。但是在经过后人在内涵上的拓展之后，"苞"字的本意已经不如"包"——包容、包纳更为贴切。所以"苞"也就逐渐地被"包"所替代。

九二自观之九五而来"包蒙"，从卦象的直观感受来看，应当是与上九共同，将三、四、五三个阴爻形成的互坤，包裹其中。坤为众、为民，因此有刚包柔，君包民之象。但是在卦中一切阴柔之爻都为蒙，都象征着蒙昧无知的民，因此如果仅仅包了三、四、五三爻，即使可称为"吉"，但仍不为美。因为尚有初六，这个蒙昧之初、最为蒙昧的小民游离于外。所以爻辞又补充了一句"纳妇吉"，"纳"与"包"不同，其本意是丝被水浸湿。反之就是水被丝所吸纳。因此"纳"有将外部的事物吸纳进来的意思。这就解决了初六游离于外的问题。

至此，九二通过与上九合作实现的"包"，和自己的"纳"，将全部的阴爻——蒙置于了控制之下，可谓天下大吉。因此爻辞中反复地用了两个"吉"。

"子克家"的"子"应当取象于九二所处的互卦震。"克"是胜任之意。合起来就是：儿子能够肩负其家庭的责任。这应当是对九二的一个评价。由此也可以感知到，卦中的两个阳爻之间的父子关系，结合屯卦中两个阳爻的关系，可以断定这种感知的正确性。

六三，勿用取女，见金夫，不有躬，无攸利。

【译文】不能娶这个女人，（她）见到有钱的男性，就不能守身，（娶她）没有什么益处。

象曰：勿用取女，行不顺也。

【译文】"勿用取女"的原因是，其行为不顺。

【解读】"勿用取女"中的女，其本意应当是蒙的别称王女、女萝的女，"勿用取女"就是在强调对菟丝子这种有害的植物，不要心存任何侥幸，应当坚决除去。只是在后人将爻辞拓展了之后，才变成了指男女的女，是顺九二的"纳妇吉"而来的。因为，九二同时与初六、六三两个阴爻亲比，都存在形成婚媾的可能，因此，在爻辞中特意加以明确。

所谓"金夫"就是指九二，六三为女，见"金夫"就依附其上，不能保持自身的贞洁，躬指身体，这种女人当然不能娶，娶之也没有任何好处——"无攸利"。

象辞说"勿用取女"的原因是"行不顺"。表现在卦象上就是乘刚——六三以阴柔之爻，位于九二阳刚之上，不符合《周易》强调的尊卑、贵贱关系，因此其行为不顺。

六三是蒙卦六爻中，唯一不包含蒙字的，因此显得极为突兀，想来作者是要借此来突出"勿用取女"的重要性，借此来引导读者去思考，隐藏于背后更重要的内涵。

三位对应的是公卿之位，在后世看来公卿乃是高官显贵，但在家天下的上古时代，所谓公卿，尤其是那些没有自己的部落的公卿，不过是具体的工作人员，甚至就是王的家臣，其地位与后世的底层官吏相若。自古以来，底层/地方官吏，往往都是君王与民众之间，部落与部落之间，国家与国家之间矛盾的制造者、激化者——在中国的史书中，关于边吏无良导致战乱的记载俯拾皆是。赤贫出身的明朝开国皇帝朱元璋，更是因为对底层官吏的丑恶有切肤之痛，而责令明朝的官员，无事不得擅入乡村，搅扰百姓。因为，这些人的一个基本特征就是对上奴颜卑色，极尽攀附谄媚之能事，对下则肆意盘剥压榨，既无视民之生死，也不顾国之得失，所为者只有一己之私。

因此，在讲述君王应当使民众攀附自身之上的蒙卦中，六三则在提醒君王，应当对底层官员的依附，保持足够的警醒。

六四，困蒙，吝。

【译文】困住的蒙昧之人，（这种行为）属于吝道。

象曰：困蒙之吝，独远实也。

【译文】受困蒙民的吝难，是因为其独自远离阳刚造成的。

【解读】对六四的理解，关键在于确定"困蒙"的主语是谁——是阳爻困于蒙？还是六四（蒙）自己处于困顿之中？还是阳爻设法困住六四（蒙）？

象辞说"困蒙之吝，独远实也"，可以看出孔子选择的是第二种——六四（蒙）自己处于困顿之中，因为从卦象上看，四个阴爻中，只有六四不与阳爻亲比，有"独远实"之象，也就是说"独远实"的主语是六四。由此可以推知"困蒙"的主语也应当是六四。总之，是说：六四因为自身蒙昧又"独远实"，而陷于困顿之中，遭受了"困蒙之吝"。

这种解读方式，给人造成的印象是，六四的困与吝，都是其咎由自取的结果。这就造成了六四以及后面的六五，在逻辑关系上的脱节——其他四爻都是站在阳刚的角度，来评断吉凶，谋划行动。六四、六五则是站在阴柔的角度。

笔者认为，这是由于后世作者在拓展爻辞内涵时，产生了误解而导致的逻辑混乱。为此不妨从残留在卦中的蛛丝马迹，来尝试厘清其中的关系。

首先，初六的爻辞曾说："用说桎梏，以往，吝"。初六位于下卦，六四则升入上卦，摆脱了九二的影响，岂不正是"用说桎梏"之象？

其次，六四为互卦坤之中，坤为众，六四也应当具有众的特性，从卦象看也正是，阳爻——莪蒿，被以六四为代表的，众多的阴爻——蒙所缠绕，处于吝难之中。

因此，笔者认为在原始的蒙卦中，六四所描写的是蒙灾严重时的景象，其中的"吝"也不是六四之"吝"，而是阳爻受困于蒙的"临"。

遗憾的是，后世作者在拓展蒙卦的内涵时，仅仅是想通过上下文的语义转变，来调整其爻辞的含义，而没有直接对其爻辞本身进行修改，才造成了上述在逻辑上的混乱。

笔者认为，六四之"困"是阳爻施加给它的处境。因为在观卦中，六四上承九五，并不存在"独远实"的问题。六四"独远实"是九五下至二位，去完成"包蒙""纳妇"的使命，而造成的结果。可以说是，两个阳爻"刻意"陷六四于困境之中。从卦象上看，六四位于正反艮之中，正是向上求上九遇阻，向下求九二也遇阻之象。

阳刚何以必置六四于困境而后快? 因为六四所对应的是诸侯之位，在部落联盟时代，一个蒙昧不明的诸侯，对天下的威胁不可估量——六四位于互震之极，下临坎险，正有携险而来之势。如果不设法将其困住，则天下危矣。此种行为虽然不够光明——"吝"，但却可换来天下之吉。

因此，六四的爻辞经过拓展后，所要表达的是: 要设法困住蒙昧不明又躁动不安的六四，但这种行为本身并不光明，甚至留有隐患。

六五, 童蒙, 吉。

【译文】剪除蒙昧的影响, 吉祥。

象曰: 童蒙之吉, 顺以巽也。

【译文】剪除蒙昧影响的吉祥，是因为其因为进入而变得顺服。

【解读】"童"在此处应当被理解为头部光秃，植物无枝干或无果实。因为如果蒙在植物的"头"部是光秃的，就意味着植物尚没有被完全包裹，还可以进行光合作用，还能活下去，这当然可称之为吉。如果是指蒙自身没有果实，就意味连年的蒙灾即将终结了，当然就是更吉了。

但是，不能因为其身处君位（五位），而认为六五是君王之象，因为在蒙卦中，是以刚柔来区分君臣的。在君位而不为君，则应当是王后之象。六五位于互坤之上，坤为母，因此有王后之象。而且从其与两个阳爻的关系来看，也符合王后的身份——上承上九，下应九二。

创易时代，就是母系氏族社会向父系氏族社会转变的时代，其间母系应当在政治中保有相当大的影响力，而这显然是正在崛起的父系不愿意接受，逐渐不能容忍的。所以，"童蒙"，就是要"童"六五之"蒙"——剪除王后在政治上的枝蔓和影响，这样才能吉。

孔子作为下大夫之后，估计已经久已不务除蒙之务了，因此不解"童蒙"之意也是可以理解的。说六五"顺以巽"，应当是取象于卦变以，即六五自下而上进入上卦，又上承上九阳刚，有入（巽）而顺之象。如果将卦象展开为十二画卦，则巽象清晰可见。

上九，击蒙，不利为寇，利御寇。

【译文】击打（防范）蒙昧之人，不利于使用武力，有利于预防出现匪寇。

象曰: 利用御寇, 上下顺也。

【译文】有利于预防出现匪寇的原因是，上下顺畅。

【解读】上九"击蒙"仍旧来自于蒙这种植物的特性，作为一种寄生植物，如果将其枝条随意地扔到其他草木之上，它就会在那里迅速地继续生长蔓延开来。因此在治蒙时，必须将残留在枝头的蒙，也击打下来，否则就无法彻底根除。

"不利为寇，利御寇"应当是后人在观象之后，拓展出来的内容，因此需要从卦象上探索其意义。

上卦艮为手，下卦坎为弓，中间二至上形成一个大的离卦，离为箭矢，因为全卦自上而下，有弯弓搭箭、持满待发之象。但是其所指的对象，不是向外，而是向内，是位于初位的小民初六。

因为，此卦为蒙，经过后人的拓展之后，蒙已由其本意，拓展为了蒙昧之意。蒙昧之世必由蒙昧之人造就，无论起因为何，都只有当位于底层小民，陷入蒙昧之中时，才能称之为蒙昧之世。否则如果只有三两个大臣，贪赃枉法为非作歹，充其量也只能称之为奸臣当道而已。所以，在蒙昧之世中初六虽小，但却是国家最大的隐患。因为他们就是妖言惑众里面的那个众，正因为其蒙昧无知，需要依附于他人为生，所以才容易被"妖言"所惑。同样的原因，还会导致其一旦被惑，则会深陷其中无法自拔。最终当其"众"的特性发挥出来之时，则将酿成不可收拾的大祸。因此，蒙卦卦象的"阻其险"，要阻的就是初六小民被惑之险。也就是说，国家之险往往来自于小民之乱，小民之乱则源于其自身的蒙昧，所以在蒙昧之世，需要张弓持满，以待其变。

至此，"不利为寇，利御寇"就可以解读为一句国人耳熟能详的话了——攘外必先安内。

需——伐交得和

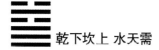

乾下坎上 水天需

需这一卦，自古以来的解读相对简洁而一致，概而言之，就是以象辞中的"需，须也"和"险在前也"两句为基础，作出的一个不要急于求成，要善于等待的基本解读。（将需字解读为等待）

笔者认为，这种解释方法是错误的。因为在爻辞中一共出现了三个关键性的动词，一是从初爻至五爻都有的"需"，另两个动词分别是"出"和"入"，分别出现在四、上两个阴爻的爻辞中。说明在这一卦中存在两个行为主体，一个进行着"需"的动作，另一个进行着"出"和"入"的动作（详见爻辞的解读）。因此不能单独地强调等待，因为这是单方面的行为，实际上是忽略了另一个行为主体的存在。

事实上，这一卦讲述的是两个部落或国家之间的外交问题。其中阴、阳各代表一个部落，阳采取的步步进逼的策略，阴采取的退守反击的策略。大致情形如下图：

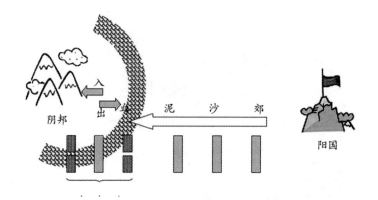

导致前人不能作出上述想象的原因有两个：

一是没有充分地体认到阴下阳上的意义，因此即便有"卦变"派的学者认识到，这一卦是大壮卦经过九四上，六五下的变化而来，却仍旧不能看清阴阳互动的本质。

二是受孔子的象辞以及九五爻辞"需于酒食"的影响，将目光集中等待、宴乐，甚至养育等概念。归根到底，则是受到卦名"需"这个字含义的影响。

关于"阴下阳上"的问题，已经在坤卦的解读中，有详尽的阐释，此处不再赘言。这里想就"需"字，作一些探讨和推测，首先关注以下事实：

■ 民国易学大师尚秉和，在其《周易尚氏学》中说，需卦在《归藏易》中叫作"溽"（rú）卦，后来因为读音相同，而被误写成了"濡"，最终在《周易》中变为了"需"。这说明，自古以来，关于"需"这个卦名，就有不同观点。或者说"需"是经过了一番演变而来的。

■ 存在另外一个与"需"字体相近的字——壖（ruán），本义为余地、隙地，引申为宫殿的外墙。这个字在古代同"堧"。

■ "堧"去掉"土"字之后形成的"耎"，有（ruǎn）同软和（nuò）同懦，两个读音。

■ "需"字也有另外两个不同的读音，分别是（nuò），同懦，和（ruǎn），意为柔软。

■ "耎"和"需"的篆体写法，非常相似——

耎　　　　　　　需

综合上述，笔者认为，现在的这个卦名"需"，很可能就是"耎"的误写，而"耎"在当初又是"堧"的省略写法。因此卦名的含义不应当是等待，而应当是"宫殿的外墙"，进而引申为边界、建立边界等等。

这样，卦辞、爻辞的含义就豁然开朗！

需　有孚，光亨，贞吉，利涉大川

【译文】有信诚，能实现广大亨道，坚守正固则吉祥，有利于涉越大川。

【解读】需卦的卦辞和爻辞结合得非常紧密，前人曾说，卦辞完全是针对九五而言的，虽然有所过，但大致不错。因为，虽然"需"卦的总体态势是阳进阴退，为《周易》所推崇，但是其内涵毕竟是关于两个部落之间的外交乃至战争问题。因此必定有特殊的原因，才能使卦辞中满是正面的褒奖之意。

这个条件就是"有孚"，"孚"是孚信、诚信的意思。"有孚"是《周易》中经常用到的一个词汇，在象上表现为，阴阳爻彼此亲近交错。在需卦中，九五上下都是阴爻，是典型的"有孚"之象。同时，九五有居中得正，因此不仅是"有孚"，而且还是孚之大者。

看来，至少在创制需卦的时候，中国先民们就已经知道了诚信、真诚等概念，是在外交乃至战争中，取得良好结果的关键所在。只有"有孚"才能够实现"光亨"——光明亨通，或者广大亨通。

"贞吉"既可以是九五有孚、中正的延续——正因为有孚、中正，所以才能"贞吉"。否则无孚、不中、不正，也就无所谓"贞"，即便得吉也不是"贞吉"。同时可以视为是卦辞语义的深化，即只有"贞"，或者因为"贞"才能得"吉"，进而"利涉大川"。

关于"大川"大部分解易者，将其视为是"坎"卦之象。因而形成，乾卦健进在下，虽然前面有"坎"卦——"大川"形成的艰险，终究可以逾越的解读。

这种解读方法是可以接受的，但因为"利涉大川"也是在《周易》中，经常出现的一个短句，因此有必要稍加探讨。前人曾经对此作过统计：卦/爻辞中的"利涉大川"，总是与乾、坤、坎、巽有关，即取象于乾、坤、坎、巽；卦/爻辞中出现"不利涉大川"时，对应的都是坎卦。这就是说，"利涉大川"的重点不在于

"大川"造成的险阻，而在于涉过险阻之后的广阔天地；只有在"不利涉大川"时，才是用"大川"来提醒人们前途的艰险。

这主要是因为，远古人类大多依山傍水而居，"大川"既是他们生存的依靠、天然的屏障，也是阻断他们与更广阔的世界联系的天堑。因此，如果能够成功地涉过大川，就意味着生存空间的拓展，即所谓"致远以利天下"。当然跨过自己眼前的"大川"，迈向甚至跨过另一条"大川"的过程，往往就意味着对其他部落、国家疆域的"入侵"，形成原始的外交纠纷乃至战争。

虽然战争、部落之间的吞并、融合，对于失败一方的当事人来说，是一场灾难。但是，必须承认，人类的进步，至少是早期的进步，正是在这种通过战争完成的部落融合中实现的。两个文明程度相当，各自拥有不同技能的部落之间的融合，是如此；拥有先进文明的部落，对落后部落的吞并，也是如此。

只不过，需卦所宣扬的阳进阴退，是建立在"有孚"——九五更加高超的外交和战争技巧上的，与野蛮的征服式融合，有着本质性的区别。

彖曰：需，须也，险在前也。刚健而不陷，其义不困穷矣。需，有孚，光亨，贞吉，位乎天位，以中正也。利涉大川，往有功也。

【译文】需是等待的意思，因为有险阻在前。自身刚健却不沉溺其中，在道理上应当不至于落入穷困之境。需卦能够有信诚，广大亨通，通过坚持正固而获吉，是因为其既位于天位，又能保持中正。"利涉大川",是前往就会有功绩的意思。

【解读】彖辞的前半部分:"需,须也,险在前也。刚健而不陷,其义不困穷矣。"是在解释"需"字的含义,和"需"卦的内涵。"陷"是沉溺、坠入的意思,"刚健而不陷"是针对阳爻而言,下卦乾有刚健之德,但是能够"需"——等待,也就是不沉溺于刚健,因此使自己不至于落于"困穷"的境地。即所谓,不是不能进,而是能不进。

后半部分:"需,有孚,光亨,贞吉,位乎天位,以中正也。利涉大川,往有功也。"是解释卦辞。"位乎天位,以中正也"说的是九五阳居阳位,居中得正,又在五位的状况。说明,需卦之所以能够"有孚,光亨,贞吉",都是得益于九五的特殊状态。"往有功也",是解释"利涉大川"的意义的。也有推崇"卦变"的学者认为,这就是大壮九四升进的证据。

以上,是孔子所作的彖辞,整体地反映了他对"需"的认识。其中的"不陷"不知取象于何处,但是如果要将"需",乃至需卦解读为等待,此二字实为关键之所在。

因此,笔者认为,即便"需"并不是"嬬"的衍误,也不应当解读为等待,而应当进一步将其引申为停留。

象曰: 云上于天, 需。君子以饮食宴乐。

【译文】需卦有云升到天上之象。君子观此象应当学会以宴饮娱乐的方式,泰然等待。

【解读】"云上于天"是对上下卦组合的描述,坎本来有水之象，但因为位于乾卦——天之上，因此只能称云。云在天上，是阴而未雨之象，此时不宜出门行动，需要等待，等待形势的明朗——真的下雨，还是由阴变晴。需的本意就是因雨而止的意思。

孔子讲需卦解读为等待，并不仅仅是因为"需"字有等待的意思，而且也因为等待确实是一项非常人所能具备的修养。绝大多数人遇事惶恐、躁动，食不甘味寝不安枕，最终往往因为不能恰当地等待，变吉为凶。真正能作到安于"饮食宴乐"的，可谓凤毛麟角。因此当见九五有"需于酒食"一句时，必定深有感触，而更加坚信"需"卦所言，就是等待之意。

初九，需于郊，利用恒，无咎。

【译文】停留于郊野，有利于保持恒久，没有咎害。

象曰：需于郊，不犯难而行也。利用恒，无咎，未失常也。

【译文】等待于郊野，是不犯难而强行的意思。有利于保持恒久，而且没有咎害，是因为没有失于常理。

【解读】今天"郊"是指靠近城市的区域，在远古时代，由于人们往往是聚落而居的，因此一个城市，或者说一个原始的村落，就可能是一个国家，例如古希腊乃至中世纪的欧洲仍旧存在的城邦。"郊"对他们来说的意义，就是除了中心区域——城市之外，势力所及的极限。"郊"之外为野，原则上就超出了国家/城市的控制范围。因此"郊"边界，就类似于现在国家的边界。

"需于郊"就是停留在，或者将自己的边界建立在，对方的"郊"界之上。这是两个国家正常的边境关系，因此"利用恒"，即有利于/能够恒久。"用"在这里，应当被解读为介词"于"。

耐人寻味的是"无咎"这个断语。表面看来，"利用恒，无咎"是顺理成章的事情。"无咎"虽然是没有过错，但也没有任何功绩成就。因此以之为断语，实际上是在对"需于郊"这种行为，给予一定程度上的肯定的同时，也作出隐含的否定。即这是一种虽无过但也无功的策略。

静态地看，初九"需于郊"是一种可以选择的外交策略。如果动态地看，是因为它处于"潜龙勿用"之地，处于自身的势力尚且弱小的状态之下，因此不宜于一味地冒险进迫。这样虽然无功，但也能因为保证自身的恒久，而无咎。但是初九是阳爻，一则动是其本性，二来虽然上卦为坎险，但有六四正应，应当说虽有艰险，但仍有一定的动的条件，因此其在不动而无咎的同时，也难免有无功之过。

比之于人事，保持两个国家的和睦关系，固然是正当的。但是，尽管可以用各种冠冕堂皇的词汇，来赞美这种和睦、和平，促成和平的本质却是对失败的恐惧，即如今天，保证和平的根本，正是人人唾弃的核威慑。换言之，和平不过是经过了一番近似市侩的思考之后，作出的一种妥协，其中既有理智又有怯懦。如果将其中的怯懦换成高尚，或勇气，得出的结论就应当是：用更先进的文明，去取代那些落后的文明。但这种想法在现实中是不可能实现的,因为没有一个绝对公认的标准,来衡量先进与落后,因此在现实中这种观念,往往就是战争的根源,持有这种观念的人,也往往会是战争狂人。但这并不能完全否定其合理性,更不能阻止其出现在卦象之中。因为,卦象反映的是理想的状态,是原则性的问题——阳就是可以代表绝对的先进,阴就是对应于绝对的落后。理想与现实之间的尺度,就隐藏在"无咎"这一在肯定的背后,暗含着否定的断语之中,需要人们自己来把握。

象辞中的解说基本上是正确的,语义上也较之外交问题,有所拓展。只是其基本思想是"等待",因此指向是不同的,这种差异将在九三以后趋于明显。

"不犯难而行"即指不贸然行动,但是其目的不是保持双方的和睦,而是在"等待"时机,因此表面意义相近,内部指向则有差别。

"未失常"的"常",与坤卦象辞"先迷失道,后顺得常"中的"常",意义相近,都是常道、常理之意。"未失常"就是未失常理、常道的意思。就此,可以将初九乃至需卦的含义适度拓展。

在需卦的原始意义中,阴与阳代表的是两个不同的部落,卦象反映出的阳进阴退,揭示的是部落之间的外交关系。如果将阴与阳代表的对象进行适度的拓展,它们就可以代表任何彼此对立、此消彼长的两股势力。在朝堂上可以是不同的派别、政党、集团,在人群中可以是君子小人,在精神层面可以是正与邪等等,这样初九的意义就陡然深刻起来。

因为，在普通人的心中，通常会简单地认为，正义理所当然地会战胜邪恶，也理所当然地应当去战胜邪恶，然而现实往往并非如此。在现实中，正邪之争的结果，往往既不是正战胜邪，也不是邪压倒正，而是正邪的界限被模糊了，破坏了，导致人们不再知道何为正、何为邪！即失去了常理、常道的准确定义！因为，一旦争斗发生，人们关注的焦点，就会从正邪本身，转向胜负问题。

因此在没有确凿的把握的前提下，"需于郊"是对维护常理、常道最有效的手段。但是只有阴阳双方如果都懂得"需于郊"，不失常的道理时，才能够真正"利用恒"，仅仅是单方面的"需于郊"，通常是不够的。只是需卦中是阳进阴退，因此只要处于主动地位的初九"需于郊"，就可以"利用恒"。

九二，需于沙，小有言，终吉。

【译文】停留于水边，（对方）稍微会有怨言，最终却能吉祥。

象曰：需于沙，衍在中也。虽小有言，以吉终也。

【译文】能够在水边等待，是因为其内心宽广。（所以）即使小有怨言，也会以吉而终。

【解读】《说文解字》上说，水少见沙。说明"沙"是指靠近水边的区域。在卦象上，上坎为水，九二接近上坎，因而为沙。在现实中，人类早期是依山傍水而居，现代考古证明，至少七八千年以前，就有文明较为先进的部落，开始在聚落周围挖掘壕沟，引入河水，形成类似后世的护城河的环绕水流。无论是哪一种情形，水在先民的居住环境中，都起着界限的作用。因此，"需于沙"——驻留在，或者将自己的疆界设定在对方的水边，就是阳爻开始升进，阳国开始进迫阴邦的征象。

"小有言"从象上看，二、三、四爻构成互卦兑，兑为口、为言。九二位于互兑之初，因此是小有言。在现实中，环绕一个部落的水流，是其疆界的底线，抵近这里设置自己的"外墙"，或者驻留在这里，必然会引发对方的不满，进而形成争执。但是毕竟水流以内才是对方的聚落所在，而且在水少的时候，沙是在水流以外的。因此最终仍旧相安无事——"终吉"。

这里需要注意的是断语的变化——从初九到九二，随着阳爻的行为从守常变为进迫，断辞也从"无咎"变成了"终吉"，可见创易者在原则上，是赞成这种进迫的。

象辞说，"需于沙"，就是"衍在中"的意思，是在强调九二居中的爻位。"衍"的本意是河川归海的样子。在这里引申为浩荡、宽绰。说明九二之所以能够"需于沙"，是因为它以刚居柔内心宽广，虽有健进之才，却能守于现状，从容以待。所以，才能虽然小有争议，但仍旧以吉告终。

笔者认为，这其中显然是矛盾的，因为如果九二能够以刚居柔内心宽广，就不会造成"小有言"的结果了。所以九二的刚居柔位，说明的是进迫尺度的把握。即，既取得了现有条件下的最大利益，又不突破对方的底线，引发战争。所以只是"小有言"。而"终吉"则是对在"小有言"过去之后,自身已经"需于沙"——占有既得利益的事实,作出的评断。这种事情在外交上经常出现:一番口头争论之后,真正的"吉",永远属于拥有既得利益的一方。

九三,需于泥,致寇至。

【译文】停留于水中的泥土上,招致兵寇到来。

象曰:需于泥,灾在外也。自我致寇,敬慎不败也。

【译文】停留于水中的泥土上,是灾祸自外而来的意思。自己招致贼寇,只要懂得敬畏谨慎就不致败落。

【解读】"泥"的本意是泥水,即泥水混合物。显然"泥"比"沙"更进一步,在此设置自己的"外墙",或者驻留于此,都已经彻底地突破了对方的底线,必然会招致战争。

从象上看,九二"需于沙",九三比九二更进一步,更加接近上坎,因此"需于泥"。九二与上坎的联系是,与其初爻即六四共同形成互卦兑,因此说是"小有言"。九三与上坎的联系是,与其初、二两爻,即六四、九五构成互卦离。离为附丽,有招引牵连之意;离又为箭矢,有争战之意;同时上坎本身又有盗寇之象,所以说"致寇至"。

这个"寇"显然是站在崇阳抑阴的角度上说的。但同时似乎也隐藏着另外一种含义,即迫使阴爻——阴邦先发起进攻,进而使之成为破坏和平的"寇"的角色。这种猜测虽然在象上没有依据，但却符合中国自古以来，既强调的师出有名，而且应当是正义之名的政治审美观。

象辞说"需于泥，灾在外也"，是强调上坎的灾害之象，勉强可以接受。"自我致寇，敬慎不败也。"不知从何而来，因为"自我致寇"是卦象上的客观事实，但是寇已至，战将开，仅靠"敬慎"就能"不败"？这种思想倒颇似晚清的情形：

起初，西洋人对中国仍旧充满了敬畏，因此在中西交流中，中国始终保持着压迫性的态势，不仅对其使节不甚礼遇，即使在往来的国书中，也言必蛮夷，最终导致"寇至"，可谓"自我致寇"。众所周知，此后满清表现得颇为"敬慎"，非但满清，民国以后的愤青们也颇为"敬慎"，结果如何呢？真的不败了吗？

六四，需于血，出自穴。

【译文】停留于血泊之中，从巢穴中出来。

象曰：需于血，顺以听也。

【译文】等待于血缘关系之中，恭顺地听从。

【解读】需卦的六四与九五是最难以理解的，因为郊、沙、泥都是可以立足的陆地，所以无论将"需"解读为等待，还是滞留，还是构筑边界，都是说得通的。而六四是"需于血"，九五是"需于酒食"，如何在"血"与"酒食"上等待、滞留、构筑边界呢?

其实并不难理解,《孙膑兵法》中有一句话叫作:"战胜而强立",意思是说:通过战争的胜利来增强国家的稳定。

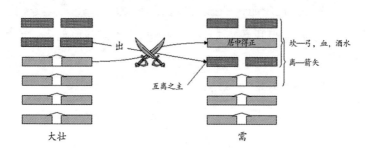

此处的"血",从象上看是指六四已经进入上卦坎,坎又称血卦。同时,六四又是互卦离的卦主,也有争战之象。因此在现实中,应当象征着部落间的流血战争,这是由九三"需于泥,致寇至"的必然结果。所以"需于血",就是驻留在战争中,将疆界建立在战胜上的意思。

所不同的是,六四针对的是阴爻而言,反映的是阴爻在阳爻的逼迫下,出而迎战,所以说"出自穴"。

象辞中的"顺以听也",是说六四顺从于上下两个阳爻。大概是把"血"直接理解为血液、血缘的缘故。

九五,需于酒食,贞吉。

【译文】停留于酒食之中,坚守正固则能吉祥。

象曰:酒食,贞吉,以中正也。

【译文】在酒食中等待,正固即可吉祥,是因为自身居中得正。

【解读】延续六四的解读方式,九五"需于酒食",就是将疆界建立在酒食上的意思。由卦辞可知,九五是需卦的一卦之主,是需卦所要表达的内涵的精髓所在。事实也的确如此,因为这一爻表现了中国人"和"的精神。可以作以下三个层面的解读:

1.战胜而和。

九三"致寇至"的结果就是,六四"出自穴",以致双方都要"需于血"——为疆域而战。正常的结果应当是胜王败寇,按照原始人的习俗,接下来通常就是杀戮俘虏,或者将战败者充作奴隶。但是事情发展到九五(这是动态的观点),却变成了"需于酒食"。"酒食"在这里充当的是代词的角色,因为两国之间,两个部落之间的"酒食",应当意味着一种和睦相容的氛围与行为。

六四"出自穴",显然其背后即为其穴之所在,穴就是古人的居所,如今九五位于六四的背后,可见阳爻经过在四位的争战,已经获胜并进入了阴邦之巢穴。所以此时的"需于酒食",是阳爻主动采取的一种和解的行为。这说明了两个问题:

第一当时的部落冲突,已经从简单的外火绞杀,发展为建立同盟,即以联盟代替兼并的程度。这是符合《易经》创制的时代背景的;第二当时的部落领袖们,至少创易的先圣,已经掌握了相当高的政治技巧。已经懂得了如何综合地运用"交"与"攻",即现代所谓的"胡萝卜"和"大棒"两种手段,来达到征服的目的。

2.以和代战。

上述思想的进一步延伸,就是通过"和"的精神,来消化潜在的战争。这是中原农耕民族与北方游牧民族之间,在外交策略上的一个根本性区别。举例来说,西域众多的城邦国家,始终是中原与北方游牧民族争夺的焦点,汉与匈奴,唐与突厥,无不如此。但是在争取对西域的控制权的过程中,中原主要采用的是以利益诱惑和文化渗透为主、军事压制为辅的策略;以匈奴和突厥为代表的北方游牧民族,则主要采取的是武力压迫的手段。这是除了经济模式以外,导致北方游牧民族,始终无法建立起相对稳定的政权的最重要的原因之一。因为只要其内部稍有异常,那些慑服于他们的武力的其他民族,就会起而反抗……

相比之下,汉民族以和代战的策略,就要成功得多。

3.以和养和。

在以和代战的基础上,再进一步就是以和养和。这在中国历史上更是随处可见,简单地讲就是对归附而来的少数民族,尽最大可能地给予物质上的满足,使之能够安心于中原的生活,不再返回塞外,过劫掠为生的日子。

无论哪一种"和"都需要极高的操作技巧,其中包括了两个方面,一是真诚,二是适度。这在象上,就体现在阳居阳位,居中得正的九五上。也就是卦辞所说的"有孚",和爻辞所说的"贞吉"——正固才能得吉,同时也有利于正固。依此看来,需卦所要表达的原始意义,应当是第一种"和",即战胜而和。

事实上后两种"和",也同样需要高度的技巧,否则就会弄巧成拙。比如宋朝以金钱换和平，结果招致资敌养患的结果，则是过犹不及的表现，而且也反映出宋朝君臣骨子里的胆怯，因此非九五的中正之象。

象辞说"酒食，贞吉，以中正也"，是知其所以然，而不知其然。

上六，入于穴，有不速之客三人来，敬之终吉。

【译文】归于巢穴，有三个不速之客前来，只要心怀敬畏最终就会吉祥。

象曰：不速之客来，敬之终吉。虽不当位，未大失也。

【译文】有不速之客前来，只要敬畏之最终就会吉祥，是因为虽然所处的位置不当，却未有大的过失。

【解读】需卦全卦明显地分为两个部分，下卦三爻完全是在讲述阳爻的进逼与阴爻的关系，或者说是阴爻的反应，都是隐伏的。进入上卦之后，表现的则是阴阳之间由战而和的互动过程：

- 阳，进逼迫战，战而胜之，胜而和之。
- 阴，出而战之，战而被败，败而得和，和而归之。

九五是阳胜而和之，与阴虽败而得和的交汇点，其中以阳——九五为主动，得以显象，阴为从动，因此是隐伏的，不显象。

上六"入于穴"所表现的则是阴邦和而归之,这一环节。但是此时阴与阳的关系已经发生了可见的改变:首先,六四"出自穴"的时候,其穴应当在五位,而此时上六"入于穴",说明其穴已经后退了一位。其次,六四与九五一下一上,完成了阴阳的交融,说明两个部落之间已经融合。但是毕竟阳爻是主动的,阴爻是从动的。所以说"有不速之客三人来,敬之终吉",所谓"三人"就是指下卦的三个阳爻;"不速之客"在今天是一个贬义词,但其原意就是没有被邀请的客人。

三个阳爻会不请自来,而且只要上六尊敬他们,终将会得吉。这既是明确了双方的从属关系,也是对阴爻的温和的警诫。这种辞令,应当算是当时外交语言了。

象辞说"虽不当位,未大失也",是要通过上六的阴居上位的状态,来阐释"敬之终吉"的原因,即上六阴爻本来不应当居上位,但是所谓的上位,其实就是六位,细究起来也是阴位,因此所失不大。作为以卦象为基础的解读,是可以接受的。

讼——运用法治

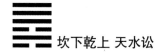

坎下乾上 天水讼

讼卦讲述的是法治的建设和法律的价值问题。

在创制《易经》的时代，先民面对的是一个急速转变的时代，一方面文明初开，人类作为整体正在彻底地摆脱动物性的思维方式，开始向以情感和理性为标志的思维方式转变；另一方面，国家的概念逐渐形成，私有财产、阶级等此前从未出现的，至少没有被充分关注的问题，不断地涌现出来，成为从部落/国家的领导者，到每一个普通成员都必须要面对的问题。简单地说，人类的生存环境、生存方式都在发生着根本性的变化，因此当时的社会，最需要的是建立新的秩序，制定新的规则，以达到长期稳定的目的。这正是法律的基本功能——协调和整合社会关系。

人们创设法律的目的，从宏观上说，就是使人们"服从规则治理的事业"，使个人行为服从社会的整体利益。从微观上说，是使人们懂得运用法律，这种相对温和的手段来解决彼此之间冲突，以避免因为延用动物之间的力量角逐，带来的人员伤亡。关于这个问题，我们可以从美国的西部片中，找到直观的例证。虽然在当时的西部，法律并不健全，甚至一些警察（长）本身就是牛仔出身，但是与快意恩仇的左轮手枪相比，法律仍然是一种值得提倡和依靠，同时也是唯一能够指向美好的手段。

因此，在创易时代，法律是值得推崇的，遇事诉诸法律也是值得倡导的。这一基本观点表现在爻辞中，就是一卦六爻绝大部分都是以"吉""无眚"为断语。由于诉讼是法律运用的外在形式，所以以"讼"为卦名。

但是，讼卦与需卦一样，也是长期遭受误读的一卦。关于讼就是诉讼，就是打官司，这一点是没有疑问的。遗憾的是，后世解易者整齐划一地将诉讼看作是一件不值得提倡的坏事，进而引发出诉讼不可起，即使起也不可长等观点。笔者认为这种观点是不全面的，甚至是错误的。

造成这种谬误的原因在于：

首先解读者与创易者的身份差异，导致思考角度不同。虽然原则上说，二者都是法律的使用者，但是解读者的基本角色仍是普通公民，因此感受到的内容，更多的是法律的约束力；创易者的基本角色是国家的管理者，因此感受到的则是法律约束的效果。所以二者对法律的理解是不同的。

其次是所处的时代背景不同。在创易时代，人类社会还带有很强的原始共产主义的味道，应当在许多事务上，仍旧采用公议制，加神权威慑的形式。因此，被统治者，也就是法律的主要约束对象，相对来说对法律和统治者本身，都持有较高的信服态度，也更加"愿意"接受其约束。

但是随着时代的发展，尤其是进入封建制社会以后，国家迅速被分化成统治阶层和被统治阶层两个群体。由于其划分的主要依据是血缘关系，而非公推公选时代的能力对比关系，因此统治者个人魅力的下降，就是不可避免的事情了。所以，在《易经》中，称君王为圣人，为大人，到了战国时期，则有了"食肉者蔽"的名言。

在人们对创制法律的群体的能力、品德等等，都产生怀疑的背景下，必然对法律本身的合理性产生怀疑，进而对遵守法律的必要性，也会产生怀疑。

亚里士多德曾提出"法治"的两个标准，一是指普遍守法，二是指被遵守的法律应该是良法。也就是说，法律的"好"与"坏"是法律的内在标准之一，是人们是否负有守法义务的根据之一。在既不愿意承担，又无法避免守法的义务时，选择对法律的逃避，就会成为一种社会共识。即尽量不与官府、法律发生关系，而宁愿接受来自民间的调解方式，或者来自道德的约束与自我约束。

但是，将"讼"理解为一件应当极力避免的事情，并以此来解读"讼"卦，不仅会感到矛盾重重，而且还不可避免地要面对这样一个尴尬：对如此"不吉"的一件事情，为什么卦中的断语却是处处见"吉"？

讼　有孚，窒惕。中吉，终凶。利见大人，不利涉大川。

【译文】有信诚，能够阻止忧伤害怕（的情绪）。适度而行则会吉祥，终老穷尽则会凶。有利于大人的出现，不利于涉越大川。

【解读】讼卦是有遯卦经由九三和六二的交换，演变而来的。因此从卦象上，有九二（原九三）领九五之命，下统两个原本燥进不安的阴爻之象。

在卦辞上。讼卦分为三个部分，"有孚，窒惕"是在阐述法律的存在基础和基本功用。"有孚"从象上看，是指与阴爻相接的九二和九四，其中又以九二为主。

所谓"有孚"就是有诚信，诚信显然既是构建法律的基础，也是运用法律的基础。因为法律的本质，就是全体社会成员，在统治者的主导下签署的一份契约。在阶级分化之后，就是被统治者与统治者之间的一份契约。因此，如果制定和执行法律的人，也就是统治者缺乏诚信，那么这份契约就会成为他们压迫被统治者，为自己——统治者谋求私利的工具。法律也会因此失去其自身的价值，也就不再是法律。就仿佛一份无效的合同，也就不再能称之为合同一样。所以九二的"有孚"，是构建起"讼"卦的基础。

"窒惕"是法律的主要功用。其中"窒"是阻塞、不同。"惕"是害怕、忧伤。"窒惕"就是阻止民众中的害怕与忧伤的情绪。无论是上古还是现代，人群中的利益冲突都是不可避免的，如果没有一个有效的，被广泛认可的解决方案，那么那些处于弱势地位的人，就会感到害怕与忧伤。而所谓弱势，在最初可能是肌体力量上的对比，后来则会逐渐转变为社会地位、财富规模的对比。虽然在短时间内，统治者完全可以将这种强弱矛盾置之不理，任其按照自然法则来解决。但就长期而言，害怕与忧伤的情绪，将成为社会的抗凝剂，阻碍国家凝聚力的形成，或明或暗地将国家分化成多个亚群体。这在崇尚以力取胜的游牧民族中，长期地普遍存在着，也成为其无法与农耕民族抗争的主要缺陷之一。反之，在以农耕为主的中原地区，通过彼此之间适当的妥协，在强弱两个群体之间形成整体的协作，更是其经济模式的基本要求。

当然，法律能否真正起到"窒惕"的作用，是以"有孚"作为前提条件的。卦辞说"有孚，窒惕"，也是在说"有孚"才能"窒惕"。反之如果无"孚"，则非但不能"窒惕"，还可能生"惕"。

"中吉，终凶"是在讲如何运用法律的问题，或者说是在阐述运用法律的技巧。在这一点上，历代的解读都是正确的，即"中吉"的"中"是适中、适可而止的意思，在卦象上仍旧是指与阴爻相接的九二和九四，其中又以九二为主。"终凶"的"终"是终极、穷究的意思，还可以进一步引申为乐于、热衷于的意思，在卦象上主要指上九。"中吉，终凶"的意思就是说，对法律的运用要适度，要适可而止，这样才能吉，否则就一事而言，穷极其终，就日常生活而言，热衷于诉讼，结果必然会极为凶险。

对于这个问题的理解，后世的儒者可谓感同身受，因此极为深刻。仿佛是与今天强调，用法律维护自己权益的精神有些许不同。事实上，所谓的不同，仍旧是来自于时代背景的差异之中：

在传统的中国社会中，存在着一种强大的道德力量，而且官方也通过法律的手段，来认可和强化这股力量。最明显的就是所谓的三老制度，以及后来的里甲制度，即在民间以村社为单位，通过公推公选的方式，选出所谓的德高望重之人，充当民众和官方都承认的、非官方的管理者。民间的大部纠纷，都是在这一层面得以解决，其裁决同样具有法律效力，一旦当事人违背裁决，就会转而受到来自官方的制裁。在这一层面进行裁决，好处在于当事人不必受到任何刑罚，进一步降低了冲突的层级。后来，随着这一制度逐渐失去其应有的作用，直至最终彻底消亡，法律就成了唯一的解决方式。

上述是就个人，或者说是针对普通民众而言，如果就国家整体而言，"中吉，终凶"还另有一层更为深刻的意义。那就是统治者适度地使用法律，不仅是缓解统治者和被统治者之间矛盾的有效手段，而且也是降低社会管理成本的有效途径。前者就是所谓的仁政，后者则是上述，将大量法律事务，交由民间通过道德的力量来解决的方式。由于仅仅将"讼"看作是人与人之间的诉讼，所以这一层始终没有得到先儒们的关注。

"利见大人，不利涉大川"是在进一步讲解，法律的建设和推广问题。"利见大人"在象上是指九二和九五，所取的意义近似于乾卦中"利见大人"的意思，即建立正确的社会导向问题。

"不利涉大川"取象于"讼"卦的整体，即乾上坎下，一方面乾的运动方向，是进一步向上，逐渐背离象征大川的坎卦而去；另一方面乾虽刚健，但坎险在下，根基不稳。无论怎样看，都是不利于涉跃险阻之象。当然还有认为"不利涉大川"取象于九二，指九二缺乏正应，而无法脱离坎险的说法。都可以认为可通，因为问题的关键不在于"不利涉大川"取自何象，而在于其取义为何？

笔者认为,不能将"涉大川"视为过度诉讼带来的艰险,而应当与"利见大人"相对应,将"不利涉大川"视为是推广、普及法律的一种方式。即,要通过"见大人"的方式,而不是"涉大川"的方式,来推广和普及法律。因此"涉大川"在这里应当是指一种激进的强制性的手段和方式。

如果与前文相联系,那么"见大人"就对应于"有孚","涉大川"则对应于"窒惕",准确地说是"窒惕"的反面——导致更多的"惕"的产生的根源。

象曰:讼,上刚下险,险而刚,讼。讼,有孚窒惕中吉,刚来而得中也。终凶,讼不可成也。利见大人,尚中正也。不利涉大川,入于渊也。

【译文】讼卦,上卦刚健下卦艰险,遇险而刚强,就叫作讼。讼卦卦辞说,"有孚窒惕中吉",是因为刚健前来而得于中道。"终凶",是说诉讼不可以(追求)成功。"利见大人",是崇尚中正的意思。"不利涉大川",是说涉越将会陷入深渊的意思。

【解读】象辞总体上分为两个部分,即前半部分"讼,上刚下险,险而刚,讼。"通过上下卦的卦德,来解释"讼"。可以看出,仕这里是把"讼"解读为诉讼,而非更进一步的法律。"上刚"是指上卦乾,"下险"是指下卦坎。象辞认为"险而刚"就是导致"讼"的原因,后世的儒者将其进一步解读为,就个人而言的"内险外刚",就双方而言的"己险彼健"等等,总之都是在阐释导致诉讼的原因。

笔者认为，这种解读基本上是正确的，因为没有诱发诉讼的矛盾，就没有构建法律的必要，只是需要进一步地拓展为——险遇刚，即下坎代表的是心怀忧惧、身陷艰险的弱势群体，上乾代表的是身处高位、坐拥权势的强势群体。当二者的利益发生冲突时，最需要法律发挥其应有的效力，来平衡二者之间的力量对比。

后半部分，是在逐句地解读卦辞。

"有孚窒惕中吉，刚来而得中也。"是说造成"有孚窒惕中吉"的原因，"刚来而得中也"证实了讼卦是经由遯卦九三和六二的交换、演变而来的卦变过程。因此"刚来而得中"就是说，九二是自遯的九三退下而来，得以居于中位。

前文已述，这是构成"有孚"的主要原因，此处不再重复。需要指出的是，象辞的这种解读方式，是将"有孚窒惕"，当作了"中吉"的原因，或者说将"有孚窒惕"看作是"中"的等价概念，同为"吉"的原因。这样解读的方式，在一定程度上淡化了"窒惕"的意义，因此为笔者所不取。

"终凶，讼不可成也。"是在解释"终凶"的原因，其中最为可贵的是一个"成"字。因为后世的儒者经常将"终凶"，解释为诉讼不能/应当坚持到最后，不能/应当拖延很长时间等等，与"成"字的内涵相比，狭隘了许多，也不利于爻辞的解读（详见九二、九四的解读）。

因为阴阳之间的力量是不对等的，如果在二者之间发生诉讼，通常是处于强势的阳，更容易取得成功——"成"。即"成"在这里，应当被解读为成功，而不是形成。如果诉讼不能形成，那么弱者的权益如何得以伸张？法律的价值又如何得以体现？只有阳能成、易成，却主动的不成，或者通过法律的平衡，使之在一定程度上"不可成"，才能形成社会的和谐，促成群体利益的最大化。所以，孔子在象辞中用了一个"成"字，将"终凶"的内涵更全面地阐释了出来。显然，要比后儒对卦义理解得更加深刻。

"利见大人，尚中正也。"是在解释为什么"利见大人"，同样"尚"字的运用也比后儒的观点，立意更为高远。因为"尚"有崇尚、推崇的意思，因此其后的"中正"就可以同时指向九二、九五两爻，而不是后儒们所认为的仅仅是指九五一爻。既然九二、九五都是"利见大人"之位，九二又是卦主，是构成"讼"卦的关键，是形成卦辞"有孚"的主要卦象，又得居中位，"尚中正"的对象岂能没有九二？

"不利涉大川，入于渊也"是将"不利涉大川"的原因，解释为"入于渊"。至于谁"入于渊"，既可以是上乾，又可以是九二。后者是以坤卦为渊，坎卦是由阳入坤中而成，因此有九二"入于渊"之象。无论哪种解释，虽然相对来说后一种看似更为合理，但都是将"讼"看作了一场官司，是一种需要摆脱的艰险之事，而不是值得推广的解决矛盾的方法。因此，这一句是不正确的。因为，"不利涉大川"的取象，应当是乾阳无法/不应当下行，取其不能恃强凌弱之义。这样才能与"利见大人"形成呼应。

象曰：天与水违行，讼。君子以做事谋始。

【译文】讼卦有天与水渐行渐远之象。君子观此象，应当懂得做事应当注重最初的谋划。

【解读】"违"是方向相反，逐渐远离之意。象辞说，"天与水违行"是对卦象的直观感受，是正确的。如果认为这便是导致"讼"的原因，那就错了。恰恰相反，"天与水违行"——让两个不同的亚群体，生存在不同的空间之中，是解决天下争讼的最有效方法。

这是一个极为复杂的问题，不在这里详细阐释，简单地说可以将其视为，基于社会分工的群体分离。但是在现实中，这是非常难以实现的，原因在于难以找到一种，能够让所有人都真心信服的划分手段/标准（中国古代的科举，就是这样的一种手段），因此不同群体间的利益冲突，乃至不同个人间的利益冲突，才是无法避免的，最终发展到要诉诸法律的地步。

"君子以做事谋始"是说，要吸取因为"天与水违行"导致诉讼的教训，在行事之初就要理顺相应的关系。由此推知，孔子真正关注的焦点是"违行"，而不是"天与水"。

初六，不永所事，小有言，终吉。

【译文】不再坚持原来的行径，虽然小有微言，最终会吉祥。

象曰：不永所事，讼不可长也。虽小有言，其辨明也。

【译文】"不永所事"是指诉讼不可以长久。虽"小有言"，是说其能明辨情势。

【解读】要理解讼卦及其爻辞的内涵，卦变是必有之路。因为"讼"是解决冲突的手段，并不是产生冲突的根源。引入卦变的思路之后，就会发现造成冲突的根源，其实是在卦变之前的那一卦，即遁卦之中。卦变之后产生讼卦，正是来解决存在于遁卦之中的冲突的。

遁卦四阳在上，二阴在下，是十二消息卦之一，为阴进阳退之象。因此其中隐含着阴与阳的矛盾冲突，而且主要表现为，貌似弱小的阴的一方的强力反弹。将此象放到政治上，则是国家危亡之始，是必须要设法解决的问题。

建立了上述思路之后，再来解读讼卦卦辞，就明晰了许多。如下图所示：

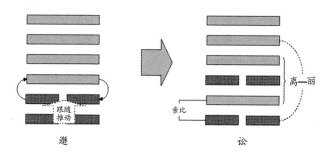

讼卦初六，在之前的遁卦中也是初六，经历卦变之后，其位置虽然没有改变，但所处的情势却发生了根本性的变化——在遁卦中，初六紧随六二之后，既是六二升进的跟随者，又是其升进的推动者。卦变之后，遁九三下到讼九二，不仅分化了两个阴爻，而且与初六形成了亲比关系。二三四三爻形成互卦离，有附丽之象，在九五和初六之间形成了，虽不紧密但却存在的联系。化解了初六继续升进的趋势,及其背后的与九五的矛盾。

因此,"不永所事"就是说,不再坚持继续升进这件会导致阴阳冲突的"事"。而不是像后儒所说的,是指诉讼本身,只是因为初六处于初始之位,诉讼还没有形成,才说"事"不说"讼"。

"小有言",是继续延续其在遁卦中欲随人升进,不甘停顿的态势,因此虽然被九二的亲比关系所阻,仍旧小有微言。"终吉"是针对其在讼卦中,通过九二附丽于九五的情形而言,因为追随于九五,因此最终可以得吉。

象辞说,"不永所事,讼不可长也",很明显是将"事"看作了诉讼本身,这是不正确的。"虽小有言"是虽小有言终吉的省略语,"其辨明也"是说明"终吉"的原因,即能够明辨是非情势等等。这种解释是正确的,因为讼卦可以成立的两个原因就是,九二的"来而得中"和九五的居守"中正"。这些对于居于下位的初六,都是需要明辨的。

九二,不克讼,归而逋,其邑人三百户,无眚。

【译文】不完成争讼,归逃回来。其食邑中的三百户人家,因此没有灾祸。

象曰: 不克讼,归逋窜也。自下讼上,患至掇也。

【译文】不完成诉讼就回归,是逃窜的意思。以臣下讼告上风，必然招致祸患。

【**解读**】九二是讼卦的卦主，是实现由遯变讼的关键所在。对其爻辞的解读也必须与卦变紧密联系。

首先，根据主语的变化将爻辞分为两个部分。第一部分是"不克讼，归而逋（bū）"，主语是九二自身。第二部分是"其邑人三百户，无眚"，主语是"邑人"，"眚"是灾难的意思，灾难由内而生，叫作眚；自外而来，叫作灾。

第一部分，说的就是讼卦九二，由遯卦九三变来的过程。在遯卦中九三首当阴爻之冲，承担着阻止阴爻升进的责任，是阴阳矛盾的焦点所在，因此"有疾厉"。如果阴阳之间因为冲突而产生诉讼，那么遯的九三就是参与诉讼的那个阳爻。

但是，遯九三并没有坚持完成这场诉讼，反而归窜到六二之下，成为讼卦中的九二。这一变化具有于蒙卦九二的"包蒙""纳妇"相似的功效，以一己之退，一己之下，化解了阴阳之间的矛盾。既阻止了阴爻的强势升进，也避免了阳爻的倚强凌弱。通过自己的"有孚"，实现了"窒惕"的目的。

因此，"不克讼"是指遯九三不追求与六二之诉讼的必胜，"归而逋"是指"讼"九二主动由三退到二的行为。

"逋"是逃窜之意。后儒据此，认为九二是在诉讼中失利，逃窜而归。此实乃"小人"之眼光，也正印了爻辞所指。笔者认为这是作爻辞的先圣，借小人之语，显九二之德的反语。因为君子的包容与谦让，往往会被不明事理的小人视为是胆怯与逃避。因此九二为化解阴阳冲突，从位列朝堂的三位主动退至闲居乡野的二位，本来是遯卦中以"身退"保"道存"的精神体现，但在小人眼中, 却变成了归窜。

"其邑人三百户, 无眚"是九二"归窜"的结果, 需要注意的是: 九二以自己的"归窜", 换来的结果不是自己的吉凶, 而是三百户"邑人"的"无眚"。所谓"邑人"就是食邑中的人, 就是从事体力劳动的人, 就是《易经》中的所谓小人, 是阴爻的表象。而且"无眚", 说明免去的是他们自己造成的灾害——他们在遁卦时, 盲目跟随冒进, 而可能造成的对自身的伤害。因此"其邑人三百户, 无眚"一句, 已经十分清楚地说明了, 九二舍己救世的精神, 而那个"逋"字则暗含了对其不为人知的同情。

象辞说"自下讼上, 患至掇(duō)也", 是将九二"逋"的缘由, 认定为是在与九五的诉讼中失利的结果, 完全是一派小民妄自揣度朝廷人事变化的心态, 大错!

六三, 食旧德, 贞厉, 终吉, 或从王事无成。

【译文】仰仗于以往的恩德关系, 坚持正固则有危厉, 最终会吉祥, 如果追随君王的事业, 不能自主造作。

象曰: 食旧德, 从上吉也。

【译文】仰仗于以往的恩德关系, 是指追随上风而得吉。

【解读】六三"食旧德"的"旧", 十分鲜明地说了, 讼卦所经历的卦变过程。因为没有前后变化, 何来新旧之分呢?

所谓"旧德"是指九五而言, 在遁卦中六三为六二, 得九五的正应,可以说六二能够升进、敢于与九三发生冲破,都是因为得到了九五的支持(详见遯卦的解读)。因此无论在遯卦中的阴阳关系如何,九五对六二是有"德"的。由于与九三交换了位置,遯六二变成了讼六三,因此九五在遯卦中给予它的"德",也就变成了"旧德"。"食旧德"说明六三在讼卦之中,仍旧要依靠、仰仗于来自九五的恩惠。

"贞厉"的"贞"是六三之贞,六三来自遯的六二,它的贞就是继续升进、逼迫阳爻,但是经历了卦变之后,它所处的情势已变。在遯卦中下有初六同类之助,上有当位的九五之应,因此可以有恃无恐。但是在讼卦中,九二阻断了它与初六的联系,其上的应爻也变成了无位的上九,使之不仅上下都得不到应援,反而身处乘刚之位。在这种情形下,还要继续坚持它的"贞",必然要遭受危厉。

"终吉"是指其"食旧德"的结果。"或从王事无成"则是解释何以能"终吉"的原因,也就是在讼卦中,六三"食旧德"的方式。从向上看,三四五形成互卦巽,说明六三顺从于九五,而此时的九五居中得正,因此六三只要能顺从于它,自然就可得吉。

从道理上说,"或从王事无成"直接引用坤卦六三的爻辞,说明二者意义相近。坤卦六三代表的是"顺于心"——内心由抵触向顺服的转化。说明六三要"终吉",必须有所转变不能再坚持自己的"贞";同时也说明在从遯到讼的转变中,六三确实也(会)发生了转变。

象辞"食旧德,从上吉也",就是在说六三是因为顺从于上——九五，而得吉的。

九四，不克讼，复即命，渝安贞，吉。

【译文】不完成诉讼，回归到自己的天命，变得安于正固，吉祥。

象曰：复即命，渝安贞，不失也。

【译文】不完成诉讼，回归到自己的天命，变得安于正固，是不失正道的表现。

【解读】九四在遯卦中，因为有九三的阻隔，得以不必面对阴爻的逼迫，因此"好遯"。但是在讼卦中，变成了必须与六三正面接触。在遯卦中，作为六二跟随者的初六，但在讼卦中尚且"小有言"，可见作为由遯卦中阴爻紧逼的主导者的六二，变化而来的六三，其躁动之性应当更甚。从象上看，六三阴居阳位，有才不足但心欲动之象。

六三的燥进，造成九四不得不面对阴阳冲突，进而身陷诉讼的现实。但是与六三不同，九四是阳居阴位，是才有余，而心欲静之象。因此才能"不克讼，复即命"，所谓"复即命"就是回归到自己的天命的意思，显然是有退而不争的意味。

"渝"是变的意思。"渝安贞"是"复即命"的延续和结果，就是变得安于正固的意思。

"吉"，既是指九四因为避免了由诉讼带来的麻烦，自身所得之吉，更是指天下得以得吉。因为阴阳相争，君子小人相争，最终的结果很可能是秩序的破坏、道义的消亡，无论谁胜谁负，整体利益——天下都将受到最大的伤害。这种结果虽然可以归结为，由于阴爻的升进所致，但是其责任却不能由其承担，而且阴爻也不具备相应的能力，所以必须由阳爻来承担。这就是为什么，在讼卦中参与诉讼的两个阳爻，都要"不克讼"的原因。

需要指出一点，讼卦的"讼"来自于遁卦中的阴阳冲突，两个参与诉讼的阳爻——九二、九四的诉讼对象，都是阴爻六三，只是诉讼发生的时间有先后之别，九二与六三的诉讼，发生在遁卦之中，卦变之前；九四与六三的诉讼，发生在讼卦之中，在卦变之后。从象上看，二三四形成互卦离，离有兵戈争斗之象，可见讼卦的矛盾冲突，就集中在此三爻之间。

象辞中的"不失"，应当是指九四不失其正道。

九五，讼元吉。

【译文】诉讼能够大吉。

象曰：讼元吉，以中正也。

【译文】诉讼能够大吉的原因，是九五居中得正。

【解读】九五的居中得正，既是法律公正的象征，也是保证法律能够公平的基础。爻辞说"讼元吉"，实际是在说唯有此时——有九五这样的君主时，讼才能大吉。此处的"讼"，应当同时指向法律和诉讼两件事。关于法律，前文已述。关于诉讼，九五代表最终的仲裁者，只有他是中正的，诉讼才能得到正确的裁决。

象辞"讼元吉，以中正也"，就是此意。

上九，或锡之鞶带，终朝三褫之。

【译文】即使赐予了它朝服，也会在一朝之间被三次褫夺。

象曰：以讼获服，亦不足敬也。

【译文】通过诉讼的手段来获得官位，也不足以获得尊敬。

【解读】上九是另一个不参与诉讼的阳爻，但是它与挑起诉讼的六三，成正应关系，因此也应当是一个热衷于诉讼的角色。

身居高位，说明其诉讼是"成功"的——为自己赢得了显赫的身家，爻辞"或锡之鞶（pán）带"，就是对此的形象描述。鞶带是镶有饰物的带子，是古代朝服的重要组成部分，其颜色、镶嵌物等，都是官爵品级的象征。赐之鞶带，就是赐予官服的意思。

但是这种行为，显然不是创易者所提倡的，而且在现实中也终究不能长久，因此爻辞说"终朝三褫（chǐ）之"，即在一朝之间被三次褫夺。从象上看，上九为"亢龙有悔"，即会因为自己的亢进，而忧悔的位置。其亢进就是违背了"中吉"的，运用法律，进行诉讼的基本原则。一味地依仗于法律，热衷于诉讼，导致了"终凶"的结果。

象辞"以讼获服，亦不足敬也"，是说上九通过诉讼获得官位，也不值得尊敬。事实上已经是委婉之语了。

师——领袖资质

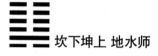

坎下坤上 地水师

师这一卦讲述的是，部落乃至部落联盟首领的选择问题。自古以来，关于国家的管理不外乎两个部分，一是政权的稳定，二是日常的行政。其中稳定性问题，主要表现为权利是否能够在新旧"首领"之间平稳地传递；行政问题则取决于官员的产生方法和实际的工作能力。二者的紧密程度，随着政治的成熟和所要管理的组织（部落/国家）规模的扩大，总体上是逐渐疏远的。即如今天任何一个成熟的国家，都不会因为领导人的更替，而发生动荡，中断日常的行政。甚至即使出现了真正意义上的政权更迭，日常的行政事务，仍旧能够得以维持，或者至少可以在短时间内回复。

但是，在文明初开之际，一方面组织（部落/国家）的规模较小，凭借个人或少数人的力量，就足以对其实施有效的管理；另一方面与实施管理相关的技能，如知识、经验等，都高度集中在少数有天赋，或者有家族传承的人手中。此时，权力高度集中于某个具有"超常能力"的首领一人手中，是最符合公众整体利益的。换言之，当时部落/国家的稳定性和日常行政，都取决于首领一人。其能力的优劣，不仅决定着自己的荣辱，也关系着整个部落/国家的命运。因此，关于如何成就这一关键人物的一些技巧和原则，需要被记录下来，传承下去。这就是师这一卦产生的原因。

通行的观点认为，师这一卦讲述的是如何行军打仗的问题，而笔者却认为是关于部落领袖推选的问题，理由主要有两个方面：

首先，无论是《周易》的原文——卦辞、爻辞，还是孔子所作的彖辞、象辞，都没有提及任何与战争有关的事情。因此后世之人认定，此卦与战争有关的唯一依据，就是他们对"师"字的条件反射。事实上，只要退回到甲骨文时代，就会发现，"师"与军队的关系并不像想象得那么紧密。如图：

自、堆　　　师

在甲古文中，师与自、堆是一个字，中国的学者将其解读为小的山丘，而有日本学者将其解读为人的屁股（旋转90度），认为是指人坐卧休息的地方，因为古时人们坐卧休息的地方，通常都是地势较高的干燥区域，因此实际上也与山丘相近。综合双方的观点，甲骨文的"师"字，就是指有人驻留的小山丘。随着时间的延续，逐渐词义的重心，从山丘，转向了驻留在这里的人，进而变成部落的代名词。这与后世占山为王的绿林，往往以某某山头为自己组织的名号的做法，相类似。

只是，到了小篆的时代，"师"与"𠂤"才出现了分化，这种分化就表现在"师"字增加了一个帀（zā）字，帀是包围的意思。形成了一个山头，或一群人周围设有围栅，或被包围的态势，因此增加了军事色彩，逐渐衍生出后来的军队的含义。因此，如果将"师"解读为军队，那么就等于是说，认定这一卦产生于篆书产生之后。

更重要的是，以将军领兵出征，来解读本卦，与卦象不符，也与象辞不符（详见后叙）。因此不能沿袭先儒将"师"解读为军队的观点，更不能接受先儒将此卦解读为选将出征的观点。因为，以当时的后勤补给条件，像后世这样集结军队，选派将领，然后出征远方的军事行为，应当是极为罕见的。绝大多数的战争是发生在距离较近的部落之间。国家具有侵略性的军事行为，更多地体现为封邦建国，即进行军事殖民——通过向某处派驻一支军队，进而建立一个新的具有联盟关系的城邦，来扩大势力范围。这种通过己方势力的不断蔓延、纠连，将对方逐步围困绞杀的战争方式，极为形象生动地表现在，流传至今的围棋游戏当中。值得一提的是，直到唐朝的时候，围棋的棋子还形如一个个的小山丘。

因此，即便勉强将"师"认定为是指军队，也是指一支殖民性的军队，其最终的目的仍旧是建立一个城邦/部落，之后它所面对的问题，以及与联盟/国家的关系，与其他原生的部落并没有任何区别。

师 贞，丈人，吉无咎。

【译文】正固，有能力的人，吉祥，没有咎害。

【解读】"贞"就是正固的意思。"丈人"是指具有超长的才能、谋略…的领袖型人才，这些都是比较直白的，关键在于"吉无咎"，这个看似矛盾的断语上。要理解这个问题，仍旧必须回到当时的社会背景中去。

《易经》不断完善的时代，正是从部落到联盟，再由联盟逐渐发展为国家的时代。在此过程中，部落领袖的产生办法，和所起的作用都发生着巨大的变化。反映在史籍之中，就是从"禅让"制到世袭制的转变。

虽然经过儒家的粉饰之后，禅让成为了一种理想的君权传承方式，然而只要想到在禅让之前，还存在着的一个完全根据个人的能力、功绩，通过公推公选产生首领的时代。就可以知道所谓禅让，不过是一个带有原始的政治权谋色彩的，从公选到世袭的过渡产品而已。因为与绝对的公选不同，禅让是由在任的国王指定选举的对象，并给予其展示自己的才能的机会之后，进行的公选。显然会有大量的人为因素存在其中。

"吉无咎"，这句自相矛盾的断语，正反映出当初领袖地位竞争的残酷性，以及作为部落领袖的矛盾心理和尴尬地位。

"吉"是针对其部落本身而言的，能够坚守正固，并且有一个堪称"丈人"的领袖，固然可以得吉。"无咎"则是针对其部落及个人，在联盟中的生存状况而言的，作为联盟中的任何一个部落，只有坚守正固，并且有一个堪称"丈人"的领袖之后，才能保证不犯错误，才能"无咎"。

举例来说，大禹治水成功之后，在会稽山举行诸侯大会，即著名的茅山会盟，其间发生了一个重要的插曲，就是防风氏因为迟到而被杀。防风氏生活在今天浙江德清一带，不仅在当地受到各部落的拥戴，而且在大禹治水的过程中居功至伟，甚至有人认为其功劳不在大禹之下。因此为大禹所忌惮，才遭受了这样的命运。

且不说政治斗争的残酷，反映在"师"卦中，防风氏这个领袖，就不符合卦辞中的"丈人"所对应的卦象——九二的标准，九二阳居阴位，既有阳刚之才，又有阴柔之性，因此才能"无咎"。防风氏做不到这一点，有咎是必然的，非但他自己有咎，而且其部落的命运，也是可以想见的。

象曰：师，众也。贞，正也。能以众正，可以王矣。刚中而应，行险而顺。以此毒天下，而民从之，吉又何咎矣。

【译文】师是众的意思。贞是正的意思。能够驾驭民众遵从正道（的人），就可以成为国王了。阳刚居于中位而（与君王）相呼应，行于艰险而懂得顺从，以此来督导天下，而民众跟随它，吉祥又有什么咎害呢？

【解读】"师，众也。贞，正也。能以众正，可以王矣。"是对卦辞的直接解读。

其中"师，众也"已经十分清晰地说明，"师"指的并不是军队。然而后世的儒者，却武断地认为"众"就是兵众的意思，理由则是中国古代是军民一体，寓兵于农的。中国古代采取寓兵于农的政策，这是事实，但却不是全民皆兵的，因此不能认为民"众"就是士"兵"。而且即便是寓兵于农，也是秦汉以后，或者至少是战国以后的事情，在夏商两代，真正有资格参战的，主要是有一定身份的贵族子弟。

"能以众正，可以王矣"一句是笔者认定师卦，不是讲解选将出兵问题的关键。其中"以"是左右的意思，"能以众正"就是能够左右/引领民众坚守正固、沿袭正道的意思。"可以王矣"十分直白，就是可以称王了的意思。这两句在卦象中，指的就是卦中唯一的阳爻九二。

先儒为了将卦辞引向战争、军队，于是将"能以众正"解读为，能够率领军队从事正义的战争，且不说当时的君王、首领们是否会如此地关注战争的正义性，但就后面的一句"可以王矣"就可知，九二决不能是"将军"之象。否则，他就是一个乱臣贼子，而《易经》就成远古君王们自己编撰的，教导自己将军反叛自己的教材。更何况彖辞又是出自极为重视君臣伦常，对臣子僭越极为深恶痛绝的孔子之口呢。因此凭此一句，再结合卦象，就可以彻底否定认为"师"卦讲述的是选将出兵的观点。至于九二对应的部落的领袖，还是天下的君王，可以留待在解读其爻辞时，一并解决。

"刚中而应，行险而顺。以此毒天下，而民从之，吉又何咎矣"，是在解读卦辞中"吉无咎"的断语。如下图所示：

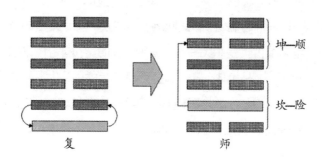

坤—顺

坎—险

复　　　　　师

"刚中而应"描述的是九二阳刚居中，同时又有六五正应的状态；"行险而顺"描述的是上下卦之间的关系，下坎为险，上坤为顺，"行"应当源自于卦变，即师卦经由复卦的初九与六二的交换，演变而来。其间九二从复卦的初九升进而来，有被从民间拔耀而出之象。至于"险"，实际是对首领（君王）这份职业，尤其是其产生过程的真实写照——君王这份工作，虽然拥有无上的荣耀，但同时也是一个绝对的高风险行业，而由民到君王的蜕变过程，更是险中之险。以舜帝为例：

舜被尧从民间选拔出来，经过观察考验之后，被委以各种政务，逐渐从一个平民历练成了一代圣君。但是在其被尧帝相中，并将两个女儿嫁给他，开始了对他的考察之后（尚为进入朝廷），即开始遭到自己的亲父、继母以及同父异母弟弟的嫉妒，用尽各种手段，欲杀其身夺其产。可见，走上通往君王的道路，本身就是"行险"。

以"师"为军队的人认为，"险"就是指兵凶战危所生之险,而"顺"则是对民心的顺应,将"应"视为是君王的支持(还是以九二为将)。却不知,"刚中而应"的主语始终是九二,是指九二居中,九二正应于六五。接下来的"行险而顺",则是身居险位,但能柔顺的意思。二者之间,"中"与"险"相对,九二正因为身居中位,有统领众阴之象,才身居险位;"应"与"顺"相对,说明九二对六五的态度,部落对联盟的关系。

"以此毒天下,而民从之"中的"毒",自古以来有多种解释,一种是荼毒、毒苦,另一种是通督,作治理、督导解。由于先儒将"师"认定为军队,因此绝大多数人接受前一种观点,即以此——战争来毒苦天下,但民众却追随他(因为战争是正义的,是为了解除民众的苦难的),进而推导出所谓,"王者之师不得已而用之"的观点,可谓煞费苦心。其实此一句,就是继前句而来,"以此"就是用"应"和"顺"的态度,"毒天下"就是治理天下,这样他的民顺从他,跟随他,才会得到"吉"的结果,其部落才能"无咎"。

象曰: 地中有水, 师。君子以容民畜众。

【译文】师卦有地中有水之象。君子观此象,应当学会包容蓄积民众。

【解读】上坤为地,下坎为水,因此师卦有"地中有水"之象。象辞说"地中有水, 师。君子以容民畜众",显然是以"师"为纽带,将"地中有水"的象,与"容民畜众"的事联系在一起。由此,又可以看出,即使是将卦象拓展的象辞,也没有将"师"与战争、军队等联系在一起。

"容民畜众"在今天的汉民族看来，已经很难理解其深意了，但是只要找一两部关于成吉思汗的影片看看，就会明白"容民畜众"，实际上就是聚拢民众，开始创立自己的部落的意思，这是在相对原始的条件下，一个部落首领所要考虑的第一要务。

初六，师出以律，否臧凶。

【译文】首领的推选要有规则，不好就会有凶祸。

象曰：师出以律，失律凶也。

【译文】首领的推选要有规则，失去规则就会有凶祸。

【解读】初六的爻辞，应当是最容易将读者的思路引向军事的了。甚至《左传》中也有类似的断例。但是至少存在两个难以协调的疑问：

首先，从卦变的角度来看，初六是由复卦的六二，后退一位而来的，因此与"出"师不符；其次，如果将初六视为出师（兵）时纪律的重要性，那么就会发现全卦六爻，几乎讲了六件事——九二选将；六三选将错误的结果；六四撤退，六五战争的动机，及对选将的得失的总结；上六论功行赏。内容牵强，逻辑散乱，与《周易》爻辞彼此之间联系紧密的一贯风格不符。

事实上，初六爻辞说"师出以律，否臧凶"，就是初六不出

（的原因）的委婉表达，暗含了初六不符合"出"的标准的意思。即如现代问某人："你为什么没有参加某某活动？"他回答说："人家要求要符合某某条件。"实际上就是在说，我是因为不符合相应的条件，才没有去的。这就与卦变的过程相吻合了。

"臧"是好、善的意思。"师出"就是众出，就是推选的意思。"师出以律，否臧凶"就是说，部落中推选出首领要符合一定的标准，否则就会凶。

在古代，法、律、令是三个相近，但又有所不同的概念，《管子·七臣七主》说："法者，所以兴功惧暴也；律者，所以定分止争也；令者，所以令人知事也。"可见"律"应当更偏重于既定的规则，其作用是阻止不必要的纷争。由此可知，"师出以律"的根本目的，是使相关的候选人知进退，避免因为推选领袖而导致内部纷争。

事实上，只要稍有历史常识的人都知道，在后世的中原农耕民族与草原游牧民族之间，历时两三千年的较量中，中原农耕民族的最终胜利，往往都是建立在草原民族内部，因为君权继承问题引发的纷争上的。反之，之所以中原民族能够避免这一问题，保持政权的相对稳定、政策的相对连续，原因即可从师卦的初六中找到——中原民族，至少从创制师卦的时候起，就已经注意到了，需要建立一定的"律"，米保证政权的平稳过渡。

当然，这个"律"也是随着历史的发展，而不断变化的。在此处，笔者认为这个"律"，就是阴下阳上——六二下，初九上。用后世的话说，就是"立贤"。这显然是有时代需求特征的——在父系氏族刚刚确立，行政管理还相当原始，外部竞争威胁依旧十分严峻的时代,选择有才能的人充当领袖,无论是对保护本部族的安危,还是维持全联盟的稳定,都是唯一的选择。至于后世的"立长",则是因为国家行政机构已经成熟,君主维持国家的稳定作用,不是通过君主的能力,而是通过君主的存在来实现的,所导致的必然选择。是政治文明高度发达的结果和标志。因此在"立贤"和"立长"之间,需要经历一个漫长的文明进化过程,远非创易时代所能企及。

象辞说"师出以律,失律凶也",是以"失律"来解释"否臧"略显含糊,淡化了"臧"本身的好、善等意思,也就淡化了作者"立贤"的主旨。其中的原因可能是,因为在孔子的时代,"立长""立贤"的争论就已经出现了,而且许多君臣、父子之间的杀戮,就是由于在"立长""立贤"上的混乱所致,所以关注的焦点转向了要有"律",而不再是明确的"立贤"了。

九二,在师,中,吉无咎,王三锡命。

【译文】率领庶众,行为适度,吉祥没有咎害,君王再三给予任命。

象曰: 在师中吉,承天宠也。王三锡命,怀万邦也。

【译文】"在师中吉",是因为承受了天宠。"王三锡命"是因为(王)心怀万邦。

【解读】结合卦辞的前半部分中"可以王矣",和后半部分的"毒天下",已经隐隐可见,九二并不是简单的部落首领而已。因为在乾卦中,九二和九五都是大人,所不同的是九二为有君德无君位,九五是既有君德又有君位而已。但在师卦中,九二是唯一的阳爻,也就是唯一的有君德的"人",是最终应当成为君王的人。对此,民国的尚秉和先生也有所察觉,因此在对九二的解读中说,"只荀爽谓王指二为正解","五天位,言二必升五"等等。

笔者认为,直接认定九二就是王,尚有所不妥。因为二终究不是君位,居二位即称王,终究有僭越之嫌。九二应当相当于后世的"储君",在夏启之前,他就是被禅让的对象,在夏启之后,应当就是被重点考察的世子。

"在师"的意思基本上等同于率师,即率领庶众的意思。爻辞的关键在于"中"字,它既表明了九二何以"吉无咎"的原因,又说明了他与六五之间的关系。实际上,就是在强调九二阳居阴位,中而不正的特性。突出"中"而不提其"不正",就是象辞所说的"行险而顺"中的"顺",所要表达的内涵——顺于六五(现任的王),顺就是正,不顺就是不正,即以顺为正,不以正为正。

正因为九二能够做到"在师"而"中",所以才能"吉无咎",才能得到"王三锡命"——王还是六五。后世学者根据《周礼》上"一命受爵,二命受服,三命受车马"的记载,认为"王三锡命"是指王给予的封赏,可通。但将命解读为"使命""任务"可能更贴切,因为无论是对于选定的禅让对象,还是未来继承王位的儿子,完成一系列的"任务"都是非常必要的, 这一方面可以考核其才能, 另一方面可以历练其才能, 同时还能积累其威望。

象辞 "在师中吉, 承天宠也" 就是说, 九二之所以能够吉, 是因为得到了天 (王) 的宠信。"王三锡命, 怀万邦也", 说明 "王三锡命" 的原因, 是因为 (王) 心怀万邦, 而非对九二一人的好恶。由此进一步透露出九二的储君地位, 以及 "命" 应当是指使命、任务, 而非简单的封赏。

如果将九二看作是统兵的将领, 那么无论怎样美饰, 都无法回避——(将军) 在军中则能够吉、无咎, 而且可以得到君王的赏赐——这样的解读。即便将 "中" 字解读为正确地处理将军与君王的关系, 也难免教唆将军犯罪, 昭示君王险恶的嫌疑。然而 《周易》 却是由君王所作, 而且当时的将军, 基本上又都是君王的血亲……

六三, 师或舆尸, 凶。

【译文】(这样的) 首领, 可能导致部落/民众蒙受, 需要用车装载尸体的灾祸。

象曰: 师或舆尸, 大无功也。

【译文】"师或舆尸" 是说完全没有功绩。

【解读】二三四三爻构成互卦震, 孔子在 《说卦传》 中说 "帝出乎震", 二三四这三爻也分别代表了三种不同的首领

（帝），它们的爻象反映了他们的行为特征，爻辞则是对其自身和所在部落命运的评断。换言之，象是因，辞是果。因此解读此三爻时，必须将其自身的象，一并考虑在内。

九二已见前述，六三阴居阳位，为才弱志刚、力不足而心不静之象。这样的首领，不仅不足以维护部落的安全，而且还会因为其蠢蠢欲动，在联盟中招致祸患。因此爻辞说"师或舆尸"，即部落/民众可能会有需要用车装载尸体的灾祸。推举这样的人作为领袖，或者有这样的领袖，当然是凶兆。

从象上看，如下图所示：

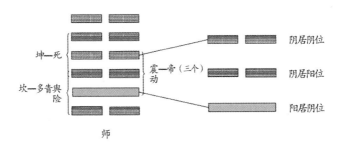

师

六三是下坎之终，又在互震之中，坎为险，震为动，因此有铤而走险之象。此外，坎为"多眚舆"，即经常滋生灾祸的大车，坤有为阴，有死亡之象，六三为下坎之终，同时不仅上承上卦坤，而且自身也在互坤之中，因此有大车载尸之象。

象辞说"大无功"，就是说六三这样首领，太没有功绩了。

坚持军事说的人，认为六三说的是，因为才弱志刚而导致出师大败，战车载尸而归。单就一爻而言，可通。但放在全卦之中，就难以通顺了。

六四, 师左次, 无咎。

【译文】首领懂得退避, 没有咎害。

象曰: 师左次无咎, 未失常也。

【译文】首领懂得退避, 没有咎害, 是因为并不失于常理。

【解读】如上图, 六四的特性是, 阴居阴位, 虽然才弱但志也不刚, 反而因此得正。

古人尚右, 以右为前、为尊, 以左为后、为卑。"左次"就是退避、降低等次的意思。由于六四的无能而柔顺, 其部落被降低等次, 或者需要对其他部落采取退避的态度, 恐怕在所难免。但是这并不会对部落成员的生活, 造成实质性的影响。而且既然六四缺乏必要的才能, 因而采取退让、柔顺的态度也是正确的, 所以"无咎"。

象辞说, 六四能够"师左次无咎", 是因为"未失常"。所谓"常"就是常道、常理。才能、力量不足, 就采取柔顺规避的态度, 或者换取生存保障, 或者换来韬光养晦的时间, 都是正确的选择。

坚持军事说的人, 认为六四说的是, 军队向后撤退避让, 是一种正常的战术, 因此无咎。同样是单就一爻而言能通, 但就整体来说, 则不顺。

六五, 田有禽, 利执言, 无咎。长子帅师, 弟子舆尸, 贞凶。

【译文】田猎有收获,有利于发表意见,没有咎害。有能力的人来统帅民众,(如果让)柔弱的人(担当)就可能导致用大车装载尸体的结果,固守成规定制会有凶祸。

象曰: 长子帅师, 以中行也。弟子舆尸, 使不当也。

【译文】有才能的人之所以能够统领民众,是因为能够行为适度。"弟子舆尸, 使不当也"则是说, 才能不足的人之所以会导致"舆尸"的后果, 是因为使用不当。

【解读】六五居于天位,是现任的王,具有指定未来王位继承的权力。

"田有禽"从象上看就是指六五的正应九二,一方面九二位于下坎之中,坎是由坤卦得乾卦的中爻演变而来,九二有"见龙于野"之象,而坤又为田。因此对于六五来说,不仅是"田有禽",而且这个"禽",还是一条"龙"。因此"利执言"即有利于六五说话。而且还因为言之有物,可以"无咎"。

师卦中充斥着"无咎",此处作为君王的六五,要说话还必须有充分的依据,而且即便有了依据,也仅仅能够"无咎",足见其所言之事的艰难。

"长子帅师, 弟子舆尸"就是六五所要说的内容。所谓"长子"不是大儿子的意思,而是巨子/钜子,是古时对有非凡才能人的尊称。"弟子"也不是二儿子,或者小儿子的意思,而应当读作 tuí, 取颓唐、柔顺之意。

作出这样的判断,是因为:如果按长子、次子来论,"长子帅师"对应的九二,"弟子舆尸"的六三,都在下坎互震中,震为长子,坎为次子,以什么为依据判断,谁为长,谁为次呢? 更重要的是,简单地判定为应当由"长子"来"帅师",不仅与前述的初六中隐含的,阴下阳上能者为之的"律"不合,也与"丈人吉"的原则相违背,当然也不符合当时的时代背景。

至此,六五的爻辞阐释了较完整的,现任君王选择继任者的方法——要"田有禽",和理由——"长子帅师,弟子舆尸"。

"贞凶"侧重于贞所具有的固的含义,即固守成规会凶。这一点与"师出以律"并不矛盾,因为其"律"就是选择有能之人,因此不能固守某一种确定的模式。这里说"贞凶"很可能是含有对类似于"立长",这样的方法的批评和否定。

象辞"长子帅师,以中行也"说明有才能的人之所以能够统领民众,是因为能够"以中行",即如九二一般内刚外柔。"弟子舆尸,使不当也"则是说,才能不足的人之所以会导致"舆尸"的后果,是因为使用不当。由于将"师"认定为军队,因此先儒大部分将此处的"使",解读为君王对六三的使用不当,但笔者认为,"使"在这里的主语,应当是六三自己,或者推举六三为首领的"师"。这样才有利于形成六三与六四的对比——同为阴柔之才,一个致凶,一个却可无咎。

上六, 大君有命, 开国承家, 小人勿用。

【译文】大君拥有天命,承担着开拓国家,承袭家族的使命,小人不能奢望。

象曰: 大君有命, 以正功也。小人勿用, 必乱邦也。

【译文】大君拥有天命, 可以建立正确的功业, 小人不能奢望, 是因为(小人)必然祸乱邦国。

【解读】上六原本是终极之地, 但在卦辞中, 却有继往开来之意。坚守军事说的人, 认为这是指战争结束, 国家论功行赏, "开国承家"就是封邦建国之意, 而"小人勿用"则是说对小人不能封给土地民众, 而仅仅应当赐予钱物。

笔者认为, 这一方面是因为前面已述的, 对"师"字理解的错误所致; 另一方面还有对坤卦中透露出来的, 阴爻有向下运动的趋势这一事实, 缺乏了解的关系。上六有"龙战于野, 其血玄黄"的阳刚进迫, 应当顺势而变之象, 而变化——运动的方式则是向下的, 因此上六虽然位于师卦之终, 却能作君临天下之辞。

从爻位上看, 上六是宗庙之位, 是神权的象征, 它将最终决定取代六五成为下一代的君王(必要的形式)。因此爻辞"大君有命"中的"大君"既可以是指上六自身, 也可以指向九二, 而"有命"则是指拥有天命, 在古代人们认为可以成为君王的人, 必然肩负着上天的使命, 这个"命"当然要自宗庙而出。"开国承家"是指作为未来君王将要完成的工作。"小人勿用"则是在重申"师出以律"的"律", 和"长子帅师, 弟子舆尸"中的道理。

象辞进一步更加直白地阐明了, 为什么只有大君才能拥有天命, 而小人是不能用的。

比——新君之政

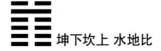 坤下坎上 水地比

《周易》卦序的排列存在明显的特征，一方面，自乾坤开始，顺序而来的各卦，都是两两成对出现的，而且两卦之间的关系"非覆即反"（参见"读易要例"部分内容）。另一方面，互为反覆的两卦之间，在义理上也往往存在一定的联系。孔子据此作《序卦传》，将六十四卦按照一定的逻辑关系串联起来，虽然由于其中牵强之处太多，以致对其满怀敬意的后儒们，也不得不屡屡指出其中的谬误。但关于互为反覆的两卦之间，在义理上有所关联的问题，却是自古少有异议的。

比卦为师卦之覆，在卦序上位于师卦之后，其义理也同样继之而来。师卦是在讲述，现任的君王如何选择继任者，各个部落应当如何推举自己的领袖。比卦则是在讲述，新的君王开国纪元，以及如何正确地建立新的君臣关系。

同时，比卦在象数研究上，也具有重要的意义，因为在其卦辞、爻辞以及象辞、象辞中，出现了大量的表示方位和方向的词汇，结合义理中的君臣关系，和当时的政治观念，就可以窥探

到，隐藏在静态的卦象背后的爻的运动特征。即阳爻的运动方向，决定了全卦六爻的运动方向。

比　吉。原筮，元永贞，无咎。不宁方来，后夫凶。

【译文】吉祥。问之于筮，新任的君王（的美德），能够永远正固，（以之为王国家/天下）可以没有咎害。不安宁的人一并前来了，落在后面的将有凶祸。

【解读】"吉"对比卦所作的断语。因为比的卦象，是一派君臣亲比、上下一心的景象，无论对于国家，还是君王，还是臣民，这都是毫无疑问的吉兆。

对于"原筮，元永贞，无咎"一句的解读，自古纷争不断。有说"原"是原野的意思，有说"原"是再三反复的意思，等等不一而终。其原因就是，不知为什么，先儒至此即将思维的重心，从君臣关系转向了普通人之间的亲比关系，因而导致对显而易见的事实，失而不察。事实上，由于中国没有能与君权抗衡的宗教神权，因此祭祀占卜自古以来，就成为君王借以宣扬自己（行为）的合法性的，最重要的手段。非但夏商周如此，后世各朝各代也一样。因此在新的君王继位之时，通过占卜来强化其统治的合法性、神圣性，是必不可少的一个步骤。

"原筮，元永贞，无咎"讲述的就是这个步骤，"原筮"就是问之于筮，求之于天的意思；"元永贞，无咎"是上天所示的占卜结果，"元"有天、君的意思，在这里就是指新任的君王，也可以进一步引申为其所具备的诸如仁、善等美德。这句话的意思是说：新任的君王（的美德），能够永远正固，（以之为王）是没有错的，（国家/天下）可以无咎。

"不宁方来，后夫凶"，首先通过"后夫凶"可以推定，"方来"的"方"，既不是地方、诸侯的意思，也不是刚刚的意思，而是一并一起的意思。"不宁"就是指不安宁的人，这种说法类似于后世的"不才"，应当属于一种谦辞。在卦中"不宁"就是指五个阴爻。这句话的意思是说：不安宁的人一并前来了，落在后面的将有凶祸。

根据之后的爻辞可知，这个"后夫"指的是上六无疑。这就给出了一个明确的方向定义，即在比卦中，是以九五为界，以下为前，以上为后的。但是随即一个矛盾也就出现了，"不宁方来"中的"不宁"既然是指五个阴爻，那么在九五之下的四个阴爻要"来"，应当是自下而上的，也就是应当以"上"为前的，怎么能以"下"为前呢？以"下"为前岂不是"去"了吗？关于这个问题，将在象辞和爻辞的解读中，逐渐解决。在此需要首先明确一点，"不宁方来"的"来"，不是一个简单的运动概念，而是一个政治概念，即并不是说诸"不宁"要到九五这里来，而是说诸"不宁"要顺从于九五。

彖曰：比吉也。比，辅也，下顺从也。原筮元永贞无咎，以刚中也。不宁方来，上下应也。后夫凶，其道穷也。

【译文】比是辅助的意思，象征着下而顺从君上。"原筮元永贞无咎"，是因为阳刚居于中位的缘故。"不宁方来"，是指上下相互感应。"后夫凶"，是因为其行事之道陷自身于窘迫之中。

【解读】"比吉也"是衍文，即传抄时衍生出来的错误文字，无需考虑。

"比，辅也，下顺从也"是在解释"比"的含义。"辅"的本意是车旁横木。其作用是加固车辐，使之能够重载，因此有辅佐、辅助的意思。这是君臣之间，尤其是王与诸侯之间的根本关系——君王选任大臣、封建诸侯，唯一的目的就是用其来辅助自己监管天下。后世的儒者，在解读比卦时，由于思维始终不能脱离市井之间的人与人的亲比关系，因此在此处将君臣之间，彼此辅助，相辅相成的"辅"的前面，强加一个"亲"字，说成是"亲辅"，实为荒谬。

"下顺从"三字最为关键，首先是明白无误地否定了所谓的"亲辅"，因为君臣之间的相辅，不是以饱含个人好恶的"亲"为基础的，而是以政治的时局，以天下整体利益的需要为基础的。否则岂不成了任人唯亲？其次是此中的"下"，应当理解是一个动词，而不是名词。否则就是说下面的（四爻）顺从，等于将上六归于了不顺从的行列，这与九五、上六的爻辞不符。

由于比卦是经由剥卦的六五与上九交换，演变而来的，所以卦中唯一的阳爻九五，在卦变中的运动方向是向下的，所以其他阴爻，只有也向下运动，才能与之相顺。因此在将"下"理解为动词之后，"下顺从"就是下而顺从的意思（参考初六中用图）。这样就可以进一步深入地理解"不宁方来"中"来"的含义了——"来"就是下而顺从，这在后世看来是天经地义的君臣关系，但是在部落联盟时代，却是国家稳定的关键，君臣关系的新课题。

同时下而顺从又是一个中性的概念，臣可以/也应当下而顺从君，反之在必要的情况下，比如礼贤下士的时候，君可以/也应当下而顺从臣。这种故事在中国历史上，屡见不鲜佳话不断。只有这样，才能形成君臣之间的互"比"关系。

"原筮元永贞无咎，以刚中也"是说，能够"原筮元永贞无咎"的原因，就在于新任君王本身所具备的九五的特质——刚居阳位，既中且正。

对于"不宁方来，上下应也"中的"上下"，既可以解读为九五上下的阴爻，也可以解读为引申一步的君臣之间，即阴阳之间的关系——上指阳爻，下指阴爻。笔者认为，后一种解读，更为全面合理。

"后夫凶，其道穷也"是解释"后夫凶"的原因，此中的"道"是指上六自身的行为，"穷"是指其不恰当的行为，带来的后果，即陷自身于窘迫之中。

象曰：地上有水，比。先王以建万国，亲诸侯。

【译文】比卦有地上有水之象。君王观此象之后，应当懂得封建邦国，亲近诸侯。

【解读】大象，即针对全卦的象辞，通常与卦辞关联度不大，但是比这一卦不同。比卦的大象，可以作为理解全卦的钥匙。

"地上有水"是通过上下卦的取象，来解读全卦的卦象。

下坤为地，上坎为水，因此比卦有地上有水之象。"地上有水，比"直接的解读应当是，地上有水就会"比"，或者地上有水就是"比"。可见在孔子看来，"地上有水"就是"比"的形象描述。因此可以通过"地上有水"，或者说地上之水的特性，来进一步理解什么是"比"。

水在地上只有两种状态，一是流动，二是汇聚。流动是顺行向下——"下顺从"；汇聚首先是顺行向下的结果，然后才是彼此帮辅，积少成多，结成整体的过程。两者——流动和汇聚的共同特性，就是不断蔓延，扩大其势力范围。这正是联盟的首领——先王通过"建万国，亲诸侯"来统御国家，拓展疆土的写照。

初六，有孚，比之无咎。有孚盈缶，终来有它吉。

【译文】（君王）有信诚，亲辅于他是没有咎害的。孚信能够超越局限，终究会迎来更多的吉祥。

象曰：比之初六，有它吉也。

【译文】比卦的初六，象征着有额外的吉祥。

【解读】"有孚"就是有诚信的意思。通常表现为阴阳交错的卦象，但是初六位于比卦的最下，而且上临阴爻六二，不具备"有孚"的卦象。因此，先儒们就将爻辞解读为：初六是一卦之初，对应于人与人相互亲比之初，应当以诚信为先云云。看似有理,但由于没有卦象的支持,等同于臆造。出现这种谬误的原因在于,首先机械地运用,六爻分别代表六个渐进的不同阶段的观点,认定初爻即是亲比之初;同时又忽视了坤卦中隐藏的阴爻本性下行和阴随阳动的基本规律,造成对爻的运动方向的判断错误。

事实上,比卦的六爻,不是自下向上延伸的,而是以九五为界,分别向上和向下两个方向运动的,因此初六非但不是一卦之始,而且还在很大程度上,应当被视为是一卦之终。认定这种奇怪的运动方式的原因,有三个:

1.卦变的影响。如下图所示:

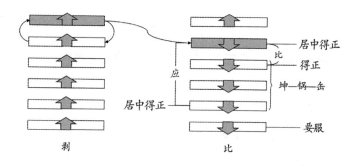

通常的观点认为,剥卦反映的是阴进阳退的态势,但是按照坤道顺,"承天而实行"的原则,也可以将剥卦看作是阳升而退、阴顺而进的态势。卦变之后,六五进至上位,保持了原有的运动方向,而上九自上而下至五位,变成了九五,改变了原有的运动方向,因此其下的四个阴爻,也随之而改变了运动方向,以顺从之,变成了向下运动。因此在剥卦中跟随在阴爻升进队伍最后的初六,如今变成距离九五最远,位于行列之首的一爻。

2.五服的概念。

在《尚书》中有"五服"的概念，即自王城外围算起，以五百里为一区划，由近及远分为侯服、甸服、绥服、要服、荒服五个层次，合称五服。"服"就是臣服、顺从的意思，"五服"实际上就是"王"的势力由内而外，不断延伸的五个层次。可见，当时的政治家们，已经懂得了"势力范围"这个概念，而且明确地知道，国家的实力是呈辐射状向外延伸的。

在比卦中，九五是君王，是国家力量的象征，初六就是它有效延伸的终点，如果套用"五服"概念的话，就应当是所谓的"要服"区域。此处在本质上是不受王的影响和控制的，只是慑于王国的威严，不敢轻举妄动寻衅滋事罢了，因此也勉强可算是势力所及。至于距离王城2000-2500里的"荒服"区，其中三百里为蛮，二百里为流。蛮，就是慢，是礼节简单怠慢，来不距，去不禁的意思。可见已在王化之外。

3.卦辞上的反映：

"有孚"是针对九五而言，是说九五有孚。"比之无咎"是针对初六而言，意思是说，因为九五"有孚"，所以亲辅于他是没有咎害的。

"有孚盈缶"则是对九五王权向外延伸的形象描述，"缶"是没有文饰的谷器，坤有釜（锅）象，此处借用为缶。在九五和初六之间，恰有二三四三爻组成的互坤，"盈缶"就反映了九五的影响超越互坤，达至初六的过程。

"终来有它吉"的"来"进一步说明了运动的方向——不是初六上去，而是九五下来，与前述的政治影响势力延展的观念相符。因为有前半句中，初六"比之"的态度，因此才有在九五的势力"盈缶"之后，"有它吉"的结果。

在此爻之终，通过《史记·夏本纪》中的一句话，来进一步厘清师与比两卦的内涵。

（舜）帝曰："毋若丹朱傲，维慢游是好，毋水行舟，朋淫于家，用绝其世。予不能顺是。"

禹曰："予娶涂山，癸甲，生启予不子，以故能成水土功。辅成五服，至于五千里，州十二师，外薄四海，咸建五长，各道有功。苗顽不即功，帝其念哉。"

（舜）帝曰："道吾德，乃女功序之也。"

这句话的大致意思是说，舜帝对自己儿子丹朱的放荡行径感到不满，禹则对之以自己在治水，及治理国家方面的功绩。最后舜帝说：推行我的德行，是靠你的功绩来实现的。

这段话，应当就是舜将帝位禅让给禹的原因，或者说禹通过禅让得到帝位的合法性所在。其中"辅成五服，至于五千里，州十二师"一句，实际上同时包含了"师""比"两卦的卦名，因为象辞说"比，辅也"。通过这句话，可以看出，"比"的"辅"就是辅佐的意思；而师卦的"师"，就是与州相对应的部落，或部落领袖。因为"州十二师"中的"州"应当是名词动用，因此要么是在"师"的基础上建立了十二个州，要么是给十二个州，分别任命了"师"。由此可知，师卦的"师"在禹的时代，并不是军队的意思，而是部落，或部落领袖的意思。"比"则是随之而来的，辅助、辅佐、顺从的意思。

六二，比之自内，贞吉。

【译文】发自内心的与之亲比，因为正固而能吉祥。

象曰：比之自内，不自失也。

【译文】发自内心的与之亲比，是指不失去自己的本性。

【解读】"比"在卦象上的表现是，两爻靠近而且相得，即阳乘阴，阴承阳。按照这个标准来看，六二与九五之间不存在"比"的关系。但六二与九五是正应关系，而爻辞又说二者相比，因此六二的"比之"是因为相应而相比，所以所谓的"自内"，指的是二者之间的正应关系，而不是六二所处的内卦位置。

换言之，"比之自内"就是因应而比的意思。"应"是彼此之间感应，是源于内心的一种交流。但是"应"同时又是智者见智，仁者见仁，君子见义，小人见利，多种多样的事情。好在六二与九五，同为居中而正，是应于正道，因此能够"贞吉"。"贞吉"对于六二与九五来说，是因贞而吉的断语。同时也是惟贞方吉的诚语。

象辞的"不自失也"，是对六二"比之自内"的进一步解读，重点放在六二既中又正的"中"的特性上。"中"就是适度而不过，六二柔居柔位，内心持正而不躁动，同时又应于九五的正道，而比之。这是非常典型的，中国贤人修身持正、以待人求的出仕观，姜尚、孔明等等皆如此。

这种行为方式，似乎与今时今日激烈的社会竞争相脱节，甚至被贬斥为一种文人的矜持娇嗔。事实上，出此言者，实为不知天下为何物者也！

首先从正向来说，六二之所以能够有信心，待人来求，而非自行求比于人，原因有二：一是其比，是因应而比，而非因近而比，因此彼此之间有应，终将成比；其二，是因正而应，而非随遇而应，因此只要持正以待，居五位者当正，则必来应之而成比，否则应且不成，又何言比？其次从反向来说，但凡六二主动求比于人，则必然因人而异己，也就无法再持守自己中正的地位。

概而言之，六二持守而待人求的动机，就是要以己之持正，保证应是为正而应，比是为正之比。所谓"不自失"，就是不自失其正。

因此世人大可不必因为担心无人来求而惶惶，反倒是应当反躬自省，自己持正否？居上位者持正否？如果置正邪于不顾，唯以相应得比是求，于己不过是图利之小人嘴脸而已，于世则是对"正"既无视又无知的利欲滔滔之时代。

六三，比之匪人

【译文】亲比了不正确的对象。

象曰：比之匪人，不亦伤乎。

【译文】亲比了不正确的对象，不也是对自己的一种伤害吗。

【解读】六三便是上述唯比是求的小人一个。六三阴居阳位，不中则不知进退，不正则不知廉耻，才疏学浅力不足，却又躁动不安，不问正邪但求就近比之。

然而六三的上下都是阴爻，都不是应当比辅的对象——九五。因此"比之匪人"。匪同非，"匪人"就是不是正确的人。

象辞"不亦伤乎"，说明六三"比之匪人"的结果，是自己会受到一定的伤害。这是因为，其下的六二"比之自内"，比辅于九五；其上的六四"外比之"，也比辅于九五。因此，已经"比之匪人"的六三，还无法得到最起码的回报——对方的"比"，又怎么能说不是一种伤害呢？

六四，外比之，贞吉。

【译文】外在可见的亲比关系，坚守正固就能吉祥。

象曰：外比于贤，以从上也。

【译文】因为贤德而形成外在可见的亲比关系，以此来顺从君上。

【解读】简单的理解，可以将"外"理解为方位词，以指明六四的亲比对象是九五。此外尚可作更深刻的理解：

与六二与九五因应而比不同，六四与九五的比，是符合标准的比，是外在可见的，因此说"外比之"。同时，六四阴居阴位,虽不居中但却得正,上承阳爻九五也是正当之举,因此从卦象看,如果以九五为标靶,六四之所以能够与之相比,就是因为自己得正——不正即为九四,九四阳爻不可能与九五相比。所以此处的"贞吉",与六二中的贞吉一样,既是对六四的断语,又是对其他情况的诫辞。

六四是继六三而来,因此"外"也有说明六四的比辅对象是九五,而非六三的作用。

象辞的内容包括了两个方面,首先"外比于贤"说明了四五相比的原因,是因为"贤"——双方的共同特性,事实上就是正——贞。"以从上也"在"比于贤"的基础上,进一步说明了相比背后的主次关系。由于九五居中得正,六四才有了与之相比的机会;反之,九五居中得正,那么同样得正的六四,就应当以相比顺应其正。

九五,显比,王用三驱失前禽,邑人不诫,吉。

【译文】有意彰显亲比关系,君王用类似狩猎之礼的方式,放过(包容)有反对意见的人,民众不会戒惧,吉祥。

象曰:显比之吉,位正中也。舍逆取顺,失前禽也。邑人不诫,上使中也。

【译文】有意彰显亲比关系而能得吉,是因为九五的位置居中得正。舍弃违逆的留取恭顺的,就是所谓"失前禽"的意思。民众不会戒惧，是因为君上的行为适度。

【**解读**】显是彰显、显露的意思，在这里是使动用法。"显比"就是，让"比"显露出来，让"比"的关系得以形成，即让臣民们能够来辅佐自己的意思。这是九五作为一个君王的职责。

通过前述的爻辞，初六的"有孚"，六二的"自内"，六四的"外比"，都是以九五刚居阳位，居中得正为前提的。事实上，已经隐秘地说明了，众阴来"比"，天下来辅的原因，是因为九五是可比之爻，代表着可辅之君。否则……

较之于后世的机械的忠君思想，比卦中尚蕴含着浓郁的原始的平等、尚贤思想。在强调臣下、阴爻对君王、阳爻的顺从的同时，也是对君王的合法性，阳爻态势的恰当性，提出了客观要求。即天下归心，众阴来比，是因为君王德尚，阳刚位当。反之，小人躁动，阴爻进迫，也是由君王不仁，阳刚失当所致。

这种原始共产主义的思想遗存，洋溢于《周易》的每个角落，其原因应当就是，神权在当时尚有较强的影响力，可以对王权形成明显的制约，表现在行文中，则是对王权的种种限定与要求。后世随着神权的退去，君权逐渐独大，绝对的忠君思想开始成为主流。

"王用三驱失前禽"是九五"显比"的方法，所谓"三驱"是古代的猎礼——狩猎的规则。古代狩猎时，在选定的狩猎区，一面设旗为门，另外三面用草形成长围，狩猎者从旗门驱入，迎面而来逃跑的禽兽任其逃遁，只射杀那些顺向往里跑的，其目的是为了显示狩猎者的仁慈与大度。作为一种比喻用在此处，略微有些不恰当。因为会让人产生一种错觉：

跑掉的获得了自由，顺从的反而会遭殃。与比卦的义理有些违拗，因此应当将注意力放在，九五——狩猎者与猎物——众阴爻之间的运动关系和行为产生的影响上。如下图：

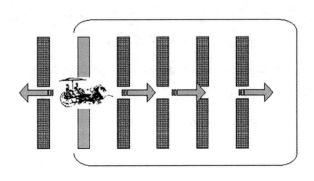

九五驱进之后，原本向上升进的五个阴爻发生了分化，原来的六五继续升进，变成了上六，而六四以下的阴爻，则改变了原来的运动方向，顺九五转而向下运动。因此所失的"前禽"就是指运动方向与之相反的上六。

同向为顺，反向为逆，因此不能将"失前禽"的"失"理解为失去，而应当结合狩猎的比喻，理解为是放过。这其中体现了一种宽容和政治自由，同时又是对九五所负责任和行为的恰当性的界定。

宽容与自由，不言自明。关键是九五的责任和行为的恰当性。

九五的责任是"显比"，是通过彰显自己的德行，来促成臣下、诸侯辅佐自己，进而形成天下一家的局面。反之有人当面而逃，说明其自身尚有不足，因此不能强求别人的忠诚与比辅，反而应当反躬自省，进一步提高自身的德与望。否则，就成了专制强权，与九五的居中得正的状态不符。

之所以，九五需要且只能通过提高自己的德望，来促成臣下、诸侯对自己的辅佐呢？原因是其基本的行为特征，已经在乾卦中被赋予了定位，是"飞龙在天，利见大人"，是要"圣人作而万物睹"的过程，来施加自己的影响——可见"显比"的"显"也暗含有作而不为的意味。

后世的君王，乃至一些组织的管理者，往往将忠诚的责任完全归结于臣下，但创易的先哲在数千年前，已经由此比卦明确地说明：臣下的忠诚，是君王中正的结果；臣下的忠诚，是以君王的中正为前提的。否则怎样？否则君王就失去了承负天命的基本条件，要么应当让出王位，要么天下人就可以起而革命，一如成汤、周武。

"邑人不诫"是"王用三驱失前禽"的结果，之所以用"邑人"并不是专指邑中之人，而是因为当时属于封建城邦，与自然部落相混杂的时代，中央对地方的管理，是以"邑"为单位进行的。所以"邑人"就是指一个个小的邦国藩属的人心民情。"不诫"就是不戒惧，具有逆顺双重含义：一方面是迎面逃去者，不需要戒惧会受到君王的惩罚；另一方面随顺而动的，也不需要担心不被君王所亲近。原因就是九五既中又正，坚信自己秉持的是正道，则不必担心有人逃去，因为要么斯人不正去不足惜，要么其人不知己之正，那么只要自己"有孚"以待其知，则迟早必将因应而比。行事持中，必然进退有度，凡正者无不得比，因此世人所需虑者，唯不正而，而非不得比。

后世的科举，即具有这种意味，君王开科求贤，就是表明自己坚守的正道，就是在"显比"，而天下的臣民，无需担心是否会被君王关注，所要考虑的仅仅是如何能够通过科举正途入仕而已。所以，数千年前的九五"显比"，是后世求贤思想之基，政策之始。

"吉"是断语。

象辞对上述分析作了凝练的总结，"显比之吉，位正中也"点明九五能够"显比"，能够得吉的原因和基础，就是它自身"位正中"。"舍逆取顺，失前禽也"说明"失前禽"。不是得不到，而是不得到，不强求，反映的是君王的仁慈，政治的宽容，以及对自己德行的自信。"邑人不诫，上使中也"说明，邑人之所以不诫，是因为王上行事持中，即公平。

上六，比之无首，凶。

【译文】亲比缺乏正确的方向性，有凶祸。

象曰：比之无首，无所终也。

【译文】亲比缺乏正确的方向性，将会无法善终。

【解读】对于此间的"无首"二字，自古以来众说纷纭。经过上述关于各爻的运动方式的分析之后，就会发现，上六与其他四个阴爻相比，在运动方式上具有两大不同：一是，在方向上，与九五逆向而动，因此位于九五之后；二是，在上下关系上，位于九五之上。后者又是前者所致的结果，因此这个"无首"，应当是指方向失措,位置失当。

在九五居中得正,君王圣明仁厚,众阴来比,天下来辅的时代里,上六却逆向而行,矫揉自大,因此即使想比辅,也无法如愿。从象上看,上六乘刚,一幅目无尊长,心无诚信之象,其所期望的不是来比于九五,而是九五来比于它,所以称之为"无首"。九五非不正之君,所行也非不中,因此上六的行为就是不合时宜之举,终将陷自己于孤立无援之中,结果也必将"凶"险。

象辞说"无所终",就是无法终了,不得善终的意思,是在解释爻辞的"凶",说明其"凶"是自己所致,非君王所加。与九五的"失前禽"相呼应。

小畜——招抚之道

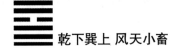 **乾下巽上 风天小畜**

小畜是《周易》中比较难以解读的一卦，这主要是因为，首先，其取象变化不定，忽而说云雨，忽而又说夫妻，忽而又说贫富，让人难以把握；其次，其卦辞、爻辞中，包含有大量的具有运动含义的词汇，如复、牵、去、出等等，而透露出的基本思想，又具有明显的静、止的意味，容易让人迷惑。

"畜"（chù）的甲骨文为 🎜，直观上看：上半部分是一个绳索，下半部分是一个长着草木的天地，将动物拴在田间、圈内，加以饲养的意思，即所谓"拘兽以为畜"。进而引申为，饲养、养育、积聚等意的"畜"（xù）——本卦中的发音及取义。这也是卦中静、止意味的由来。

先儒据此将小畜解读为，一个柔爻畜止五个阳爻，是臣畜君之象，与后面大畜卦的君畜贤形成呼应。然而在看似完美的背后，却犯了一个根本性的错误，即只见其静而未见其动，知其然而不知其所以然。

综合卦辞、爻辞的内容，不难感觉到其中静与止的意味，但是如果仅仅静止地看待卦象，一个柔爻——六四，虽然得位居正，但是按照《周易》崇阳抑阴、重阳轻阴的基本思路，它又何以能畜止住五个阳爻，更何况阳爻本身也处于居中得正的地位呢？比之于人事，六四不过是一个柔顺得正的诸侯，又怎么能畜止住中正得位的君主呢？由于无法解释上述问题，因此只能说：正是由于六四力量不足，只能畜其志，不能止其行，因此叫小畜云云。不过是牵强而已。

事实上，恰恰相反，小畜所讲述的不是臣如何畜君，而是君如何畜臣、如何畜民、如何畜贤的问题。只不过在小畜的目的中，除了蓄积贤能，还有很大的平息民乱的成分存在，因此所用的方式方法，也更多地偏向于名与利，这种简单而直接的形，都具有"小"的特征，属于"小"的范畴，所以叫小畜。原因则源于卦变过程之中，小畜是姤卦经由初六与九四的换位，演变而来的，因此六四本身有来自于"小民"，被畜（xù）之后也是一只小畜（chù）之象，而畜（xù）它的办法也是"小畜"即可。

孔子本身是"下大夫"出身，也就是失去了世袭官职的没落贵族身份。在他之后的儒者，一个显著的特征就是越来越平民化。尤其是隋唐科举以后，绝大部分儒士，都起自于平民，甚至是贫寒之家。就本质而言，他们正是此卦要畜的对象之意。然而谁又会白愿地将自己视为小畜（chù）呢？因此后儒参不透此卦，也就不足为怪了。

如下图所示，小畜卦的卦象，与畜字的甲骨文是何等的一致，又将君畜民的意境表现得何等的真切传神：

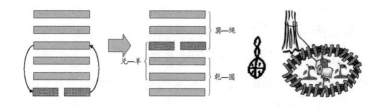

小畜 亨。密云不雨，自我西郊。

【译文】亨通，浓密的云彩却没有带来降雨，从我的西郊经过。

【解读】"亨"是断辞，说明如果能如小畜象、辞所示行事，则能够亨通。除此之外，再无可着力之点。因此理解小畜的卦义，就只有"密云不雨，自我西郊"这一条路径。

由于卦辞中，"亨"和"密云不雨，自我西郊"是并列关系，因此可以断定：

- "密云不雨，自我西郊"是"亨"的原因和条件；
- "密云不雨，自我西郊"反映的就是亨通之象。

由此，我们可以得出一个非常重要的结论，即在小畜卦中，是以不雨为好，以下雨为不好。换言之小畜的目的，就是促成"密云不雨"的结果，而方法则是让密云"自我西郊"而过——"密云不雨，自我西郊"借用的是个气象常识，即通常吹西风的时候，是不会下雨的。谚语说："云东行，车马通；云西行，披雨衣"。

因此，在卦象中找到"密云"，以及其是如何"自我西郊"的运动路径，就成了揭开小畜卦内涵的关键和钥匙。

对此，传统的解读方式是，直接利用上下卦的象，来直接解释为什么"密云不雨"，以及是怎样"自我西郊"的，即上卦巽为风，下卦乾为天，所以"密云不雨"的原因是：天上有风，将"密云"吹散，导致了"不雨"的结果。而"自我西郊"，则是以下乾为郊，以互兑为西，因此……

这种貌似合理的解读方式，实际上至少存在着以下三个方面的不足：

- 首先，与自然现象不符。"密云不雨"，不是天上有风的必然结果。否则就无法解释"山雨欲来风满楼"这一名句了；

- 其次，无法准确地确定风向。仅就天上有风而言，即使加上互兑指示西方的卦象，也无法说明，风是自西向东的，也就无法说明云是东行的，也就无法确定一定会产生"不雨"的结果。

- 模糊了对下雨好还是不下雨好这一问题的判断。以天上有风，作为"不雨"的原因，无法作出进一步的，关于下雨好与不好的推论。因为"雨"是农业的根本，因此也是人类生存的根本，所以如果仅仅将"雨"看作是一个自然现象，而没有看到它在本卦中的寓意，则无法准确地判断，是下雨好还是不下雨好的。

事实上，沿着这个思路来解读本卦，最终一定/难免会得出以下雨为好的结论。因为，导致云雨的六四就在上巽之中，所以当将"密云不雨"的原因，归结于被上巽风吹的同时，也就无可避免地会将上巽与雨紧密联系了起来。即上巽既要是吹散"密云"的风，又要是带着六四的"积雨云"，而同在上巽中的上九又说"既雨"——已经下雨了，所以就不得不将卦辞和爻辞中分别提到的"雨",看作是一场雨的两个阶段。也就是说,最终"雨"还是要下的,而《周易》又是一部向人们提供解决方案,而不是述说愁苦的书,所以"以下雨为好"的倾向,就是无论怎样都无法掩饰的了。

这显然是与卦辞直接冲突的。所以上述解读方法,无论看似多么的合理,都是不准确的。原因就是忽视了"密云不雨,自我西郊"中,明显的运动特征。

"密云"作为运动的主体,所指为六四无疑。所谓"自"标注的是运动的起点,因此"自我西郊",不仅说明运动的方向是自西向东的,而且还说明了运动的起点就是"西郊"——否则就可以理解为是"自我西郊"而过,这样就无法确定云的运动方向了。由此可以断定,小畜一卦讲述的就是,六四如何从"西郊"而来的问题。剩下的问题就是,确定六四的运动路径了。

如下图所示:

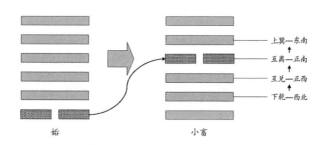

卦中下乾为郊,且在后天八卦中位于西北,互兑为西,互离为正南,上巽为东南。因此卦象中确实存在着一条,自下而上,起自于西郊趋向于东南的,能保证"密云不雨"的路径,而这恰恰就是六四在卦变中——由姤卦中的初六,与九四换位后,形成

小畜卦，所经历的运动路径。证明六四必由此路径"自我西郊"的，还有下面这一理由：

因为云是在天上生成的，相对与地面来说，始终是运动的，绝无以"西郊"为运动的起点之理。因此，可以断定，卦辞中的"密云"，一定是另有所指的比喻，而它的特性是来自于"西郊"的。按照当时的社会背景，居住于郊野的，是从事体力劳动的、社会地位低下的人。他们从西郊出发，来到象征着诸侯/公卿之位的四位，即使是被风吹上去的，也绝不会是被风给吹散了，所以他们的运动路径只能是自下而上的。

最后来说，为什么"密云不雨"意味着，或者说会导致"亨"的结果。其实个中缘由，已经在那句谚语中说得很明白了——"云东行，车马通；云西行，披雨衣"，可见"密云不雨"，所带来的亨通，是指交流、沟通，正常起居的亨通。反之，如果不让它"自我西郊"而来，就会下雨，就会使天下不通。

因此，比之于人事，"密云不雨，自我西郊"可以作三种解读：

1.民怨的疏导。类似于后世所说的言路畅通，积聚西郊的"密云"——民怨，如果能够有一个疏导的途径，就有可能在平缓中化解，保持天下的亨通；

2.民乱的平息。类似于后世所说的招抚，民怨积聚到一定的程度，又没有得到纾解，就会形成民乱，对待民乱可以征讨，也可以招抚。相比之下，通常以招抚为上策，这不仅是不战而屈人之兵的问题，还可以杜绝一讨不平、一剿不灭带来的蔓延之势；

3.贤能的招纳，通过《诗经·干旄》"孑孑干旄，在浚之郊。素丝纰之，良马四之。彼姝者子，何以畀之？……"的内容，可知至少在西周时期，这种君王派人到民间，招揽贤能的行为，已经相当普遍了。

通过六四的爻辞可以感觉到，先圣做小畜卦的初衷，可能更偏重于解决前面的两个问题，即民怨的疏导和民乱的平息。但事实上，招贤纳士本身就是疏导民怨和平息民乱的重要手段。因为有才之人，其才能长期得不到发挥运用，必然会产生怨愤，让这些有才能，又存有怨愤的人滞留于民间，不仅可能被乱民所用，甚至他们自己就有可能会成为点燃民乱的星火。因此将他们揽入朝堂，为君王所用，不仅对民乱有釜底抽薪的作用，而且还可利用他们的才能和对民间疾苦的了解，来进一步疏导民怨，杜绝民乱。这是一种非常先进的政治韬略。

象曰：小畜，柔得位而上下应之曰小畜。健而巽，刚中而志行，乃亨。密云不雨，尚往也。自我西郊，施未行也。

【译文】小畜卦中，柔爻得到正位，形成上下（相关的阳爻）都来与之应和的态势，因此叫小畜。刚健而顺服，阳刚行为适度，而心愿得行，因此才亨通。"密云不雨"是崇尚前往的意思。"自我西郊"是说其措施尚未实行。

【解读】象辞分为三个部分：

第一个部分"小畜，柔得位而上下应之曰小畜"，是在解释卦名，也就是在说明什么是小畜。"柔得位"显然就是指六四柔居柔位而言,说"得位"而不直接说"居正",是为了强调六四的位是后天"得"来,而非先天既有的。

关于"上下应之"传统的观点认为,"上下"是指全部五个阳爻,笔者认为仅仅是指九五和初九两个,分别与之成亲比和正应关系的阳爻。因为如果认为五爻都来应和六四,一来无法解释九三"舆说辐,夫妻反目"的爻辞;二来比之于人事,无论六四是贤能之士,还是民乱之首,都没有天下正义之人、皆来应之的道理。

第二部分"健而巽,刚中而志行,乃亨"是来解释亨的原因,也是在说明,"密云不雨,自我西郊"的原因和结果。"健而巽"是直接引用上下两卦的卦德,下乾以健为德,上巽是以顺为德,不言顺,而用巽,是彖辞中常用的忽文的手法。

"刚中而志行"是进一步明确导致"健而巽"的原因——"刚中",和"健而巽"产生的结果——"志行"。显然,彖辞认为小畜能够下健而上顺,内健而外顺的原因,都是因为阳刚居中,即二、五位都是阳爻,进而形成的"志行"的结果,因此这里的"志",也就应当是阳刚之志,而非是六四的阴柔之志,其内涵就是"亨"——天下亨通祥和,这也正是居中得正的九五(君王)的志向所在。

第三部分"密云不雨,尚往也。自我西郊,施未行也。"是在分别解释"密云不雨"和"自我西郊"的含义。其中"尚往也"的"尚"无论是直解为崇尚,还是将其视为"上"的通假字,都向人们展示了一个向上而动的过程。"施未行"直观来看是指,云的"施"为即雨没有形成,比之于人事,则是不利于亨通的行为,没有得以施行。原因就是"自我西郊",被升进到了四的位置——得位。

象曰: 风行天上, 小畜。君子以懿文德。

【译文】小畜卦有风行天上之象, 君子观此象应当懂得, 自觉美化文德的道理。

【解读】"风行天上"就是对上下卦象的直观描述。"懿(yì)"的本意是美好。"君子以懿文德"是大象中惯用的一种句式, 即"懿文德"是君子观小畜"风行天上"之象后, 应当产生的感悟和行为。因此"懿"在这里应当是用作动词, 是美化文德的意思。所谓文德就是, 表露于外的礼仪、气度、语言等等。美化文德就是, 注重自己的言行举止, 时刻抱持一颗敬畏的心。

初九, 复其道, 何其咎, 吉。

【译文】恢复其本来之道, 有什么咎害, 吉祥。

象曰: 复其道, 其义吉也。

【译文】恢复其本来之道, 理应得吉。

【解读】"复"就是返回原处的意思, 如下图所示:

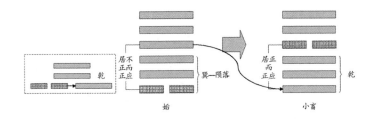

由于小畜是由姤卦变来，姤卦的下卦是巽，巽是乾卦在初爻处得到一个阴爻，变化而来的。因此当姤卦的初六与九四换位之后，阳爻重新回到了初位，下卦巽也变回了乾卦，所以说是"复"。

虽然初九是自四位而来，仿佛是在地位上的一种折损。但是姤卦展现的是一阴复起、阴进阳退之象，虽然初六仅仅处于下位，但已使全卦根基不稳，阳刚处于岌岌可危的状态之中，而九四却充当着与之（阴爻）正应，为其进一步进逼阳刚提供应援的角色，因此在道义上不正。如今在小畜中，虽然自四位下至初位，但却不仅使自己处于得位之地，而且也化解了阴进阳退的矛盾，其行为是符合道义的，因此说"复其道"——回归到了自己的正道上来。

"何其咎，吉"都是针对初九自上而下，回归正途而言的——如果不是自上而下，就不必说"何其咎"；如果仅仅是"复"，而不是"复其道"，也就无所谓"吉"。

象辞进一步补充说明"吉"的含义，因为即便是初九能够迷途知返，按理也仅仅是个"无咎"而已，又何来之"吉"呢？所以象辞说"其义吉"，表明这个"吉"并非仅仅是针对初九个人而言的，而是针对"义"而言的，也就是按照社会的公共利益而言是吉的，对于社会的公共利益而言是吉的。

因为，初九与九四换位而来，就其自身而言是失去了上位（四位），但却让六四得以"自我西郊"而上，促成了"密云不雨"的结果，化解了一场大雨——阴阳之间的冲突，为天下赢得了亨通，这岂不是大吉大利之事？

需要强调一点，解读本卦必须使用卦变的思路，否则必然走向歧途。以初九为例，运用卦变观点，则一切明晰如上。否则，就必须要说初九是被六四所畜止，因此才安居初位。但是卦象中分明是：初九得六四正应，而上临互兑，兑为悦，因此正是喜悦上进之象，何来安居之理？至于，爻辞中的"吉"，更只能被理解为因为谨言慎行而得吉……此为小儒苟且之吉，岂能与初九壮士断臂而"复其道"的大义相比？数千年前的先圣，又岂能教人苟且？所以与象不合，与义不符，不足取。

九二，牵复，吉。

【译文】被连带着恢复了本来之道，吉祥。

象曰：牵复在中，亦不自失也。

【译文】在被连带着恢复正道的过程中，持守中道，也可以不失自己的本性了。

【解读】九二在卦变之前——姤卦中，处于阴阳交战的前线，首当阴柔进迫之冲。卦变之后，随着初九的"复"，阴阳冲突的局面化解了，九二的危厉也得以解除，重新回到了乾卦九二，"见龙于田"的平静之中。因此说九二是被初九"牵复"的。

由于九二不再涉及卦变中的变化，因此九二的"复"不是指具体的运动，而是指一种状态的回复。由此就可以了解到：小畜卦阳畜阴，以阴之进，换天下和谐安宁之复的卦义。以及初九以一己之复，固国之本，定民之情的"壮举"。还可以进一步理解九二之"牵"的意义，如果九二不被初九"牵复"，它就将被阴爻所取代，这样姤卦就将变为遯卦，则阳刚就只有"以身退换道存"一条路可行了。

对于象辞"牵复在中，亦不自失也"，此前的儒者只能以其处于中位，因此能够与初九类似，不贸然而动等等来敷衍。其实这个"不自失"就是指因为被初九"牵复"，而不至于失去自己的本性，变为阴爻而已。

这里的"吉"，仍旧是针对九二自身为少，针对全卦——天下大义为多。

九三，舆说輹，夫妻反目。

【译文】车从輹上脱落下来，夫妻反目。

象曰：夫妻反目，不能正室也。

【译文】夫妻反目，则不能正其家室。

【解读】九三中连续使用了车（舆），和夫妻两种取象，这在

《周易》中是比较少见的，因此也是比较难以理解的。但是如果运用卦变观点，就会变得十分明了。如下图所示：

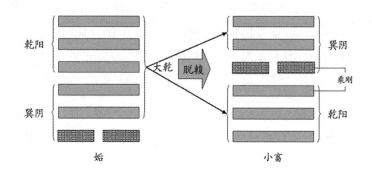

首先是"舆说輹"，在卦变之前五个阳爻虽然步步退缩，但却是一个彼此相连的整体——如同一辆大车；卦变之后九四变为了初九，连贯而行的五个阳爻，被六四拆成了上下两个部分——如同一辆大车，被从中间拆去了车輹。所以说有"舆说輹"之象。

"舆说輹"则不能前行，这实际上解释了为什么初、二两爻都说"复"，而没有前进之意，同时也是造成阳刚被阴柔所畜的错觉的原因。其实阳刚并非为阴柔所畜的依据，就在九三爻辞的后半句之中。

从卦象上看，九三和九五是卦中，与柔爻六四产生直接接触的两个刚爻，其中九五上乘六四，与之形成亲比关系，而九三则被阴柔所乘。因此，九三是在卦变中"损失最大"的一爻，所以才会"夫妻反目"。同时卦变之前，上乾下巽阳卦在上，阴卦在下，卦变之后，上巽下乾，变成了阳卦在下，阴卦在上，也有夫妻反目之象。

但是这个"反目",不能仅仅局限于九三的"个人得失",而应当是尊卑关系的颠倒问题——九三的反目的原因,正是阴阳之间尊卑关系的颠覆。这一点在卦象的整体变化上,可以看得更清楚——同时卦变之前,上乾下巽阳卦在上,阴卦在下;卦变之后,上巽下乾,变成了阳卦在下,阴卦在上,是明显的尊卑伦常颠倒之象。所以象辞说"夫妻反目,不能正室也",所谓"正"就是端正,就是维持秩序的正常。

从全卦的角度来看,"舆说輹"和"夫妻反目"的连用,又是在说明,并非五个阳爻都来应六四的强调句式。

首先,"舆说輹"已经说明了,下面三个阳爻与上面的两个阳爻,目前已经脱节——但即使是脱节仍旧可以同时应于六四,所以紧跟着又用"夫妻反目"来说明,至少九三与六四就并非相亲相应的关系。

六四,有孚,血去惕出,无咎。

【译文】有信诚,流血伤亡的可能已经去除,戒惧心理油然而生,没有咎害。

象曰:有孚惕出,上合志也。

【译文】有信诚又有戒惧之心,君上会感到满意。

【解读】六四自姤卦的初六升进而来,表面上是畜止了五个阳爻的上升趋势,实际上自己恰恰就是被畜的对象。

　　"有孚"是指六四对九五有诚信,能够与之亲比的关系。"血去惕出"中的"血"就是因为征战而产生的流血伤亡,"惕"就是指由于位于近君之位而产生的惕惧心理。"血去"和"惕出"分别对应两件事:"血去"是指六四自姤卦初六升进而来,避免了阴阳交争的局面,同时也使自己脱离了血光之灾,因此说"血去","去"就是去除的意思;"惕出"是指六四来到四位之后,与九五形成亲比关系,成为君王最亲近的人,自然而然地会因为心中的诚信,而产生惕惧心理,因此说"惕出","出"就是出来的意思。

　　"血去惕出"正是对六四作为一个小民,自"西郊"而来至庙堂之上的境遇和心理的变化的写真。这一点无论是来自民间的贤人,还是被招抚的民乱首领,无一例外。爻辞中强调"血出",说明小畜的对象,更侧重于后者,或者说在当时的君王眼中,看到得更多的是民间的贤能之士对其统治带来的威胁。因此,断辞仅仅是"无咎"而已。

　　象辞中的"上合志也",通常被认为是"有孚惕出"的原因,后世的儒者大多据此认为,这是九五应六四的有利证言。其实不然,因为"有孚"和"惕出"的主语都是六四,因此如果"上合志也"是其原因,等于是在说:因为上(九五)应和了它(六四)的志愿,才导致了六四的"有孚"和"惕出"。很明显,"有孚"勉强还说得过去,"惕出"就不知原因何在了。

　　所以,"上合志也",不是"有孚惕出"的原因,而是其结果。即因为六四来到四位之后,能够"有孚"而且"惕出",所以让上(九五)合志——达成了心愿感到满意。

关于九五的心愿，和六四升进对国家稳定的作用，可以通过元、清两个由少数民族建立的王朝的命运对比，来加深理解。

元自持武力强大，进入中原之后，对汉人采取高压统治，对汉人中的儒士更是嗤之以鼻，极尽羞辱之能事，不仅将其归于下九流之列，而且还位于娼妓之下。导致大量有才能的人流散于民间，国家形成与姤卦一般，民心思乱根基不稳的局面，最终导致统治不足百年，就被一群实际上并不强大的起义军，一举推翻。曾经横扫欧亚大陆的蒙古铁骑，也只能仓皇逃回草原深处。

满清显然吸取了元蒙的教训，在统治之初就沿袭了明朝的绝大部分制度，使汉人虽受压迫，但仍感到有一定的生存空间，甚至还有些许文化上的优越感。尤其是满清利用科举，不仅将"西郊"之文人吸纳进朝堂，使民怨得以疏导，还将文人（主要是汉人）玩弄于故纸堆中，如果不是列强的枪炮，还不知道要多虚耗我中华多少年岁。

九五，有孚挛如，富以其邻。

【译文】有信诚相互联系，用财富来控制其邻。

象曰：有孚挛如，不独富也。

【译文】有信诚相互联系，不独享其富。

【解读】"有孚挛如"的"挛"是结合紧密，相互联系的意思。这里是强调九五与六四之间，彼此都对对方"有孚"。九五作为居中得正的君王，无论是招揽贤才，还是招抚乱首，都应当首先持有一个诚信的心态，这样才能激发对方的"有孚"，所以说"有孚挛如"。

"富以其邻"的"以"是左右、控制的意思，"富以其邻"就是用财富来控制其邻——六四的意思。孔子在《系辞传下》中说："圣人之大宝曰位。何以守位曰仁。何以聚人曰财。理财正辞，禁民为非曰义。"说明了"位"与"财"在圣人的政治生活中的重要性。

六四自初六而来，进入上卦巽中，首先得到了对阴爻来说最好的位置——四位，即"柔得位"；其次巽又为利，因此六四在上巽中，会因为与九五的亲比关系而得利。反之，站在九五的立场上，则是九五通过"位"与"利"，将六四从与阳刚对抗的初位，"聚"到了自己的身边——四位。也就是用"位"与"利"，将六四这个来自"西郊"的"小畜"畜了起来。

富的甲骨文是，一个房子里放着盛满酒的罐子（尖底的罐子，通常是用来盛液体的），由于只有在粮食丰盛有余的情况下才能酿酒，所以富的原始含义就应当是衣食无忧的意思。象辞说"不独富也"，也就是将食物、酒水、财富拿来与别人分享的意思。

综合六四、九五两爻，即可看到创易的先哲已经具备了相当高的政治技巧——六四阐释的是"位"对于被畜的对象的作用；九五阐释的是"富"，即利的作用。二者合在一起就是后世所说的"富"与"贵"，这是君王用来驾驭国家、统御万民的两根缰绳。

因为，对"富"的追求，源自于人类对食物的需求与渴望，是天性，是引导民力的根本；对"贵"的追求，源自人类作为群居动物，对归属感、认同感的需求，虽然应列于食物之后，但也属天性，是引导民志的根本。民力趋富可以使国富，民志趋贵可以使民强，二者并用就能实现国富民强，这是所有的九五——居中得正的君王们都梦想和追求的目标。

上九，既雨既处，尚德载，妇贞厉。月几望，君子征凶。

【译文】既然已经降下了恩泽，君上的德行已经圆满，如果再坚持其"妇"——阴柔之贞（与阳刚对抗），则会有危厉。月亮即将圆满，君子征进则会有凶祸。

象曰：既雨既处，德积载也。君子征凶，有所疑也。

【译文】"既雨既处"是说恩德已经满载。君子征凶，是说有所疑虑。

【解读】如前所述，由于前人在解读卦辞时，就将上巽定义成 块"积雨云"，导致将卦辞中的"雨"，和此处的"雨"看成了同一场雨的两个阶段。所以，自古以来对小畜上九的解读，无一得其要领。

因为上九的"雨"，和卦辞中的雨"，根本就是两件事，两场雨：

■ 卦辞中的"雨",是阴柔之雨,降雨者是六四,是对天下的戕害;

■ 上九中的"雨",是阳刚之雨,降雨者是九五,是对六四的恩泽。

上九的爻辞,实际是对全卦的总结,和对尚处于敌对状态的阴爻和阳爻——六四和九三的劝诫。

"既"就是既然的既,"既雨既处"就是既然已经降下了恩泽,既然已经获得来安、止的意思。

"尚德载"的"尚"既可以解读为崇尚,也可以解读为"上"的通假字,许多学者支持后者,笔者也认为解读为"上",意思更清晰一些。"载"是满的意思。"尚德载"就是君上的德行已经圆满了、足够了的意思,是在强化"既雨既处"的基础上的过渡性语句。

"妇贞厉"是针对六四的劝诫,意思是说如果再坚持其"妇"——阴柔之贞(与阳刚对抗),则会有危厉。

"月几望"较难理解,但应当要么是与"尚德载"相呼应,强调天下安定之意的一句;要么是借用军事常识,与后面的征凶相联系的一句。"君子征凶"是针对九三的劝诫,意思是说如果再一味征进(与六四为敌),则会招致凶祸。

上九爻辞连贯起来,就是说:既然九五已经通过施予恩泽,化解了阴阳之间的矛盾,使天下重回安定,那么作为阴爻的六四,应当感念九五的恩德,放弃自己的阴柔之贞,九三也应当顺应于九五,放弃对六四的征进。

象辞"既雨既处,德积载也"说明,"既雨"和"既处",分别就是（君上）积载德业的过程和结果。"君子征凶，有所疑也"中的"疑"，是指九三征进六四，会被九五所疑。因为此时九五既有与六四的亲比之情，所以征进六四会被九五所疑；同时九五又当居中得正之势，所以被其所疑必然会凶。

履——遗老之乱

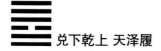

兑下乾上 天泽履

　　履与小畜互为覆卦，小畜是姤卦经过初六与九四换位而来的卦变结果，讲述的是九五如何通过施与位和利，来招揽贤能之士、招抚民乱之首，进而实现天下的安定。履则是夬卦经过上六与九三换位而来的卦变结果，讲述的是九五如何处理前朝遗老，以及他们可能造成的社会分裂问题。简言之，履和小畜分别阐述的是，君王处理/评定分别来自于上、下的，不安定因素的策略与方法。

　　"履"所要解决的问题，在创易的奴隶制、封建制时代，是君王必须面对的一个严峻问题。因为，当时的社会是由众多的自然形成，或者分封建立的小番邦国家组合而成的，随着时间的延续，在这些番邦之间，必然会形成各种各样的血缘和利益关系。即使是经历了新君临朝，甚至是改朝换代，这些关系仍旧具有相当牢固的基础。对于一个新任的君王来说，必须要审慎地处理好，这些前朝显贵们遗留下来的势力。因此，无论是传说，还是可见的文史记载中，周及其以前的王朝，都有分封前朝遗贵，乃至"上古"先贤后代的习惯。其目的无疑就是要通过新的恩惠，在新朝与旧贵之间，构建起真实有效的利益联系，进而巩固其统治的基础。这种传统一直保留到，冯玉祥用刺刀将溥仪请出故宫为止。

但是，这些在朝代的更迭中，失去了"崇高"地位的旧贵们，未必都能对新朝的恩典感恩戴德，相反（几乎是必然的）总会有一部分人，对失去的权力与地位心存不甘，甚至铤而走险，去踩——"履"新朝九五的虎尾。其中最为著名的一个例子，就是周朝建立初期的武庚之乱（详见后）。因此，对于新登大宝的君王来说，对前朝遗留下来的这些，在社会上仍旧具有相当影响力的旧贵们，始终应当同时持有宏观的宽容仁厚，和微观的刚决果断，两种手段。这就是履卦，卦辞和爻辞在意义上迥然不同的原因。

先儒由于未能正确地理解卦变的意义，所以面对卦辞与爻辞的矛盾束手无策，只能通过调整"履"字的含义，来理顺其间的关系。结果造成将明显的应当释读为踩踏、践行等意的"履"，强行说成是尾随跟进的意思，造成对本卦的解读支离破碎的结果。

事实上，履卦是将卦辞与爻辞，在静与动两个方面的不同侧重，标注得最为清晰的一卦，通过对履卦的解读，读者可以深刻地理解到，为什么在《周易》中经常会有，卦辞与爻辞之间，在表达的意见倾向上，甚至是内容上，存在显著不同的原因。

履虎尾，不咥人，亨。

【译文】（被）踩到了老虎的尾巴，却不咬人，亨通。

【解读】《周易》的卦辞通常是由独立的卦名，加上一段含有吉凶断辞的文字组成。即卦名与卦辞是彼此独立的，这是因为，卦名仅仅是代表卦象的文字符号，如果一定要深究其意，就是：如卦象所示，则……的意思，与卦辞存在着某种因果关系。

但是履卦的卦辞与众不同，其卦名"履"，直接加入到了卦辞之中。换言之，履卦是没有独立的卦名的。对一部有充足的时间来进行创作与完善，并且以君王为服务对象的书中，这种结构性的错误，显然不是简单的失误，而是另有深意的。

这个深意就是，现在的卦辞"履虎尾，不咥人，亨"，并非是履卦的卦象所示的真实内容，即履卦所要说的是履虎尾，咥人，是不亨。所以卦辞中不能再有单列的卦名，否则就变成了：如卦象所示，则"履虎尾，不咥人，亨"，与履卦的本义相驳。

非卦象所示，却又要堂而皇之地占据卦辞的显著位置，所为何来？想来原因有二：

1."履虎尾，不咥人，亨"虽然不是卦象所示，但却是解决"履"的问题，使天下得以亨通的理想方式；

2."履虎尾，不咥人"也并非完全没有卦象的依据，只是需要用与分析爻辞时，不同的方法来看卦象而已，即通过上下卦的卦德，静态地、整体地来分析卦象。由孔子在其所作的象辞中，几乎每卦必用上下卦的卦德，来解释卦辞这种作法可知，这是一种普遍适用于所有六十四卦的解读方法。履卦的特殊性在于，由于其卦辞不是卦象直接所示，而是一种理想的境界，因此更进一步，更侧重于卦象中的阳爻。

先儒由于没有充分理解，卦辞中没有的独立的卦名的用意，因此在对履卦的解读之初，就陷入云雾之中，认为"履虎尾，不咥人，亨"，就是因为跟着/踩了老虎的尾巴，而老虎却不咬人，所以亨通。进而借助后面的象辞，将卦辞解读为：保持和悦谦卑的态度，去待人接物，即使是跟着/踩了老虎的尾巴，也可以亨通。

这完全是不符合逻辑关系的拼凑。因为，如果说一个人踩了老虎的尾巴，而老虎不咬人/没有被老虎咬，只能说是这个人的幸运，与亨通与否没有任何关系。如果要用一个断语的话，也应当是"吉"，而不能是"亨"。所以，通过卦辞中的断语"亨"，就可断定，卦辞并非是针对"履虎尾"的人——阴爻六三而言的。

正确的逻辑关系是：人踩了老虎的尾巴，是否被老虎咬，关键在于老虎的秉性和心情，而不是人的态度（至少也是次要的）。

所以卦辞说的是：被踩了虎尾，仍旧不咬人，才能亨通。是针对被"履虎尾"的老虎——阳爻九五而言的。

因为这是非常难以做到的——现在人们还用经常用"被踩了尾巴的猫"，来形容那些对冒犯极端敏感、易怒的人和行为——所以卦辞才是一种非卦象所示的理想状态，所以才不能有单列的卦名。

否则，果如先儒所说，认为只要保持和悦谦卑的态度，就可以去踩老虎的尾巴了，那么创制此卦的先圣，岂不有了蓄意谋杀之嫌？

比之于人事，卦辞强调的是君王，尤其是新登大宝、刚得天下的君王，应当有博大的胸怀，去包容那些前朝的遗贵，因为他们背后既有相当广泛的民众支持，更有绵延而来的文化传统，包容他们，就是包容天下，就是延续文化。但是，这不仅需要君王本人，具有极高的个人和政治修养，也需要遗贵们端正适度的行为来配合，因此是难以实现的，通常只能是一种原则和理想。但是，主动权却掌握在君王的手中，因此卦辞倾向于阳爻，含有对阳刚劝诫的意味。

彖曰：履，柔履刚也。说而应乎乾，是以履虎尾不咥人，亨。刚中正，履帝位而不疚，光明也。

【译文】履卦表现的是阴柔踩踏阳刚。因为具备喜悦地顺应于刚健的心态，所以才能即使被履虎尾，也不会去咬人。亨通的根本原因是，君王刚中得正，身为皇帝而无私恨，因为心底光明。

【解读】首先说明一点，上述是当前惯用的断句方式。笔者认为，应当将"亨"断入后半段中，更为合理。即：履，柔履刚也。说而应乎乾，是以履虎尾不咥人。亨，刚中正，履帝位而不疚，光明也。

"履，柔履刚也"是在解释卦名的含义，即"履"在本卦中的意义。由于将卦辞解读为，保持和悦谦卑的态度去待人接物云云。所以，绝大多数学者将"履"解读为跟随，即蹑人足迹而行，进而无视六三乘刚的事，将"柔履刚"解读为柔跟随着刚，相应的卦象则是乾上兑下——以乾为刚，以兑为柔。

促使先儒们作出这一判断的依据，应当就是随后这句"说而应乎乾，是以履虎尾不咥人"。因为"说"通悦与乾互文，说明了上下卦卦德之间的关系。其中的"应"字，给人造成的第一感觉就是，下卦兑对上卦乾是顺应、应和的关系———一种隐含的从属关系。

但是：

首先，如前说述决定"履虎尾不咥人"的，不是踩老虎尾巴的人的态度，而是被踩了尾巴的老虎的秉性，因此内涵为柔跟随/顺应于阳的"说而应乎乾"，与"履虎尾不咥人"之间不存在因果关系，也就不能用"是以"来连接。

其次，内心喜悦的顺应于刚健，并不一定是发生于两个不同个体之间的关系，完全可以是对个人内心活动的描写。比如"朝闻道而夕死"，就是一种典型的，个人的"说而应乎乾"的心理过程。

所以，"履"就是踩，"柔履刚"就是柔踩到了刚，需要注意的是，此处的"刚"是一个广义的概念，指卦中五个刚爻组成的整体，而不是九二一爻。"说而应乎乾"则是指刚爻（尤指九五）的心态，只有当阳刚处于这样的心态时，才能有"是以"之说。

后半段，表面上是在解释为什么能"亨"，实则是在进一步解释，为什么能被"履虎尾"而"不咥人"。

其中"刚中正"是九五的爻象，是客观的，是根本。"履帝位而不疚"和"光明也"都是结果。"履帝位"就是履任帝位，就是成为君王的意思。"疚"的本意是久病，用作动词时，引申为憎恨、伤害等，因此"不疚"就是不/没有长期的痛恨。君王（对臣民）的无恨，实际上就是无私，心底无私就是"光明"。

这样彖辞的语义就连贯了：因为具备喜悦地顺应于刚健的心态，所以才能即使被履虎尾，也不会去咬人。亨通的根本原因是，君王刚中得正，身为皇帝而无私恨，因为心底光明。

如果，将"履"解读为跟随，那么前半段就是在讲柔爻的态度，后半段又讲回到阳刚的态度，在看似面面俱到的背后，却是主次不分。而且，还有陷为臣者，为谄媚之臣；为君者，为刚愎之君的嫌疑——事实上，在传统的解读中，九五就是一个刚愎自用的暴君之象，显然又与"光明"的评价自相矛盾。

象曰：上天下泽，履。君子以辨上下，定民志。

【译文】履卦有天在上泽在下之象，君子观此象应当懂得，通过分辨上下尊卑，来确定民众的心志。

【解读】"上天下泽"是卦象所示，也是自然界中的客观事实，按照中国天人合一的观念，自然界中的客观现象与规律，既是人类社会应当效法的对象，也是评判是非优劣的终极标准。既然自然界中是天在上泽在下，是阳在上阴在下，那么人类社会也应当遵循这一规则。这就是"礼"的理论基础，也即"辨上下"的本质。

先圣发明"礼"，孔子强调"礼"的目的只有一个，那就是"定民志"，其核心在于一个"定"字，即使人民的内心处于安定的状态，没有非分之想，进而也就没有非分之举。事实上，人的一切躁动，都可归因于对现状的不满，对更高的名，与更多的利的追求，也就是不甘人下的思想。

无论今天的人们怎样看待人的高低上下之分，都不可否认两个事实：一是从基因的角度上看，人与人之间确实是各有不同的，因此如果设定一个基于基因的标准，那么所谓的高低上下，就是确有物质基础的了；其二至少中国的历史可以证明，仅就"定民志"而言，"辨上下"确实是有效的。

初九，素履往，无咎。

【译文】质朴地按照往常的方式行事，没有咎害。

象曰：素履之往，独行愿也。

【译文】质朴地按照往常的方式行事，是在独自践行心愿。

【解读】"素"就是质朴、不假装饰之意。"往"是名词，是以往、往常的意思。"素履往"就是质朴地按照往常的方式行事，实际上就是劝诫初九，应当安分守己，不为外物所动，不为时局所乱，而产生非分之想。这样即可"无咎"。

为什么要对初九由此劝诫，或者说为什么初九只有安分守己才能无咎呢？原因有二：

首先是由初九的本性决定的。乾卦初九"潜龙勿用"既已明示，初九虽有阳刚之才，但终究在个人的历练和外部条件两个方面都尚且不足，因此不宜有所作为。在"履"卦中，"履"取其本意即踩踏解，但也可以进一步引申为践行、履任等等。初九的

"素履往"就是一种践行，但却是一种方式方法都不变的践行，即在动中有不动，在不动之上又有动，兼具了"勿用"和"履"两个方面的功能。

其次是受到卦变的影响。六三自夬卦上六下至履卦的三位，导致了两个结果：

一是下卦由乾变为兑，兑为悦，为附决，悦则易轻动，附决为随之脱落之意，而初九又为德业未成的小民之象，因此需要予以警诫；

二是在夬卦中连贯一体的五个阳爻，被六三所"履"，分成了两个部分。但是阳爻的运动方式，并没有因此而改变，因此初九仍旧会一如既往地向上升进，有"素履往"之象。

通常的观点是将"履"解读为跟随，"往"解读为前往，虽然也可以在人事上，得出相似的推论。但是会与象辞的"独行愿"相矛盾。

"独"是专一、独自的意思，"独行愿"就是说行动的目的，仅仅是达成自己的初衷。也就是做事不为外物所动，始终初衷不改的意思。如果尾随于人，蹑踪而行，则要他人的意愿为意愿，又谈何"独行"，谈何"愿"呢？

九二，履道坦坦，幽人贞吉。

【译文】坦坦荡荡地践行着正道，即使被幽闭，也可以因为坚守正固而吉祥。

象曰: 幽人贞吉, 中不自乱也。

【译文】"幽人贞吉", 是因为九二行为适当, 而不自乱。

【解读】九二与初九有相同之处, 即都是被六三从阳刚的整体中分离出来, 滞留于后的阳爻。但也有与初九的不同之处:

■ 九二不再是勿用的潜龙, 而是"有君德无君位"——德业已经完备的大人;

■ 九二直接上承六三, 也就只直接被六三阴柔所乘。

正是这两点不同, 决定了九二的爻辞:

因为九二是德业完备的大人, 因此它所"履"的不是"往", 而是"道"。九二既然不像初九那样懵懂, 也就不会也不必, 简单地沿袭着一如既往的行为, 不敢越雷池半步, 而是"坦坦"荡荡地践行着正道——道法自然, 能够"履道", 就意味着所行是符合天道的, 自然身心自在, 毫无拘谨之感。此处的"坦坦"对应于初九的"素", "履道"对应于初九的"履往"。

对"幽人"的解读, 自古说法各异, 但总的来说还是以昏暗不明的人, 作为基本意来发挥的。前半句说九二"履道坦坦", 原本应当是身心光明之人, 后半句又说是"幽人", 这是正因为九二被六三所乘的原因。所以, "幽人"就是对九二被六三所乘这一现实的描写, 也可以说是, 九二被六三所乘的结果。

"贞吉"是对"幽人"所下的断语, 但却不是九二被六三所"幽"的结果, 而是前半句"履道坦坦"的结果。

爻辞连贯起来的意思就是, 九二能够"履道坦坦", 所以即使被六三所乘, 成为"幽人", 仍旧可以因"贞"而"吉"。

当然后半句"幽人贞吉"也具有一定的警诫的意味，这一点在象辞"中不自乱"中有所体现，"中"是九二爻位的属性，也是其能够"履道坦坦"的原因，"不自乱"则在进一步解释，九二的"中"所起的作用。同时，也带有较为明显的警诫意味。比之于人事，九二为六三所乘，虽然自身是有德的大人，但是终究难免众口铄金，三人成虎，而被搅乱心志，误入歧途。更何况六三自上而下，与四、五爻在九二上方形成互卦巽，巽为利，时局使九二成为"幽人"，又有利在当前，虽有德亦需诫。

六三，眇能视，跛能履，履虎尾，咥人，凶，武人为于大君。

【译文】有眼疾却尚能看见，跛脚又尚能行走，踩踏了老虎的尾巴，老虎咬人，有凶祸。因为武人护佑着君王。

象曰：眇能视，不足以有明也。跛能履，不足以与行也。咥人之凶，位不当也。武人为于大君，志刚也。

【译文】有眼疾却尚能看见，但不足以拥有光明。跛脚却尚能行走，但不足以与之同行。招致被咬的凶祸，是因为所处的位置不当。武人护佑于君王，是其心志阳刚。

【解读】"眇"的本意是一个眼大一个眼小，在此处是视力不佳的意思。"跛"就是腿或脚有病，走路时身体不平衡，瘸的意思。"眇"和"跛"是对六三自身状况的描写，如下图所示：

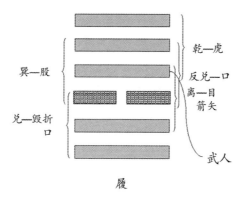

履

从卦象上看, 六三为互离之中, 离为目, 因此有眼之象; 六三又为互巽之末, 巽为股, 因此有足之象。但是六三又在下卦兑中, 兑为折毁, 因此有 "眇" 和 "跛" 之象。

六三柔居刚位, 又是才不足而心不甘的秉性。因此 "眇能视, 跛能履", 所谓 "能" 既是客观现实的反映, 又是六三对自身能力的高估。

这里需要注意一点, 传统的解读是: 在这种实力和心态构成的背景下, 去 "履虎尾", 必然会因为老虎 "咥人", 而凶。这会造成一个误会, 即前文所说的, 换一种态度去 "履虎尾", 老虎就会 "不咥人"。

因此, 笔者认为正确的解读是: 因为六三处于这种实力和心态构成的背景之卜, 才会, 或者说必然会去 "履虎尾", 进而招致老虎 "咥人" 的凶祸。从象上看, 六三位于正反兑之交, 兑为口, 因此有被咥咬之象。

值得注意的是, 虽然 "虎" 的取象应当是九五, 但直接与六三发生接触的是九二和九四两个阳爻, 并不是九五本身。也就是说，直接咬到六三的并不是九五，而是九二和九四。九二、九四与六三共同组成互离，离有甲胄兵戈之象，可见六三要"履虎尾"挑战九五，必须要依仗二和四的协助，但九二是"履道坦坦"的"幽人"，恐怕难以被六三利用，因此焦点就落在了九四身上。

"武人为于大君"中的"武人"自古没有准确的取象，根据上述分析，笔者认为九四就是这个"武人"。《诗·小雅·渐渐之石》中有"武人东征，不遑朝矣"句，武人就是将帅的意思，与九四的爻位正合。而且：

■ 从卦象上看，六三自上而下，下乘九二使之成为"幽人"，同时上承"武人"九四，有与之亲比之象；

■ 比之于人事，六三为前朝遗老，位不再势已去，因此要挑战九五的权威，必然要通过与当朝权贵串谋，才能有所作为。

所以于情、于理、于象，九四都应当是那个"武人"，"为于大君"的"为"既可以解读为治理，也可以解读帮助、护佑，总之是说，武人（九四）最终是倾向于大君（九五）的，是站在九五一边的。是促成六三被咬的直接原因。

比之于人事，这是符合当时社会现实的。因为当时的君王之所以分封诸侯，原因就是中央对地方尚无法实现有效的控制，需要通过诸侯的"武装殖民"，控制广大的疆域。国王与诸侯之间，通过血缘关系形成利益共同体，一荣俱荣一损俱损，因此在通常的情况下，诸侯会"自觉"地承担其保卫王室、平息叛乱的责任。

至于后世许多儒者认为，此处的"武人"是指刚猛之人，进而说"武人为于大君"是指六三的另一种，可以化凶为吉的状态——以武人的身份效忠于君主。即"眇能视，跛能履"所反映的，正是武人勇往直前，明知不可为而为之的"优秀品质"等等。

笔者认为，这一来是前述没有理清"眇能视，跛能履"，与"履虎尾"之间逻辑关系的错误的延续；二来也是自古以来文人对武人发自内心的不屑的表现，实则却与时代背景相左——在殷商乃至以前，"武人"基本上都是贵族子弟，能够成为统帅的"武人"，则更必须是贵族，而在那个时代贵族是唯一有机会接受教育的群体，所以当时的"武人"本身就是"文人"。因此不足取。

象辞"眇能视，不足以有明也。跛能履，不足以与行也"，是在解释"眇能视，跛能履"的内涵，其中值得关注的是"有"和"与"二字。"不足以有明"一语双关，一方面是说六三自己不明智，另一方面则是与象辞中的"光明也"相呼应，说明六三不足以拥有天下的光明，也就是不足以拥有天下。"不足以与行"比较直白，就是不足以与之同行的意思。这两句，事实上已经基本上解释清楚了六三为什么终将被"咥"，"武人"为什么会"为于大君"。

"咥人之凶，位不当也。武人为十大君，志刚也。"两句则是从六三、九四的爻象上，进一步阐释。

六三的"位不当"主要就是指两个方面：首先是阴居阳位，促成了自身才不足心不甘的心态，进而铤而走险去"履虎尾"；其次则是六三下临德业完备的九二，难以被其利用；上临外强中干的九四，又不足以为其所用。所以导致它必然要遭逢被"咥"之凶。

"武人为于大君，志刚也"一句，虽然可以通过对"志"字的解读，来将整句的焦点集中在九四之上，但将"志刚"解为六三之性，似乎更为顺畅。只是如此，"武人"的取象就指向了六三。由此可见，孔子当初很有可能也并没有真正明了，"武人"应当是指九四。

九四，履虎尾，愬愬终吉。

【译文】踩踏到了老虎的尾巴，心中恐惧，最终会吉祥。

象曰：愬愬终吉，志行也。

【译文】心中恐惧，最终会吉祥，心志得到了施行。

【解读】九四的"履虎尾"看似难以理解，实则寓意深刻，即六三要"履虎尾"，或者说能够"履虎尾"，则必有九四的协助。所以，九四的爻辞中也有"履虎尾"一句，这是对其行为的真实反映。

"愬愬"是形容恐惧的样子，是对九四内心活动的描写。九四处于近君之位，虽有阳刚之才，但内心始终处于忧惧之中。

"终吉"是"愬愬"的结果。同为"履虎尾"，九四的"愬愬"不前，与六三"眇能视，跛能履"的一意孤行，形成了鲜明的对比，也会产生不同的结果。九四内心的"愬愬"，最终必然导致志愿的变化，即象辞所说的"志行"，也就是重新转向阳刚九五的一方，因此才能得到"终吉"的结果。

如果不能理解，"履虎尾"实际上是六三、九四合力而为之的行动，以及九四在六三"履虎尾"是否能够被"咥"这个问题上所起的作用，就无法真正理解，为什么会有"终吉"的断语。因为，踩了老虎的尾巴，或者如先儒所说，跟在老虎尾巴后面，仅仅因为心中恐惧，就能够"终吉"，显然是不可能的。

关于六三、九四的关系，最著名的历史案例就是武庚之乱——武王灭商之后，封商纣的儿子武庚为殷王，继续统领殷商遗民，同时又派出自己的弟弟管叔、蔡叔、霍叔驻守在殷都周围的邶、鄘、卫三国，以监视武庚，即所谓"三监"。当武王早亡，成王幼年继位，周公摄政的时候，一方面不甘心商王朝就此灭亡的武庚，认为有机可乘；另一方面"三监"也怀疑周公有篡夺大位之心。于是身为六三的武庚，和身为九四的"三监"。一拍即合，联合其他的殷商遗老遗少，开始了武装叛乱，史称武庚之乱，或者三监之乱。最终，周公在周王朝其他诸侯的协助下，经历了数年的征战，才最终平定了这场叛乱。

这场叛乱，对西周王朝的政治建设影响深远。周公大力推行"礼"的建设，强化"礼"在国家日常行政的应用，难说与这场叛乱毫无关系。因此，在履卦中确实能感受到"礼"的存在，想来这也是孔子以及后世的儒者，将"履"解读为"礼"，解读为随顺而行的原因之一。

九五，夬履，贞厉。

【译文】决出踩踏，正固则会有危厉。

象曰: 夬履贞厉, 位正当也。

【译文】决出踩踏, 正固则会有危厉, 是因为处于正当的地位。

【解读】"夬"读音为"guài", 是决的意思。决的本意是去除阻塞之物的意思, 进而可以引申为刚决等意。先儒由于将"履"解读为跟随, 至此就陷入了绝境, 因为"决"和"履"在意义上, 显然是相背的。于是, 就将"夬"解读为修饰"履"的副词, 将"夬履"解读为刚决的"履", 也就是"一于任刚, 决行而不顾"——各说不一, 大致如此, 总之是将明明居中得正, 在象辞中还被赞为"光明也"的九五, 扣上了刚愎自用的帽子。

实际上, 只要将"履"解读为踩, 再结合卦辞、九五爻辞的寓意, 就一目了然了。

"夬履"就是要决去六三的履, 这既是九五的权力, 又是九五的义务。

"贞厉"是对卦辞所描述的理想状态, 和基本原则的重申。"贞"为正固, 其中正则可也, 固则难免有失包容, 容易导致心中有"疢", 而失去应有的"光明"。

比之于人事, 周公在讨平了武庚之乱后, 杀掉了首恶元凶武庚和管叔, 放逐了蔡叔, 而对其年纪较小的霍叔, 和其他参与叛乱的诸侯、方国基本上采取了宽容的态度。而且还重新封商纣的庶兄微子在宋建国, 延续殷商的祭祀。

象辞说"位正当也",既是说九五"夬履"的正当性,也是在劝诫对"贞厉"保持警惕的必要性——"位正当"就是"履帝位"。

上九,视履考祥,其旋元吉。

【译文】观察履虎尾者,考察其吉凶征兆,如果能回转,则会大吉。

象曰: 元吉在上, 大有庆也。

【译文】大吉在上, 意味着大有益处。

【解读】上九与六三是正应关系,因此能够"视履考祥",所谓的"履"就是正"履"着虎尾的六三。"考"就是考察,"祥"是吉凶的统称。六三位于互离之中,离为目,因此可视;离又为龟,因此可以占卜考察。

"其旋元吉","旋"是回旋、还转的意思。这是从六三的角度,来看与上九的正应关系,即受到上九的影响而回旋、还转。六三虽然有"履虎尾"这种不臣之举,但毕竟情有可原:

■ 上古中国,推崇对祖先的崇拜,因此六三因为顾念不忘祖先的基业,而甘冒"履虎尾"之险,虽为非分之举,但确有可原之情;

■ 与小畜卦中的阴爻六四相比,履卦的六三,处于得利不得位的处境,有此失落感的存在,终将难免会有不臣之举。(这也从另一个侧面说明了,只有"富"与"贵"两种手段并用,才能保证天下的安宁。)

因此,六三能够应上九的感召而回转,是知错能改,回归正途之举。其结果是天下的融合与太平。当然"元吉"。

象辞"大有庆也",既可以理解为是对"元吉"的说明与延伸,也可以将"大"理解为是阳刚,因为六三回转的最大受益者,还是九五——阳刚。

泰——阴合阳动

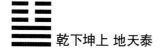 **乾下坤上 地天泰**

泰卦是十二消息卦之一，由坤卦发展而来，是阳长阴消的第三卦。就卦辞和爻辞而言，也并不难理解，但是由于它与随后的否（pǐ）卦，无论在各自的卦象上，还是彼此之间的相互关系上，都呈现出与众不同之处——在卦象上，一方面上下卦恰为象征阴阳、天地的乾和坤；另一方面又都呈现出阴阳平衡的状态。在相互关系上，通常相邻的一组卦，要么是互为覆卦（旋转180度之后，完全相同），要么是互为变卦（爻的阴阳属性变化后，完全相同），但泰和否，则既互为覆卦，又互为变卦。所以，不能不引来解易者的特别关注，进而衍生关于天地交与不交，万物通与不通的观念。

笔者认为，虽然这些衍生观念，与其说是创易者的初衷，不如说是以孔子为代表的后世解易者的看法，但是基于以下两点，还是值得我们深刻理解，并将其吸纳进《周易》的思想体系之中的。

1.根据《周易》中蕴含的阴阳观，和卦象所示的乾坤、阴阳

的相互关系, 确实可以推导出上述衍生观念;

2.这些观念虽然未必是创易者的本意, 但通过后世两千多年的历史验证, 也确实是正确的, 是对社会的稳定、国家的强盛, 起到了巨大的作用的。

泰 小往大来, 吉, 亨。

【译文】阴爻往去, 阳爻复来, 吉祥, 能够亨通。

【解读】在《周易》中, 称由内而外、由下而上的运动, 为"往"; 称由外而内、由上而下的运动, 为"来"。但这通常是针对某一爻而言的, 并不适用于整个卦象, 当然也就不适用于对泰卦卦辞的解读。此处的"来""往"如下图所示:

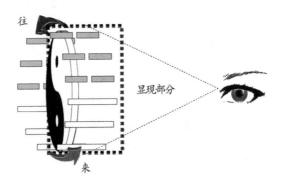

是指, 爻相对于卦象显现部分——图中的框定部分的运动, 进入此一部分——将自身显现出来的运动, 叫来; 离开此一部分——将自身隐伏起来的运动, 叫往。

泰卦是十二消息卦之一, 反映的是阳长阴消的过程, 所以卦辞中的"小往大来", 就是指小——阴爻去往, 离开显现的区域,大——阳爻复来,进入显现的区域。"吉""亨"两个断语,也都是针对阳长阴消,阳刚即将突破与阴柔的平衡,占据主导地位的这一态势/趋势的评判。

比之于人事,就是弱小的、昏暗的、阴柔的一方逐渐退去,由阳刚的、光明的、强大的一方来代替,是能够给天下带来吉祥与亨通的。进一步引申此意,不难感觉到,隐藏在客观规律背后的,创易者所持有的,或者说是其所要表达的,阳刚取代阴柔的正当性和阴柔应当具有的主动迎合、配合阳刚的自觉性。

这种观点,实际上就是所谓的天命论,就是所谓的天下观,用现代的语言来说,就是谋求群体利益最大化的观念。如果结合商周更迭的史实,以及《周易》中的部分内容,应当是出自文王或周公之手的传说,那么泰卦尤其是其中的爻辞,很可能反映的就是周灭商之前,二者之间的政治态势,同时也是周王室在灭商之后,为自己行为的合理性,寻找的理论依据。

彖曰:泰,小往大来,吉,亨。则是天地交而万物通也,上下交而志同也。内阳外阴,内健外顺,内君子而外小人。君子道长,小人道消也。

【译文】泰卦反映的是阴柔退却、阳刚井进的态势,吉祥,能够亨通。那么这样的天地关系就能交泰,万物就能亨通,上下交通而使心志相同。阳刚居内阴柔居外,内心刚健行为柔顺,吸纳君子驱除小人。君子之道得长,小人之道得消。

【解读】彖辞分为两大部分。

第一部分的前半段是对卦辞的完整重复，之后以"则"字连接后半段"是天地交而万物通也，上下交而志同也"。"则"是就、那么的意思；"是"是这的意思。由此我们可以：

1.通过"则"字断定，后面的天地交万物通等等概念，是建立在泰卦的卦象和卦辞基础上的推论和衍生产品。

2.通过"是"字可以断定，由泰卦的"小往大来"，向"天地交而万物通"推衍的过程，实际是一个——动中见静，然后再由静中见动的过程。其中：

■ 起着关键性的节点作用的"静"，就是"是天地"——这样的天地——如泰卦卦象所示的天地关系。

■ 所谓的"动中见静"。是指泰卦卦象所显示的特殊的阴阳平衡状态。虽然就阳长阴消的客观规律而言，泰卦所示的状态，并没有任何特殊之处，不过是运动过程中的一个阶段而已，因此不存在停顿的可能。但是将这种阴阳均等的状态，比之于人事，比之于社会和政治关系，却是一种可以长期稳定的状态。因此才会产生出所谓的"静"，成为其后的"交"与"通"的基础。

■ 所谓"静中见动"。是指在"是天地"的背景下，即针对如卦象所示的静止的阴阳关系下，阴与阳根据自身属性，表现出来的运动规律。即阴浊而下，阳清而上，进而导致阴阳形不动而气交。

即如下图：

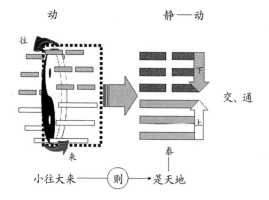

象辞实际上包含了两种不同的运动，并在文字上，通过化动为静的方式，完成了在这两种运动之间的转换，即将原本表示动的"往"与"来"，变成表示方位的"上"与"下"、"内"与"外"等。而所谓的平衡，就是这卦象所示的阴阳往来的变换之际，之前不是之后也不是——泰卦进一步发展，阴阳平衡就会被打破，就会出现在大局上的小往大来、阴衰阳盛的态势。

无论是孔子还是后世的儒者，之所以如此重视"天地交而万物通"这一衍生概念，甚至超越了对泰卦本意的关注。原因就在于，卦象所示的阴阳平衡状态，在人类社会生活中的意义实在太重要了。这包含了两个方面：一是由平衡带来的诸多利益，二是维持平衡所需要的相关条件。概而言之就是"上下交"和"志同"之间的等价关系——因为"上下交"而能够"志同"，只有"志同"才能继续维系"上下交"。

从卦象上看，"上下交"是阴阳由于平衡，而处于相对静止的状态之下，导致的阴阳自身的属性得以显露。比之于人事，就是：居于上位者，能够具有阴柔的特性——谦虚、下求、柔顺；居于下位者，能够具有阳刚的特性——积极、上进、刚强。也就是君王（可能并非贤明，但）能够体恤民情，顺应民意；臣民则对国家持有积极参与、天下己任的意识。这样才能上下一心——"志同"，按照中国传统的观念，这样的国家虽小敌不敢犯。反之，也只有"志同"，才能继续维持"上下交"的状态，否则就会出现君民之间的离心离德、不同阶层之间的分化等等问题，最终国家虽大，也只能是任人宰割的肥羊、任人摆弄的散沙而已。

由此可见，国家的强与弱，民心的聚与散，都在于如泰卦所示的"是天地"——这种上下关系之上。对于那些既来自民间，又身居上位，正肩负着"上下交"的责任，履行着"上下交"的义务的儒士来说，对此怎么能不时刻萦绕于心、记挂于口呢？！

象辞的第二部分"内阳外阴，内健外顺，内君子而外小人。君子道长，小人道消也"，较之上述的第一部分，更加贴近于卦象和卦辞的原意，完全可以胜任对卦辞的解释，而且在人文政治方面，所揭示的内涵也同样深刻。

"内阳外阴，内健外顺，内君子而外小人"，既是对静态的泰卦卦象描述，又是对其在社会政治上内涵的深刻揭示。泰卦和否卦的卦象所反映的，都是阴阳平衡的状态。但是历代先贤都以泰为通，以否为不通，原因就在于：无论是为人处世，还是治国安邦，都必须要"内阳外阴，内健外顺"。

所谓"内"，在人是指人内在的精神，在国则是指占主导地位的意识形态，其意义和价值在于：能够在物质利益之外，为人们提供一套评判是非对错的标准。使人或者国家的行为，不再是对物质刺激的简单条件反射，使其自身在最大程度上，摆脱物质甚至是肉体的束缚。

由于一切能够使人变得脆弱的诱惑与压迫，无不来自于外部的物质世界。因此，只有当人或者国家的"内"——精神，足够强健、光明的时候，才能够真正做到"富贵不能淫，贫贱不能移，威武不能屈"，在人此之谓大丈夫，在国则是一个真正的不能战胜的强国。

事实上，中华民族之所以能够成为，世界上唯一一个文化未曾中断的民族，原因正在于她曾经拥有强大的，并且具有足够说服力和吸引力的意识形态基础，即儒学思想。

在1840年之前，为西方人所广泛不解的，和在1840年之后，为中国自己广泛质疑，甚至诟病的，正是在传统的儒学思想指导下，中国人乃至当时的中国政府，在思维方式上的非物质化。

中国政府拒绝通商，拒绝进行殖民主义的行为等等，这些在当时的西方人，乃至之后的许多中国人自己看来，堪称匪夷所思的政策，其实正是由于中国自身，在意识形态上的强大，而对物质的诱惑产生的免疫。这种免疫，虽然在客观上，为近现代中国的苦难埋下了祸根，但是也正是这种免疫，才使这个民族保持了人格的高贵，没有沦为强盗甚至禽兽之属。这就是所谓的"外顺"。

"外"是指人或国家的行为，"外顺"是"内建"的表现和结果，因为行为的强硬，要么出于内心的险恶，要么出于内心的恐惧。仍以中国古代的政治观念为例，中国自古在外交上，就具有一个非常特别而重要的词汇，那就是"化"。与"征服"相比，

"化"具有两大特点：一是转变是对方自发完成的，而非是我方强加的、强制的；二是隐藏着对实现转变的高度自信。其原因就是"内建"。

"君子道长，小人道消"一句，首先是对泰卦正处于阳长阴消的过程之中，这一事实的形象描述，同时在人文政治上，也另有一层深意。即只有"君子道长"才能导致/迫使"小人道消"。就卦象而言，自上而下六个爻位，非阴即阳无一空缺，因此要去除"小人"的唯一办法，就是尽可能地增加"君子"，让"君子"占据更多的位置。比之于人事，这正是任何一个国家或组织，维系长期稳定与发展的核心问题。

需要指出的是，笔者上述针对象辞后半段的解读，主要是以静止的卦象为背景进行的。如果以卦象的运动为背景，即顺卦辞中的"小往大来"而解，可以直接将"内""外"解读为动词——使之入内，驱之出外，但就字面而言，非但可通，而且更加顺畅。只是所蕴含的内涵，略显单薄，与前半段的结合也不够紧密而已。为此，笔者在译文中，对三组"内外"，各做了不同的翻译，以供读者参详。

象曰：天地交泰，后以财成天地之道，辅相天地之宜，以左右民。

【译文】泰卦有天地交泰之象，君王观此象应当懂得，仿照天地运行的规律，依据天地变易之时宜，来统御民众。

【解读】"后"就是君王。"财"通"裁"。

象辞的意思，实际上顺象辞而来，强调君王应当仿照泰卦卦象所示的，天地交通、上下合志的规律，来制定治理国家的、统领民众的策略。

其中"财成天地之道，辅相天地之宜"，具有明显的道法自然、天人合一的思想，反映出中国古代对君王统治的合法性，并非是简单地来自于"神授"，而是以其统治手段，是否与客观规律——天道相一致为标准的。

初九，拔茅茹，以其汇征，吉。

【译文】拔"茅"的时候连带着"茹"，一并而起，因为相互牵连而动，吉祥。

象曰：拔茅征吉，志在外也。

【译文】随拔"茅"而动能吉祥，是因为其心志向外。

【解读】泰卦既是阳长阴消过程中的一个阶段，也是阳刚即将突破平衡占据主导地位的关键时刻。因此无论是卦辞"小往大来"，还是六爻的爻辞，都明显地表露出对阳刚升进的推崇。概而言之，下卦的二个阳爻的爻辞，都是对阳刚升进的肯定，都是对阳刚的劝进；上卦的三个阴爻的爻辞，都是对阴柔消退的肯定，都是对阴柔的劝退。

"茅"是指一种根系发达的草。"茹"有说是指茅的根系，也有说是另一种与茅相伴而生的植物——菜茹。无论是什么、

"拔茅茹，以其汇征"都是拔"茅"的时候连带着"茹"，一并而起的意思。

这其中包含了两个动词，或者说是两个动作，一是显见的"拔"，二是隐藏的"连"。结合卦象：初九是一卦之初，既是新近升进而来的阳爻，也是后续即将升进而来的阳爻的先导。即阳长阴消的过程，是如下图（小往大来过程的平面化）所示的一个相互连贯的循环过程：

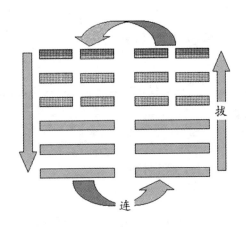

所以初九是由上所"拔"，又下有所"连"的一爻。就此再进一步，似乎可以将"茅"看作是已经升进而来的初九本身，将"茹"视为是即将升进而来，但目前尚未显现的其他阳爻。这样，"拔茅茹，以其汇征"所要表达的就是，对阳刚升进的连续性、必然性趋势。断语"吉"就是对这一趋势的肯定。

在有的版本中，也有将"征"单独断句出来，或者和"吉"断在一起，以突出初九上进的趋势，虽然对爻辞的解读影响不大，但是不利于突显阳刚升进的整体性，即初九是作为阳刚的一个组成部分，随同前面，连带后面的阳爻一起升进的特性。

　　同样的道理，不能因为初九与六四互为正应，就将象辞中的"志在外也"，简单地解读为初九征进是它与六四之间的行为，而应当将"外"理解为外卦的外，因为当阳刚完成全部升进之后，现在的初九恰好位于彼时的外卦之末。

　　九二，包荒，用冯河，不遐遗，朋亡，得尚于中行。

　　【译文】包容广大，涉过河水，不因为偏远而有所遗漏。

　　象曰：包荒，得尚于中行，以光大也。

　　【译文】包容广大，得以在中道中上行，是因为其精神的光大。

　　【解读】"荒"是广远的意思。"冯"在此处读作"píng"，是涉水过河的意思。"包荒，用冯河，不遐遗"就是，（要九二）包容广大，涉过河水，不因为偏远而有所遗漏。二三四爻组成互兑，兑为泽，在此借用为河，九二在互兑之中，有身在水中之象，因此需要涉水而过。依爻辞所言，九二涉水而过的目的是扩大其包容的范围，做到"不遐遗"。九二出离互兑之后，首先面对的就是六五，因此九二"不遐遗"的对象，也是其最终要包容的对象，就是六五。只是九二所要"包"的，所不能遗漏的，不是六五之爻，而是六五之位。

　　进而可以断言，所谓的"朋亡"应当就是针对六五而言的，六五位于上坤之中, 坤为朋, "朋亡" 即是指六五的亡去。这又是阳刚升进的连续性、必然性的肯定。

九二 "包荒, 用冯河, 不遐遗" (六五之位), 导致六五 "朋亡" 的结果是, 九二 "得尚于中行", 即九二占据六五的中位成为九五。其中的 "于" 字在标注了九二未来的行进路径的同时, 也更进一步地暗示了, 九二终要取六五而代之的必然性。

与初九的爻辞相比较, 可以感觉到, 初九更多的是处于从属地位, 爻辞的内容也更倾向于阳刚升进的客观性。九二则有明显的主动性, 而且在爻辞还有明显的劝进的意味。这是因为, 初九与阴爻完全不发生关系, 而自九二开始阳爻开始与阴爻发生联系, 也就必须要面对一个事实——阴柔虽然正在退去, 但是:

- 在绝对数量上, 仍旧与阳刚实力相当, 平分秋色;
- 在相对位置上, 仍旧占据上位, 对阳刚具有乘、压之势。

所以, 对阳刚的升进, 必须要有所鼓励和推动, 以坚定其信心。象辞说 "以光大也", 就是对九二继续升进, 直至 "得尚于中行" 的肯定。

九三, 无平不陂, 无往不复, 艰贞无咎, 勿恤其孚, 于食有福。

【译文】没有平地永远不化为险地, 没有过往的永远不再回复, 在艰难中持守正固, 没有咎害, 不用担心其 (是否) 信诚, 在食进中始终拥有福庆。

象曰: 无往不复, 天地际也。

【译文】没有过往的永远不再回复, 如同天地终将交接一样。

【解读】"陂"(bēi)是斜坡的意思。将一个无可辩驳的、尽人皆知的事实置于句首, 用来为即将发起的议论提供论据, 是中国语言中经常使用的一种手法。"无平不陂, 无往不复"在此处所起的作用, 正是如此。但是九三爻辞的核心, 应当在全句的最后, 含有动词的那一部分——"于食有福"。

如下图所示:

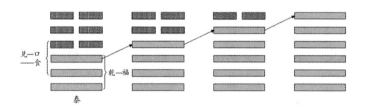

- 九三位于互兑之中, 兑为口, 因此有"食"之象;
- "于食"就是在"食"的过程中的意思, 因此九三的"食", 是一个连续的过程, 而非一次性动作——如果九三持续升进, 直至阴柔彻底退去为止, 九三处于互兑之中, 因此是一个连续的"食"的过程;
- 乾为福, 同样无论九三怎样升进, 都始终处于乾卦之首的位置, 因此"有福"。

所以, 九三的"于食有福", 就是对九三持续升进的过程的描述和肯定。

由于与九二相比，九三与阴爻的接触更加紧密——直接处于阴柔的乘压之下，直接肩负着将阴柔逼迫退去的责任，因此用"食"，同时又在爻辞中，处处充满了鼓励和劝进：

■ "无平不陂，无往不复"，是宽泛的客观规律，既说明阴柔退去的必然性，也说明了阳刚恢复主导地位的合理性，起坚定九三信念的的作用；

■ "艰贞无咎"是对九三所处的，始终为阴柔所乘，始终处于矛盾的焦点之中的艰难境遇的安慰与鼓励；

■ "勿恤其孚"是就九三与阴柔关系的分析，"恤"是忧虑、担心的意思，"孚"是诚信，通常是指阴阳相得的状态。在此处提出来，是因为九三为阴柔所乘，正有阴柔"不孚"之象，客观地说这也是九三升进时，遇到的最大的阻力和最大的忧虑所在。因此爻辞说"勿恤其孚"，就是告诉九三无需担心阴柔（六四）孚与不孚的问题——无论其孚与不孚都要继续升进；

■ "于食有福"，显然既是对其升进过程的描述，也是对其升进结果所下的结论——充当断语的作用。

象辞"无往不复，天地际也"，既是说"无往不复"是如同天地、阴阳彼此终将交接一样，不可更改，必然发生的客观规律，也是对九三所处的境遇的描述。

综合上述，可以看出创易的先圣，对当泰卦之时的阳爻，持有明显的劝进倾向。这是因为，在现实中，任何平衡都不可能长期存在，因此当阴阳处于平衡状态时，也是阴阳斗争的关键时刻，要么是阳爻再接再厉，占据主导地位；要么就是阴爻自上返下——这是其本性使然，将刚刚升进而来的阳刚，重新打压下去。所以，本着崇阳抑阴的思想，先圣在爻辞中，不厌其烦地反复劝进阳刚。

比之于人事，泰卦的平衡状态，对应的是阴柔在上、阳刚在下的安泰之世，其间蕴藏着来自两个方面的危机：

1.身处上位的统治集团已经失去了自身的活力——阴柔，这种久安而糜的状态，有顺势而下、弥漫君民的可能。

2.与内心精神强大相对应的，往往是行为上的清高，尤其是当泰卦所示的阴柔在上的时局，更容易出现这样的问题。

比如后来的魏晋之际，导致文人们清高逸世的一个重要原因，就是对当权者自身的堕落以及由此而来的文人对当权者的蔑视，但结果却是使国家和民族的生存基础出现了动摇，最终陷中华于长达400年的五胡暗夜之中。因此，保持来自底层的、民间的热情与参与，是国家强盛的根本。否则泰卦就会发生如下变化：

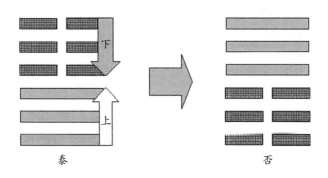

泰　　否

在平衡——静态中，逐渐向否卦转变，逐渐呈现出上下向背、君民离德的局面。

当然，由于泰卦之中的阳爻，尚处于无名、无位的状态，因此先圣一方面要劝导、激励积极主动的升进，同时也意识到如果没有正当有名、有位的阴柔的支持，不仅会使阳刚的升进平添艰辛，而且还有可能带来因为阴阳相冲，而导致的混乱局面。所以，在对下卦的阳爻劝进之后，随即就展开了对于上卦阴爻的劝退。

六四，翩翩，不富以其邻，不戒以孚。

【译文】如鸟儿一样翩飞迎合，不用财富来统御其邻，因为有孚信而对其不持戒惧。

象曰：翩翩不富，皆失实也。不戒以孚，中心愿也。

【译文】出现"翩翩不富"的状况，都是因为失于阴柔不实的本性。"不戒以孚"，说明了其内心的愿望。

【解读】"翩翩"是鸟儿翩飞相向（迎合）的意思，爻辞以此开端，等于是开宗明义，表明了六四对位于其下的三个阳爻的态度。

"不富以其邻"是在说明它（应当）持有这种态度的原因。六四位于互兑之中，兑为反巽，巽为利，因此六四有"不富"之象。虽然当今的所谓君子们，每每对财富羞于启齿，然而正如小畜九五"富以其邻"所揭示的道理，财富是统御民心、引导民志的终极工具。六四既然"不富以其邻"，那么自然无法与上进之中的阳刚抗衡。

不过好在，六四位于互兑之中，兑为悦，因此六四并不是一个坚持与阳刚抗争，阻碍其升进的阴爻，而是"不戒以孚"——说明六四对下面九三是有孚的。这也是九三在升进过程中，最为忧虑的。九三爻辞说"勿恤其孚"，这里就解释了"勿恤"的原因，因为六四"不戒"而且有孚。

九三担心六四无孚，是因为自身位于六四之下，处于被阴柔乘压的态势，其原因是六四作为阴爻，有自上而下运动的天性。如果要使六四有孚，意味着六四应当位于九三之下，对九三呈上承之势，如何才能做到这一点呢？只有一个办法，那就是六四改变自身的运动方向，迎合九三一起向上运动，随阳而上直至其往。

所以，象辞说"不戒以孚，中心愿也"，说明六四虽然是阴柔居上，但其心愿却仍旧是阳刚能够升进。"翩翩不富，皆失实也"说明，"翩翩"和"不富"应当是两件事，但其根本原因都是来自于六四自身，阴柔不实的本性。

六五，帝乙归妹，以祉元吉。

【译文】帝乙下嫁自己的妹妹，有福大吉。

象曰：以祉元吉，中以行愿也。

【译文】能够有福大吉，是因为能够通过适当的方式，来践行其心愿。

【**解读**】"帝乙归妹"的"帝乙",有多种说法,因为在商朝的历史上,先后有四位君王的名字里,都有乙字。一位是建立商王朝的成汤,又叫天乙、大乙等;一位是中兴商王朝的武丁的父亲小乙;第三位是纣王的曾祖武乙;第四位就是纣王的父亲,名字中虽然没有乙字,但其帝号却叫帝乙。

根据现代的考古发现,商王朝时期东西方的交流已经存在,由此可见当时同属中原地区的部落、邦国之间,政治经济交往必定已经十分频繁,彼此之间的关系也必定更加复杂。因此据说在成汤时代,就已经开始用联姻的手段,来稳定王室与诸侯之间的关系。但是对于此处的"帝乙",绝大多数的学者还是认为,应当是指纣王的父亲帝乙。

因为在商周关系史上,曾经由于帝乙的父亲文丁杀了当时的西周首领季历,而导致两国关系极度紧张,为了缓解这一局面,帝乙继位后就将自己的妹妹,其实是同姓宗亲诸侯国莘国的长女,嫁给了季历的儿子姬昌(文王),以达成商周之间的暂时和解。笔者认为,这种观点是可取的,因为这既符合《周易》是经过周王朝重新编撰而成的传说,又符合卦中阴爻以主动退却为宜的整体思想。

因为,帝王平定诸侯的方法无非两种,一是武力征服,二是联姻拉拢。后者则又有屈从迁就之意。这是符合自六四而来的"不戒以孚"的思想的。

"祉"是福的意思,"以祉元吉"就是有福大吉的意思。这一句则颇有一些胜利者对失败者进行炫耀的味道,当然同时也是对"帝乙归妹"这种策略、态度、方法的肯定。

象辞"中以行愿也",进一步说明了,六五之所以身居君位,仍能够以"归妹"的方式来解决与诸侯的矛盾,面对阳刚的升进的原因,全在于一个"中"字。说明"中"的概念,不仅适用于阳刚,同样适用于阴柔。以六五为例,就是才智不足,但良知未泯的意思。所以它才能与九二正应,才能发自内心的以"归妹"来化解矛盾。这实际上又是天下观、整体性思维的表现。

在后世中国的历史上,这样的例子比比皆是,中原皇帝为了维持国家的稳定,避免将人民置于战乱的痛苦和亡国的威胁之中,曾经无数次使用"归妹"的策略,来换取韬光养晦的时间。

上六,城复于隍,勿用师,自邑告命,贞吝。

【译文】城墙又倒回到了壕沟里,不要采取对立的行为,从民众中传来天命的兆示,再坚守原有的正固,就会有吝难。

象曰:城复于隍,其命乱也。

【译文】城墙又倒回到了壕沟里,说明其天命已经散乱。

【解读】上六与九三正应,爻辞的内容上也有相互关联之处。"城复于隍"就是城墙又倒在了壕沟里的意思。"隍"就是没有注水的壕沟,古代筑城(土城)用的土,通常就是从环城的壕沟中挖出来的,因此"城复于隍"实际就是一个鲜活的,"无平不陂,无往不复"的例子。

如果说"无平不陂,无往不复",是鼓励九三升进的理论依据，那么"城复于隍"，就是劝上六其主动退去的现实警示。

"勿用师，自邑告命"都是在劝诫上六，不要为固守阴柔而作不必要的努力，这是符合现实的，因为任何一个王朝、一个利益集团，当它正在被取代的时候，反弹最大的往往并不是当权者本人，而是那些幕后的既得利益者。此处的"邑"应当是借指"下"——民众的意思。"自邑告命"就是从民众中，传来天命的兆示的意思。

从象上说，当位的六五柔居阳位，虽然才智不足，但内心却仍是阳刚、光明的，因此仍旧能够做到"中"。上六处于一卦之终，有物极必反、终极不智的倾向，因此先圣以"贞吝"戒之，即警告上六，如果坚持将有吝难。

关于"城复于隍"的取象，自古也有多种说法，笔者认为其实回到初九所用的图中，即可一目了然。初九是自下而上、拔茅连茹的升进。上六的运动趋势，则是随着已经退去的三个阴爻，一并自上而下地倒伏下去。岂不正是"城复于隍"之象？

象辞"其命乱也"中的"命"是指天命，天命已乱，就是天命已去的意思，是在进一步向上六们说明，阳进阴退乃是大势所趋，非人力可为的道理。

否——变通应时

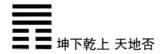 坤下乾上 天地否

否（pǐ）卦继泰卦而来，加之两卦之间既覆又变的特殊关系，无论在卦辞和爻辞上，还是全卦所要揭示的道理上，都与泰卦有着紧密的联系。但是否卦与泰卦之间的关系，并不像两个卦名所示的意义——泰（交通）与否（闭塞）一样泾渭分明，即否卦并不是简单的泰卦之变，相反却在一定程度上，更像是对泰卦的延续。

这一点并不难理解。即如下图所示：

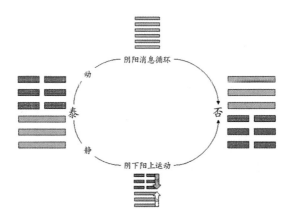

泰卦可以沿着动静两条通路，发展为否卦。首先从阴阳消息的动态角度来看，否卦也是十二消息卦之一，是由乾卦经过阴爻自下而上的升进，发展而来。而乾卦是泰卦发展的目标与结果，由此可见否卦确实就是泰卦的延续（反之亦然）；其次从阴下阳上的角度来看，否卦是泰卦处于相对静止状态之后，阴阳两种爻依其本性而动的必然结果，因此也是泰卦的延续。

从道理上说就是：

"动"的通路说明，任何一种平衡都终将会被打破，进入到另一个新的发展阶段中去。只是，卦象是二维的，因此通过卦象的变换，我们只能看到循环，而看不到进步。如果引入三维的概念就会发现，在阴阳消息、循环往复的背后，还有一客观存在，即时间在起作用。其作用的结果就是，社会/文明在宏观上的绝对进步。所以人们才应当顺应时代的发展，不应当逆历史潮流而动，因为无论个人坚持内容是否正确，只要是违背潮流趋势的，都是对进步的阻碍——进步并不仅仅表现为在现有基础上的改进上，有时候也需要打破，甚至是需要打破当前看来，所谓好的、正确的东西，因为这样才能通过让人们看到不好的结果，来重新认识好的可贵，进而更加珍视它。

"静"的通路则说明，一旦变易陷入停顿，在其中的各种因素，即会显露出各自的基本属性，而且按照自己的属性，而非原有的循环规律来继续运动，直至达到稳定为止。比之于人事则是，一旦社会从进步中停顿下来，人们自身追求的本性就会暴露出来，最后求安逸者沉着于下，求进取者清高于上，终止社会的分化。

由于《周易》中处处洋溢着崇阳抑阴的思想,给否卦又增添了另一层"负担",即它不能像泰卦那样彻底、鲜明地表露对升进者,也即对变迁的支持,因此导致全卦在泰卦的原意与衍生意义之间、动与静之间的矛盾之外,又多出一种变与不变的新矛盾,从而使其内涵变得更加复杂,遣词造句也更加隐晦。

否之匪人,不利君子贞,大往小来。

【译文】阻塞错了对象,不利于君子正固不变,阳刚往去,阴柔复来。

【解读】否卦自卦辞开始就透露出辞、意隐晦的征兆。其卦辞同时具有两大特点:一是没有卦名,二是没有断语。下面我们就从这两点切入,来解释否卦卦辞的用意,并且找到解读后续爻辞的钥匙。

第一点:卦辞没有卦名。

否卦卦辞直接以"否之匪人"为首,而没有卦名,以至于后世有人认为"之匪人"三字是衍文。其实否卦不列卦名,而直述卦辞,与履卦的情形一样,是为了避免读者被卦象所影响,作出错误的判断。如下图所示:

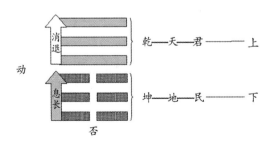

从静态的角度去看，否卦天在上地在下的卦象，就自然规律而言，是合情合理的，是天经地义的，是客观真实的；就人事而言，统治者刚健在上，被统治者柔顺在下，上下之间宏观上相互亲比，微观上又互为正应，堪称完美的组合，一派明君在上百姓听命的安乐祥和的景象，何来之否（pǐ）？所以创易的先圣，必须开宗明义，彻底打破人们被表面现象所迷惑的可能。

因为从动态的角度看，否卦是由乾卦，在阴爻不断升进的过程中形成的，它所反映的是柔进刚退、阴长阳消的趋势。"易者易也"《易》既然是一部讲述变易的书，那么自然关注的焦点也在变易之上，而非眼前的静态之象。所以在先圣眼中，眼前的完美平衡，不过是短暂的一瞬，重点在于随之而来的将是阴柔当道、阳刚消退的局面，这是不可违逆的客观规律，也是即将导致的结果。

所以卦辞说"否之匪人"，就是阻塞的对象错了的意思。"不利君子贞"，既可以理解为：不利于君子正固不变，也可以理解为：君子正固不变是不利的。将两句话结合起来，就会体会到其中一显一隐两重含义：

"显"的是对客观规律的尊重，即在上的阳爻——君子，应当顺应时局的发展，而不应当人为地闭塞阴爻的升进；"隐"的是对阳刚的推崇与不舍，原因即如上所述，当前的平衡状态，确实是一种"完美"的状态。

后世的解易者，因为受到象辞中衍生的"天地不交"的观点的影响，而有将"否之匪人"解读为：闭塞不通不是人（间正）道的。客观地说，如果卦辞只有"否之匪人，不利君子贞"的话，那么这种解读不仅是可取的，而且还是更加全面的。因为否——闭塞的问题，既是由当事的双方共同造成的，其结果也是要由双方共同承受的。说否——闭塞不是人道，就兼顾了阴阳两个方面，因此更加客观，也更加全面。但是爻辞尚有"大往小来"一句。

这一句，既点明了否卦自身处于阴长阳消的过程之中的本质，又说明了阳爻当往、阴爻将来的客观事实。因此，充当闭塞者的应当是阳爻，而被闭塞的对象则是阴爻，所以"否之匪人"，更倾向于对阳爻不当行为的劝诫。

第二点：卦辞没有断语。

通常卦辞中都包含有兆示吉凶的断语，以作为对卦象所示状态的整体性评判，如在泰卦"小往大来，吉亨"中的"吉"与"亨"。否卦没有断语，用意何在？笔者认为其原因/意图有二：

1.无断即是断。比较泰卦可知，泰卦的"吉亨"，是针对"小往大来"而来的，其最终的结果，将是六爻皆阳；而否卦是"大往小来"，其最终的结果，将是六爻皆阴，却无断。相较之下可以推知，此处的无断，就是有断，就是不吉、不亨的意思，表露的就是对六爻皆阴这种结局的不肯定、不支持的态度；

2.无断胜有断。泰与否所反映的都是阴阳更迭的客观规律，既非阳刚的意愿，也非阴柔的图谋，因此本来应当一视同仁——都应当有"亨"的断语。只是一旦结合于人事，则要加入人的主观好恶，即喜阳恶阴、崇阳抑阴，所以从人事的角度来看，六爻皆阴就成了不亨，但如果加入这一断语，又势必降低客观规律不可违逆的地位，造成人可胜天的错觉。所以此处无断胜有断——既表明了在人事上，对阴阳的态度，又维护了对客观规律的尊重。

至此，我们可以进一步明确：卦辞中对阳刚的劝诫，仅仅是因为其对客观规律的不当阻挠。"否之匪人"也可以被进一步解读为：阻挡/闭塞是错误的。"不利君子贞"则说明了：阳爻阻挡的方式和导致不利（既对自身，也对全局）的原因，就是"贞"——正固。反之，解决"否"的方法，就是阳爻不"贞"（正固），而不是一定要退去——这就是解读后续六爻爻辞的钥匙。

彖曰：否之匪人，不利君子贞，大往小来。则是天地不交，而万物不通也。上下不交，而天下无邦也。内阴而外阳，内柔而外刚，内小人而外君子，小人道长，君子道消也。

【译文】阻塞错了对象，不利于君子正固不变，阳刚往去，阴柔复来。那么这样的天地关系就不能交泰，万物也不能亨通。上下不交通，国家也就无法存在于天下。阴柔居内阳刚居外，内心阴邪行为刚烈，吸纳君子驱除小人。小人之道得长，君子之道得消。

【解读】在彖辞上，否卦几乎完全就是泰卦之变，因此对于接大部分内容的解读，都可以参考泰卦彖辞。只有一点具有明显的出入：泰卦说"上下交而志同"，否卦说"上下不交，而天下无邦也"，不说"志同"与否，而直言"无邦"，这是一种互文取义的手法，即把属于一个句子（或短语）的意思，分写到两个句子（或短语）里，解释时要把上下句的意思互相补足。这就是说，在彖辞的作者心中：上下交与不交，所导致的结果和标志，就是"志"的同与不同。"志"的同与不同，又直接决定着"邦"的有无。换言之，"上下交"是"邦"——国家存在的充分必要条件。

这是一种非常先进的政治思想，甚至其先进程度已经远远超过了现代的所谓西方民主思想。对此进行严谨的论述，无疑将是一项浩大的工程，但是可以通过中国历史上的三个上下不交的典型案例，来加深理解"上下不交，而天下无邦也"作为一种政治思想的先进性：

1.形、神皆不交的五胡乱华时期。

这是一个夹在西晋和南北朝之间的，以北方游牧部落轮番称霸中国北方为特征的历史时期。在此期间的北方政治具有两大特点：一是政权的寿命极为短暂，往往只有二三十年光景；二是普遍采用胡汉分治的统治策略，即在皇帝之外另设大单于台用以执掌军事，在国民内部进行严格的分工，胡人在大单于台的领导下专事征战，汉人在行政机构领导下专事生产。

表面看来，上层统治者刚健勇猛，下层被统治者柔顺听命。如果没有外界的扰动，完全可以相信这样的平衡能够存在得更加长久一些。但是潜在的阴阳不合、上下不交的问题，决定了其内部不仅"形"不能交——胡汉分治，"神"更不会交——双方在文化上存在巨大矛盾，所以即便外界的扰动是极其微弱的，但只要有，这种平衡都将瞬间瓦解。最为典型的例子，就是著名的淝水之战。

但就军事而论，当时苻坚的军力对东晋具有压倒性优势，而且在政治上苻坚也是五胡之中，最为开明，甚至堪称英明的一位君主，然而在两军交战之际，仅仅是因为后军的一句"秦兵败矣"呐喊，80万大军就瞬间土崩瓦解，惶惶如丧家之犬。

2.形不交而神交的晚明时期。

这是一个被后来的满清刻意渲染而成的中国历史上最为黑暗的时期。事实虽然不至于此，但也确实不是空穴来风。因为晚明时期的中国，表面上对内保持着长期的稳定，对外则拥有绝对崇高的大国地位。实际上，却是社会的内部"上下不交"久矣。

随着来自南美的白银，通过贸易的大量涌进，手工业的快速发展，一个拥有大量资本的工商业阶层迅速崛起于民间，但是明朝的政府无论是在思想上，还是在经济上，都仍旧顽固地保持着农业型的特征，即国家的经济收入，主要来自于农业税收，国家的行政也主要掌握在那些，来自于农民/地主子弟的士大夫阶层手中。这就在事实上导致了，国家/君主/统治阶层，与民众之间的分离——形不交。好在传统的儒学思想在社会上，尚占有绝对的统治地位，维持着不同群体间价值观念的基本同意——神交，才能够维持表面的强大。

同样，如果没有外界的扰动，这种阳刚在上、阴柔在下的平衡局面，也应当有机会维系更长的时间，但却无法支撑内外交困的局面。因此当满清入关之后，曾经的煌煌礼仪之邦，竟然在区区蛮夷面前，演出了军民望风而降的可耻悲剧。

3.形交而神不交的满清时期。

满清显然吸取了五胡以及后来元蒙在统治中原失败的教训，因此在入主中原之后，一方面将自己装扮成中原文化的崇拜者(也可能是真的心向往之),以博取在中国社会中,占主导地位的士大夫阶层的欢心;另一方面又用科举将汉人精英,玩弄于故纸堆中,使之不仅完全无视晚明以来的社会经济变迁,也完全忘记了被外族统治的痛苦。反而沉醉于外族在文化上的"归附",和顶戴花翎之下的一声"奴才"之中。

结果是,满人的贵族和汉人的精英们,表面上实现了在利益上,乃至文化和价值观念上的高度融合——形交,但是就其统治思想而言,从未与中原融为一体,从强制剃发易服,到对东北的封锁,再到满汉不能通婚,再到官员任用上的重满轻汉,无不显现着统治民族与被统治民族之间,神的不交。所以两百多年的满清,才会被并不强大的革命党传檄而破。

综上可见,"上下不交"的结果可以归纳为三种:民族的分离、阶级的分离和统治思想与生产力发展的分离。显见,凡此三种有其一,则国必不能存,邦必不能保。因为,下与上志已不同,则民心必然动摇思变。这就是后世所谓的向背问题。

象曰:天地不交,否。君子以俭德避难,不可荣以禄。

【译文】否卦有天地不相交通之象。君子观此象,应当检点自身的德行,不可以追求为官得禄而来的荣誉。

【解读】象辞所表露的内涵,与遯卦的核心思想极为相似,即都是强调君子以自身的隐退,来保证道的存在与完整。这并不奇怪,因为否就是阴爻在遯的基础上,再进一步发展而来的,当遯之时,君子已经需要以身退求道存,如今至否,阴柔更盛,道统更危, 君子当然应当更加谨慎。

"禄"是因官而得之报酬, 而官必是当权者授予之物。因此说"不可荣以禄", 而不说"名""位""利"等, 一方面是在强调, 君子不可贪恋于名利（当前还是阳刚当位）；另一方面, 也是在警戒阳刚——君子不可以依附于阴柔（未来必然是阴柔当位）。

初六, 拔茅茹, 以其汇, 贞吉, 亨。

【译文】拔"茅"的时候连带着"茹", 一并而起, 因为相互牵连而动, 保持正固就可吉祥, 亨通。

象曰: 拔茅贞吉, 志在君也。

【译文】随着拔"茅"的连带而起, 保持正固就可吉祥, 是因为其心志是朝向君侯的。

【解读】泰卦的六爻的爻辞, 有明显的对下卦的三个阳爻劝进, 对上卦的三个阴爻劝退的意味, 前后语义连贯统一。否卦则不同, 下三爻的爻辞, 虽然都有进的意思, 但是同时又加入了劝诫, 甚至是贬斥的意味。对上卦的三个阳爻, 也仅仅是劝变而已。出现这种差异的原因有两个: 一是在崇阳抑阴思想统御下, 并不以阴爻升进为然, 不以六爻皆阴为亨；二是否卦卦象所示, 仍是阳刚尚居正位的局面, 因此如果能够维持现状, 也未尝不可亨通。

初六，"拔茅茹，以其汇"与泰卦初九爻辞的意思相同，不过是在讲述阴爻升进的必然性。"贞吉"是戒语，强调阴爻必须要保证贞正，才能够获吉。"亨"应当视为"吉"的结果，但由于"吉"又是以"贞"作为前提的，所以"亨"实际是"贞"的结果。所不同的是，"吉"是针对初六自身而言的，"亨"则是针对整体而言的。比之于人事，"吉"是针对升进中的"小人"自身利益而言的，"亨"则是针对天下整体利益而言。

有先儒据此认为，初六之所以能够"贞吉"，是因为"小人"如果能做到"贞"，则可变为"君子"，故而可以得"吉"。略有些许道理，但似乎走得远了一些。因为《周易》中的君子小人之分，主要是就个人基本素质而言的，即君子是指（能够）具有知识的，主要以脑力劳动为主的群体；小人则是不（能）具有知识的体力劳动者。至于二者在道德上区别，则是在原意基础上的延伸，因为就整体而言，受教育程度，显然是与道德水准成正比的。所以"小人"的"贞"，更接近于先天自发的质朴，而非后天自觉的高尚。

卦辞中没有"亨"，而在初六爻辞中有"亨"，看似矛盾，实则不然。因为初六的"亨"是有条件的，是建立在初六自身"贞"的基础上的。这恰恰说明了卦辞中为什么没有，也不能有"亨"——因为卦辞较之爻辞，更需具有普遍性。

象辞"拔茅贞吉，志在君也"说明了两个问题：

一是结合泰卦初九的象辞"志在外也"可知，此处的"君"就是外的意思，因为九五为君，九四也可以为君，因为四为诸侯之位，但它们都在外，在外卦，因此"志在君"就是"志在外"，就是要表明初六未来的发展方向；二是强调了"贞"的标准是"志在君"，这是因为当前卦象之下的"君"，仍旧是居中得正的"君"，因此如果初六能"贞"，则必然（也必须）与之同志。

六二, 包承, 小人吉, 大人否, 亨。

【译文】（向上）包容承应, 小人吉祥, 大人闭塞, 亨通。

象曰: 大人否亨, 不乱其群也。

【译文】大人主动闭塞（小人）就能亨通, 是因为能够不乱君子、小人之间群类的界限。

【解读】与泰卦的九二相似, 自六二起阴爻开始与阳爻产生了联系, "包承"就是包容承应的意思。从卦象上看, 二三四互艮, 艮为手, 六二在下, 因此有双手上承之象。互艮之上是九五, 因此六二所要"包承"的对象, 不是别人正是九五。

"小人吉"是六二包承的第一个结果, 因为包容、承应既是小人得以进身的主要手段, 又是小人在面对"大人"时, 应当具有的一种态度。比之人事, 古往今来凡是得势之小人, 无一不是钻营奉承之高手; 反之, 身居下位之臣民, 如果不通"包承"之道, 非但有不臣之嫌, 也将不利于其事之成。所以不能简单地将"包承", 理解为绝对的贬义。

"大人否"具有双重含义：

首先是六二"包承"的另一个结果, 此时不考虑"亨"的问题，只考虑"大人"自身的问题（因为"亨"是就整体而言的），此时的"否"应当读作"fǒu"，说明大人与小人的情况正好相反，是不吉。作为"包承"的结果，这一层不吉的含义是必然的，因为闭塞是一个相互作用的结果，六二向上包承九五，即对九五采取包容、应承的态度，无论六二是出于用心的险恶，还是因为能力的不济，最终都必然导致九五被"否"——闭塞。比之于人事，虽然中国古代的君王，都号称是身居明堂之中，面南光明而治，但在对外界信息的了解上，并无异于被关在牢笼中的囚徒，所以多一个敢于犯颜进谏的大臣，就等于是多了一扇开向外面世界的窗户——这就是魏征对于唐太宗的作用。反之，多了一个只会"包承"的臣子，就等于又关上一扇窗户。所以，无论六二用意如何，对大人来说，不吉的结果都是必然的。

其次是"亨"的条件，此时的"否"应当读作pǐ，说明大人应当对六二的"包承"，采取闭塞、贬斥的态度。这既是对当前的"大人"——九五的能力与秉性的客观描述，因为毕竟九五仍旧是居中得正的阳爻，也是对"大人"的警诫，因为如果比之于人事，那么无论是六二的出现，还是六二的行为，本质上都应当归咎于九五的不慎，而且即便是居中得正的九五，也未尝不会沉醉于"包承"之中，被自己宠信的佞臣活活饿死的齐桓公就是一例。反之，如果"大人"能够主动地"否"六二的行为，那么就会天下亨通。

象辞"不乱其群"，进一步说明了为什么"大人否（pǐ）"，就能是天下亨通。所谓"群"就是君子、小人之群。"不乱其群"就是不乱君子、小人之间群类的界限——不仅是大人/君子不入小人之群,同时小人也不能入君子之群。其意义与价值,用现在的话说,就是建立正确的导向,明确是非对错、荣辱贵贱的标准;用过去的话说,就是明礼!

六三,包羞。

【译文】包纳其羞。

象曰: 包羞,位不当也。

【译文】(需要)包纳其羞,是因为所处的位置不当。

【解读】六二"包承"的对象是其正应九五,那么六三"包羞"的对象,是否就是与之正应的上九呢? 笔者认为不然。如下图所示:

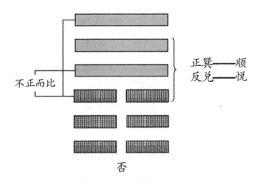

否

六三是唯一与阳爻直接接触的一个阴爻,它与阳爻同时存在两种关系,一是与上九正应,二是与九四亲比。相对而言,亲比应当比正应关系更加紧密,而且如果阴爻能够持续升进,那么六三将始终与九四保持这种关系，相反上九将是未来最先消失的一个阳爻。所以，六三"包羞"的对象应当是九四。

六三是阴居阳位而不正，九四则是阳居阴位而不正，两个各自"不正"的爻相互亲比，其羞可知。但是就像六二会对九五持"包承"的态度一样，六三会既"包"自己之"羞"，又"包"九四之"羞"。

"包"自己之"羞"，是为了阴爻的进一步升进，阴爻不能逼迫阳爻，只能随阳爻之退而进，也就是说，六三的进是以九四的退为前提的。所以明知蒙羞，六三也会包而进之。比之于人事，则小人若知羞，若不能包羞，焉能登堂入室？

"包"九四之"羞"，就是为了让九四顺利的、没有包袱的退。因为否卦并没有对阳爻劝退的意思，因此九四作为阳爻而退，其羞自知。这将阻碍其退，进而阻碍六三——阴爻的升进。所以，六三必须将其"羞"一并"包"下。比之于人事，这也是小人进阶的秘诀之一。

表现在卦象上就是，六三与九四同在正巽反兑之中，有六三顺而取悦九四，九四得悦而顺于六三之象。

象辞"包羞，位不当也"，说明六三会"包羞"的原因，是其"位不当"。"位不当"就是不正。这是客观事实，是无法改变的，所以在三个阴爻的爻辞中，只有六三没有"亨"的断语，说明时局至此，已无可挽回，或者认为六三之流，实为无可救药之徒，一旦让这种人窃据官位（三为公位，对应于朝廷的官员）则天下不变就不能再"亨"。

九四，有命无咎，畴离祉。

【译文】顺应天命没有咎害，附丽于同类而得福庆。

象曰：有命无咎，志行也。

【译文】顺应天命没有咎害，说明其心志向动。

【解读】否卦没有对位于上卦的三个阳爻，表现出明确的劝退之意，而是针对不同的情况，强调变化的重要性。

九四是上卦之初，既是阳爻阻断阴爻的屏障，又是阴爻随顺于阳爻的媒介（三四五成互巽，巽为顺），阳爻又是阴阳互动中的主导者。所以它与泰卦中的九三一样，都是"当天命之变"的一爻。

所不同的是，对于泰卦的九三，爻辞鼓励它"艰贞无咎"，并向它展示了"于食有福"的前景，以坚定其升进的决心。从否卦九四的前半句"有命无咎"中，看不出明确的关于进和退的意见，反倒有明显的听天由命的不确定性。但有一点是肯定的，那就是九四的进退，并不是主动的。从象上看就是，九四向上要顺于九五——君命，向下又得六三"包羞"——天命，二者都不可违，唯有随其强者而动。

后半句"畴离祉"中，"畴"通俦，是同类的意思；"离"是附丽；"祉"是福的意思。通常被解读为：同类附丽于它而得福祉。如果是这样，则更倾向于不动，因为一动则乾象即毁，也就无福可言了。笔者认为，这个"畴"应当被看作是一个动词，"畴离祉"是说九四自己,通过附丽于同类而得福。当然此时的类,也不是泾渭分明的阴阳两类,而是变化不定的强弱之分。

比之于人事,无论是在原始社会中,还是后来各种其他社会形态中,九四所对应的诸侯和官员,都是典型的墙头草。当太平之世,腐败从他们哪里开始滋生;在改朝换代之际,他们往往又是更换门厅的先锋。从象上看,九四既位于两"命"之中,无能自主,又位于互巽之中,为利所驱。

象辞"志行也"中的"行",并不是行动、退却的行,而是变化不定的行。

九五,休否,大人吉,其亡其亡,系于苞桑。

【译文】终止闭塞的状态,大人吉祥。(整天惦记着)要灭亡了,要灭亡了,就会像系在丛生的大桑树上一样(牢固)。

象曰: 大人之吉, 位正当也。

【译文】大人之所以能够吉祥,是因为其位置正当。

【解读】九五是居中得正之主,早在六二的爻辞中,既已透露了它仍旧具有左右时局的能力。因此九五与九四不同,九四听天由命,九五则要主动施为。

"休否"就是停止"否",中止"否"。这是因为一方面,九五仍具君位,而且居中得正,在能力上,能够中止"否";在道德上,都能够知道应当去中止"否"。另一方面,就是如前所述的,

"否"的局面归根结底，必定是由九五自身造成的，而且也将其自身陷入被"否"的境遇中，所以只有它自己才能中止"否"。

由于"否"是一种相互作用，因此大人"休否"，既可以中止天下之"否"，也可以使自己出离"否"的境遇，因此"大人吉"。

"其亡其亡，系于苞桑"意思是说，（整天惦记着）要灭亡了，要灭亡了，就会像系在丛生的大桑树上一样（牢固）。也就是要居安思危的意思。

其中"其亡其亡"就是"休否"的方法。"系于苞桑"就是大人之吉。

九五爻辞为我们揭示一个道理：天下之"否"源于君王，君王之"否"源于忘危。何以忘危，无他唯自满而——满则闭！

象辞"大人之吉，位正当也"，说明大人之所以能够得吉，是因为"位正当"。所谓"位正当"具有两重含义：一是有资格；二是有能力"休否"得吉。

说明一点，九五与六二爻辞并不矛盾。首先，六二中"小人吉，大人否"——不吉的原因，正是因为六二"包承"导致了大人被"否"，因此不吉。与"休否，大人吉"并不矛盾。其次，六二中"大人否，亨"中的"否"，是大人去"否"六二，实际上就是去"休否"，理应有"亨"的结果。

上九，倾否，先否后喜。

【译文】打破闭塞的状态，先闭塞后有喜悦。

象曰: 否终则倾, 何可长也。

【译文】闭塞达到了终极, 就要被打破, 怎么能长久。

【解读】上九是一卦之终, 从象上看, 上九既是"否"的终极, 又是"否"的根源, 但却没有终止"否"的能力。所以, 只能去破除"否"——"倾否"。

与泰卦上六的"城复于隍"相比, "倾否"具有明显的主动性, 说明: 在客观上, 阳是主动的, 阴是从动的; 在主观上, 创易的先圣认为, 当上九之时, 或者当上九之位的人, 应当主动地打破"否"。只有这样才能开创一个新纪元, 即"先否后喜"中的后喜。比之于人事, 就是所谓的不破不立、大乱大治的道理。

笔者之所以说, 上九是"否"的根源, 是因为上位是宗庙之位, 宗庙者精神之所也。对社会造成最大禁锢的, 往往就是思想, 就是哲学。所以说任何社会的进步, 都以哲学的进步为先导。改造或者说革新一个社会的哲学或价值观, 或者说思想观念的前提, 必须有敢于挑战旧的思想体系、甚至不惜破除之的勇气。

"先否后喜"一句来看, 先圣关于此一点的意识, 并不十分显著。但笔者还是将其衍生于此, 以供读者参详。

象辞"否终则倾"突出了必然性, "何可长也"则是为了进一步击碎人们对"否"世安逸的眷恋。

同人——固国之道

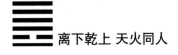 **离下乾上 天火同人**

同人卦是卦辞/爻辞较为浅显,但是义理十分深奥难懂的一卦。

首先是对"同人"二字的理解。既可以将其理解为是自己"与人同",也可以将其理解为是自己去同化别人。一正一反,既有交叉——最终都是人与我的融合,又有差异——目的与方法都不相同。

其次是对卦中六爻之间的逻辑关系的理解。稍后可见,卦名虽然叫"同人",而且卦辞也是一片祥和,但是在爻辞之中却又充满了杀伐征讨之气,而且难以辨识出清晰的自下而上的逻辑关系。

因此,面对看似浅显的卦辞/爻辞,历代的解读却走上歧途。其根源在于,没有真正与那些生活于《易》的创始与成熟时代的君王或巫师们,站在相同的角度去思考。殷商到西周初年,最显著的政治特征无非是两个:一是宏观上,国家是由君王控制的区域,和分封或联盟的诸侯控制的邦国,共同组成的;二是微观上，朝廷的官员，包括绝大部分的诸侯，都是与王室有血缘关系的。另外还有一个虽然隐伏，但却在不断显现的问题，那就是来自民间的力量逐渐强大，而贵族却在相对的衰落之中，因此自殷商开始，关于君王招贤纳士的传说，即以不绝于史。

将此背景投射到同人卦中，就会如下图所示看到：

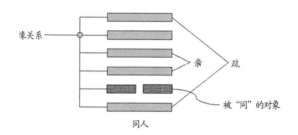

■ 六爻按照"血缘关系"可以分为阴和阳两大类；

■ 在具有"血缘关系"的阳爻中，又可分为三类：一是当政的君王九五；关系较远的初、上；关系密切的三、四；

■ 对于九五来说，阴爻是要"同"的对象；三、四是关系密切——已经"同"，但需要防其不"同"的对象。

这就是说，在六爻中存在着两种不同的关系，一是使"不同"变"同"，二是防止"同"变为"不同"，但最终的目的却是一个——"同"。有了这样的认识之后，同人的卦辞与爻辞之间，爻辞与爻辞之间的种种矛盾，也就迎刃而解了。

同人于野，亨。利涉大川，利君子贞。

【译文】（能）到荒野上去同合他人，亨通。有利于涉越大川，有利于君子的正固。

【解读】"野"的本意是荒野。在创易时代，国家的中心区域叫作国，通常就是指君王所居住的城市，国之外的周边区域叫作郊，郊之外的广阔区域叫作野。"同人于野"中的"野"，既有其原始意义——荒野，又有由此引申而来的宽广的意思。

荒野上居住的人，通常都是与国君，甚至国关系不甚紧密的人，在荒野上同合他人，就相当将"同"的范围，从有血缘关系，向无血缘关系的拓展，这实际上就是对当时普遍通行的，根据宗族关系来任用官员的制度的一种突破，就是要打破宗族观念/关系对国家的束缚。是符合当时的时代背景的。后儒据此认为，"同人于野"就是说，要广泛的"同人"，要同天下之人，要实现天下大同，是正确的。

可以推想，在当时的社会中，一方面，随着世袭制度的延续，已经逐渐开始出现了"食肉者鄙"，以及由此造成的，国家管理能力欠缺的问题；另一方面，随着一部分贵族，由于血缘关系的疏远而流于民间，贵族对知识的垄断在事实上被打破，隐匿于民间的"贤人"，也因此逐渐增多。如何满足他们的参政需求，利用他们的行政能力，疏导他们与传统贵族之间，在能力与地位上的矛盾，也日渐紧迫起来。

所以，能够打破宗族观念"同人于野"，实际上就相当于后世所说的任人唯能、唯贤是举等等，当然会给天下带来亨通。

"利涉大川"从语义上来看，应当也是"同人于野"的结果，关于"利涉大川"所对应的象，历来说法不一，虽然各见其理，但也都有牵强之处。在笔者看来，既然"利涉大川"一句，在

《周易》中经常出现，而且意义基本相同，都是有利于通过阻碍的意思，那么不妨就将其视为一种特殊的断语，既简化了在卦象上的纠缠，又无伤对易理的理解。

"利君子贞"一句，与"利涉大川"略有不同，"利君子贞"既是"同人于野"的结果，又是"同人于野"的条件。

将"利君子贞"视为"同人于野"的结果，需要借助卦变的观点。如下图所示：

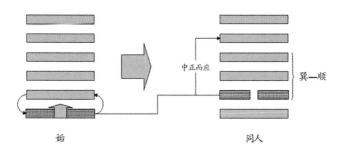

同人是由姤卦经过初、二两爻的互换，演变而来的。姤卦是阴长阳消的第一卦，其趋势是阴爻不断进逼，导致阳爻退却。卦变之后，这一趋势被终结了，因此有利于君子（阳爻）的正固。

将"利君子贞"视为"同人于野"的条件，这是因为作为阳爻的核心——九五，目前正处于居中得正的位置，又与六二正应。有六二应九五而来，之后也会应九五而动之象。即能否"同人于野"，以及之后是否能够亨通，都在于九五的贞正。

可见，在先圣的眼中，所谓"同人"，既不是谄媚讨好于人，也不是因为图情牟利纠结于人，更不是没有原则地见人即同，而是为了天下的亨通，因正道而相同于人。正所谓："同人于野，其同也大。利君子贞,其同也正"。

彖曰:同人,柔得位得中而应乎乾,曰同人。同人曰,同人于野,利涉大川,乾行也。文明以健,中正而应,君子正也。唯君子为能通天下之志。

【译文】同人卦,阴柔在既得到正位,又得到中位之后应于乾阳,叫作同人。同人卦说,"同人于野,利涉大川"是因为乾有健行的本性。文明而健行,位居中正而相应,是君子居正的体现。只有君子才能亨通天下的心志。

【解读】彖辞首先对"同人"进行了名词解释——"柔得位得中而应乎乾,曰同人"。"柔"无疑就是指六二,六二自姤卦初六升进而来,阴居阴位且为下卦之中,对于阴爻来说可谓"得位得中"。"应乎乾"自古以来说法不一,通常认为"乾"就是指九五,虽然有卦象的支持,但是结合后面的"乾行也",可以感觉到,孔子于此处用"乾"绝非偶然,而是另有深意。《周易折中》认为此处的"乾"是阳爻的统称,相对而言更加贴切一些,但仍旧是见其形,而未得其神。笔者认为,此处用"乾",是为了突出六二(柔爻)所应的,是乾阳之德,而非阳刚之形和九五之位,是与"利君子贞"中的"贞"相呼应的。

"同人曰,同人于野,利涉大川,乾行也。"是在解释"同人于野"和"利涉大川"两句卦辞的。"乾行"的意思应当就是"健行","健"中有"贞"。"健"于心所以"同人于野";"健"于足所以"利涉大川"。

可见无论是对"同人"的名词解释，还是对两句主要的卦辞的解说，都是围绕着"乾"的卦德展开的。而文中唯独不见"利君子贞"一句，恰恰说明了，"利君子贞"所阐释的内涵，就是乾健之德。为了向读者明确这一点，所以孔子随后进行了补充——"文明以健，中正而应，君子正也。"

"文明"和"健"分别是下卦离和上卦乾的卦德，"以"是连词，相当于"而"。"文明以健，中正而应"，说明了二五之应的特征，这就解释了为什么要"应乎乾"，或者说解释了什么叫"应乎乾"——不仅仅是表面上的"中正而应"，而且还有内在的"文明以健"。"君子正也"实际就是在说"利君子贞"。

最后"唯君子为能通天下之志"，既是对前一句的补充，又点名了"同人"的终极目的何在——不是谋个人之私，而是"通天下之志"。

象曰：天与火，同人。君子以类族辨物。

【译文】同人卦有天与火向有趋同之象，君子观此象，应当懂得分辨事物，划清族类。

【解读】乾为天，离为火。天在上，火向上，有趋同之象，因此叫同人。这从另一个角度，向我们揭示了，"同人"的基本内涵——"乾"的本意就是"上出"。

"君子以类族辨物"说明君子观同人之后，应当采取的行动。"类族"与"辨物"是对文关系，其中"类"用作动词，"类族"是对人而言，是划清族类的意思；"辨物"是对物而言，是辨清物类的意思。"类族辨物"简单地说，就是物以类聚，人以群分，各归其类的意思。

初九，同人于门，无咎。

【译文】到门外去同合他人，没有咎害。

象曰：出门同人，又谁咎也。

【译文】出离门庭去同合人，又有谁能来责难。

【解读】在同人卦的六爻之中，九五既是"同人"的基础，又是"同人"的策划者和主导者。其余各爻，分别扮演着执行者和被"同"的对象等不同角色。

初九就是其中最主要的执行者。爻辞说"同人于门"，象辞却说"出门同人"，二者之间的差异，分别对应于静与动两种状态。如下图所示：

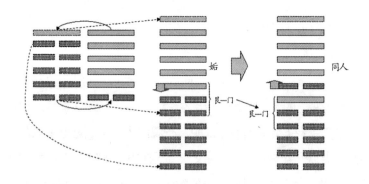

初九是参与卦变的一爻，在卦变之前的姤卦背后，实际上还隐藏着另外六个变化中的阴阳爻（如左侧图），如果将其展开分别归于阴阳两类之中，就会形成如中间图所示的十二爻的虚实结合的卦象。此时就会看到：姤卦的九二和初六，以及一个隐伏的阴爻一起，形成了一个艮卦。艮为门，为阍（hūn）寺（守门人），九二是这个艮卦之主，因此九二就有阍寺（守门人）之象，而它在卦变中所肩负的职责就是，执行九五指派的"同人"的任务。

卦变之后，九二与初六交换——有"出门同人"之象，但随即又与另外两个隐伏的阴爻，形成了另一个艮卦，它仍旧是这个艮卦之主，因此仍旧是门，是阍寺（守门人），仍旧要执行九五的"同人"的任务，仍旧有"同人于门"之象。

所以爻辞反映的是卦变前后的静态，象辞所反映的则是卦变过程之中的动态，两相结合起来，就完整地展现了初九"同人"的方法——常态性的处于"同人"的准备状态，一旦对象确定，就会出门同人。

所谓"咎"，反映在卦象上，是初九自上而下，被阴柔所乘，应当是有咎的。但是初九为阴柔所乘，正是主动"同人"所必需的一种姿态和手段，而且又是在执行九五的"同人"策略——在姤卦中，九二也是具有君德的大人，所以初九的行为，是出于君子之贞的，不会有咎，而且也不会有人施与咎害——"又谁咎也"。

六二，同人于宗，吝。

【译文】在宗亲的范围内与人同合,有吝难。

象曰: 同人于宗, 吝道也。

【译文】在宗亲的范围内与人同合,是招致吝难之道。

【解读】六二严格地说,是唯一的一个被"同"的对象。对于其爻辞,也可以从动与静的两个角度来解读:

静态的看:

六二位于初九之内,初九有艮象为门,因此六二就是位于门内之人,二又是家宅位,由此可见六二虽为阴爻,但仍旧是以九五为首的阳爻们的同宗之人。

九五与六二正应,说明二者心志相同,六二就是九五同人的直接/首选对象。但是,六二毕竟是阴爻,有才不足能不具之象,九五执意将其视为直接/首选对象,自然有任人唯亲之嫌——"同人于宗"。

动态的看:

六二是经过与初九的交换,才得以升进至门内的,用后世的话说,初九对六二即使没有知遇之恩,也有引荐之德。但是六二却乘于初九之上,比于九三,而应于九五,一幅直入权贵怀抱的市侩功利象——"同人于宗"。

无论上述两种的那种情况,都必然有吝难。象辞说"吝道也",就是要通过突出"吝"的必然性,来警示人们,在"同人"的过程,双方既不能任人唯亲,也不能忘恩负义,即都不能"同人于宗",而应当秉持君子之正。

九三, 伏戎于莽, 升其高陵, 三岁不兴。

【译文】在其草莽间伏下兵戎, 登上能监视它的高丘, 但三年也不发作。

象曰: 伏戎于莽, 敌刚也。三岁不兴, 安行也。

【译文】在其草莽间伏下兵戎, 是与阳刚为敌的意思。三年也不发作, 是缓慢地进行的意思。

【解读】同人卦的爻辞, 自卦辞而来, 至六二可谓顺畅自然, 但是在九三、九四两爻发生急剧之变, 猛然间如入云里雾里。以至于后世的解易者, 只能将其视为是因为与九五争夺同人的对象——六二, 而发生的冲突。却不知, 三、四两爻恰恰反映了, 创易先圣所具备的高超的政治技巧, 是解决当时统治集团内部的同人问题——防止 "不同" 出现的重要军事外交手段。

在《易经》趋于成熟的时代, 尤其是殷商及西周初年, 正是奴隶制向封建制转化的时代, 与后世中国的郡县制国家相比, 其显著的特征就是 "家天下" ——国家在原则上是属于王室所有的, 包括诸侯在内 (尤其是分封的), 所有的管理者, 原则上都是君王的奴仆—— "臣" 字的本意就是男奴。其中九三所对应的 "王室直属" 官员, 则更是君王的家奴, 其工作的性质, 就是帮助君王管好家。

家奴 (后来叫家臣) 们虽然身份不如诸侯显贵, 但是往往都拥有更大的实权, 甚至也有不是封地等于封地的管辖地。一且他们另有异心，带来的威胁可能会更大。所以，有必要将其视为一个监管的对象，而对其最有效的监管手段，莫过于利用"同人"而来的，血缘关系较少，甚至没有血缘关系的六二。因此，九三的爻辞的象，主要取自于六二。

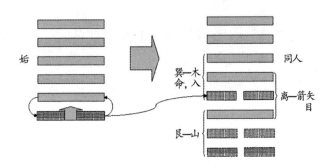

如上图所示，在卦变前后初九形成的艮卦，有下降之势，但是六二却因此有了上升之势，而且使下卦变成了离卦，离有兵戈之象。二三四三爻成互巽，巽为入，为树木，有伏于草莽之象。先儒正是据此认为，是九三"伏戎于莽"——对九五有不轨之心。却不知：

■ 六二才是下卦之主，如果下离有兵戈之象，也应当主要体现在六二上；

■ 六二又是互巽之主，如果互巽有隐伏草莽之象，也应当主要体现在六二上；

■ 六二又与九五正应，岂能充当九三不轨之帮凶。

所以，是六二伏于九三之"莽"，又登上（能够监视九三）的"高陵"，而六二所作的这一切，又是听命于九五——六二不仅与九五正应，而且所主的互巽，就在九五之下。

"三岁不兴"简单的理解,就是三年(长期)不发作。实际上,九五"同"九三,或者说防止九三"不同"的所有政治艺术,都表现在这一句之中。

因为"不兴",一来是可能不必兴——有了六二的存在,九三自身躁动不安的性格,可能就会被压制,能够不战而屈人之兵,又何必一战?二来是兴未必有利——兴就意味着矛盾的公开化、激烈化,而九三虽然地位较低,但影响较大,纷争一起有可能直接威胁君王统治的根本。

所以,九五以六二"伏戎于莽,升其高陵",实际上就是要保持与九三的"同",就是要防止九三出现"不同"的行为,就是为九三定制的"同人"的手段。

象辞"伏戎于莽,敌刚也",就是在说六二与刚爻九三相敌的。"三岁不兴,安行也"的"安",是缓慢的意思。"安行"就是缓慢而行,不可急躁冒进,这正是九五控御九三的技巧所在。

九四,乘其墉,弗克攻,吉。

【译文】登上其城墙,却不最终完成攻杀,吉祥。

象曰: 乘其墉,义弗也。其吉,则困而反则也。

【译文】登上其城墙,按照道理应当(不必)完整最终的攻击。吉祥,是因为(它)能够因为窘困而转变,返回到正确的规则上。

【**解读**】九四在卦变前后的变化，如下图所示：

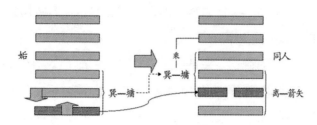

"墉"是城墙的意思，巽有城墙之象，由上图可见，经过卦变之后，巽——墉产生了两个变化：一是有所升高，二是与九五发生了接触。

九四是诸侯之位，之所以爻辞中有"墉"——城墙的概念，是因为在古代，关于城墙的高度有着严格的等级制度，诸侯的城墙升高，是足以严重到招致君王征伐的违制行为。

"乘其墉"所反映的就是征伐的严重程度，君王的军队已经登上了九四的城墙之上。从象上看就是，九五位于乘于九四，以及互巽之上。

"弗克攻"就是不最终完成攻击的意思，这又是一种政治技巧。因为当时的诸侯，本质上就是君王派驻全国的军事殖民领袖，如果将其彻底攻灭，不仅会造成某一个地方的权力真空，而且还可能因为兔死狐悲，而引发连锁反应。

所以，"乘其墉，弗克攻"就成了最好的选择，一方面通过登上其城墙，向九四乃至天下显示了君王的威严，以及规则的不可冒犯性；另一方面，又通过不完成最后的攻击，显示了君王的仁慈和更大的威严——能杀而不杀，才是真正的执掌生杀大权的表现。这样，即可以重新"同"九四，而且可以最大限度地

"同"天下所有的九四们，防止"不同"的九四的出现，以期实现天下大同的目的。

由于，九五"同"九四，不同于"同"九三，已经超出了家族的范畴，关系到了天下的整体利益，所以才有了"吉"的断语。这个"吉"不仅是针对九四大难不死而言的，同时也是针对九五，乃至天下的。

同人九三、九四两爻的出现，是与当时的时代背景相对应的。当时的社会逐步进入青铜时代，这是人类的第一次重大飞跃，也给人类社会中的种种关系，带来了巨大的转变，其中就有战争。由于武器的革命性进步，战争的破坏性大大提高，相比之下，人类社会的恢复能力，却没有本质性的提高。因此，社会对战争的承受能力相对下降了。正是在这个背景下，人们才由自发到自觉地，设法避免战争，努力寻求其他的矛盾解决方案，或者寻找避免矛盾出现的办法。所以，作为中国古代政治理论核心的"礼""仁"等概念，才会应运而生。

后世的儒者，所处的时代背景发生了巨大的转变，随着社会对战争承受能力的大幅度提高，人们对战争的恐惧，实际上是相对下降的，因此也就无法真正理解，"乘其墉，弗克攻"实际上就是一种"同人"的手段。

现如今，随着核武器乃至常规武器的杀伤力的提高，社会对战争的承受能力又一次，而且是空前地下降了。所以，制衡、谈判、妥协、合作，又成了世界政治的主旋律。这就是为什么一战之后不久，就又爆发了二战，而现在任何人也不敢发动第三次世界大战的原因。

可见,九三、九四两爻将"同人"的概念,从具体的人,拓展到了抽象的矛盾冲突上;从显见的"异类"的族类冲突,拓展到了隐伏的"同类"之间的利益冲突上。

"乘其墉,义弗也"中的"义",就是道理的意思,说明九五不完成最终的攻击,并非是处于个人的好恶,而是符合"义"的,是一种恰当、适宜的行为。

"其吉,则困而反则也"主要是针对九四自身而言的,前一个"则"应当是一个连词,后一个"则"是规则的意思。"困而反则"是说,(让九四)因为窘困而转变,返回到正确的规则上。这就如同现代外交中,通过制裁而非战争,迫使对方就范一样。

九五,同人先号咷而后笑,大师克相遇。

【译文】(能够)同合于人,(就会)先嚎啕大哭然后破涕欢笑,君王与诸侯终于相合。

象曰:同人之先,以中直也。大师相遇,言相克也。

【译文】同合于人的基础,是内心中正直健。所谓"大师相遇",是说相辅相成的意思。

【解读】九五在义理上是同人的主导者、发起者,因此其爻辞也是对"同人"的总结。

"号咷"即嚎啕,是放声大哭的意思。在此处,应当引申指矛盾冲突的意思。"同人先号咷而后笑",是对"同人"的原因、过程和结果的简单而形象的概括：

- "同人"一定是因为有矛盾存在，甚至显现，所以会"先号咷"。
- "同人"是解决矛盾——"号咷"的方式。
- "同人"的最终结果，是"后笑"。

如果不"同人"——不使用"同人"的方式来解决矛盾会怎样呢？当然就是战争、破坏、死亡等等。

由于先儒将三、四两爻，解读为因为与九五争六二，而图谋或发生争斗，因此将"大师克相遇"顺势解读为，是九五起"大师"而克之，终于实现了与六二的相会。这是完全错误的，甚至是吴三桂式的错误。创易先圣，岂能如此狭隘纠结于二五之"同"？"同人"又岂能仅仅局限于阴阳两类之间？独不见"同人于宗，吝道也"乎？

"大师克相遇"是说"大"与"师"最终能够相合——"遇"在此处是合的意思；"大"指大人九五；"师"狭而言之是指六二，广而言之是指二、三、四三种需要"同"的对象。

"同人之先，以中直也"是又回到了"利君子贞"的问题上，说明九五能够行"同人"之策，得"同人"之果的根本，在于其中正的本性——"直"与"乾行"相呼应，同时有健和正两重含义。《系辞传·上》："夫乾其动也直，其静也专"。

"大师相遇，言相克也"翻译过来就是："大师相遇"，说的就是"相克"的意思。此处的"克"应当与"子克家"的"克"相同，是胜任、能够的意思。可见"相遇"就是"相克"，就是相辅相成，相合的意思。

上九，同人于郊，无悔。

【译文】（能够）到近郊去同合于人，没有后悔。

象曰：同人于郊，志未行也。

【译文】到近郊去同合于人，说明其心志尚未远行。

【解读】通过初九所用之图可见，上九与初九不同，初九之下——门之外是隐伏的阴爻，阴阳亲比，因此能够"出门同人"，而上九之上，则是一个隐伏的阳爻，同性相敌，因此上九的"同人"之志受到阻碍，无法"同人于野"只能"同人于郊"，所以象辞说"志未行也"。

上九有亢龙之象，本应有悔，但是因为它虽不能"同人于野"，却也能"同人于郊"，并非"知进而不知退，知存而不知亡，知得而不知丧"，所以可以"无悔"。

大有——包容引贤

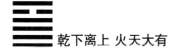

乾下离上 火天大有

大有与同人两卦，在义理上，或者说在其所反映的社会、政治问题上，有着相似之处，都是促成国家稳定、上下团结的技巧与手段，但是又存在着明显的差异。造成这种目的统一、手段不同的根本原因在于，所处的背景不同，面对的问题也不同。而这种背景与问题的不同，则要通过卦变过程来理解。

虽然同人和大有都是一阴五阳，但是此一阴非彼一阴，彼五阳也非此五阳。

同人是经由姤卦变来，同人中的一阴是有敌刚之志的一阴，同人中的五阳是经历了乾健盛世，在安盛中转向衰落的五阳，所以同人对应的是，阴柔复生的时代，面对的是民心欲动的问题，因此君王需要通过恩威并用的手段，来"同"不同的人。

大有是经由夬卦变来，大有中的一阴是得阳刚之佑，而峰回路转的一阴，大有中的五阳，是彭彭升进的五阳，所以大有面对的是大道昭昭、民心思治的时代，因此才能够虚中以待，大其所有。

虽然，有许多学者并不愿意接受卦变的存在，但是卦变解释了六爻之间的往来变化关系，通过卦变我们看到的是一个动态的、变化的象，如果置之于不顾，则只能看到一个静态的象，其结果就是：只能静观其势，而不能动见其情。见势不知情，如同见果不知因，见表不知里，是难以对卦象的本义进行准确解读的。尤其是象同人、大有等，内里的逻辑关系较为复杂、微妙的卦，更是如此。

大有　元亨。

【译文】大亨通。

【解读】大有卦辞可谓简洁，只有一句断语——"元亨"，说明如卦象所示，必能大亨通。

《警示贤文》中有"人无信不立，天有日方明"一句，其中的后半段，恰如对大有卦象的解读。大有上离下乾，正是朗朗晴空，阳光普照之象，一派光明万里的景象，怎能不亨通呢？

但是在这"无条件"的大亨通的背景之下，大有的六爻爻辞中，只有直接参与卦变的上、五两爻有"吉"的断语，其余四爻，三个"无咎"，一个"弗克"，可谓让人眼镜大跌。说明必然另有深意在其中。

不妨再回到卦变中去，如下图所示：

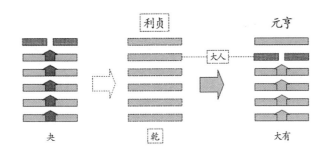

大有之前是夬卦，夬自坤卦发展而来，五阳依次升进而成夬，阴柔只有危在旦夕的上六一爻，如果不变大有，下一步便是六爻皆阳的乾卦。乾卦的卦辞是"元亨利贞"，夬卦未完成最终的升进，转而成大有，大有的卦辞是"元亨"——少了"利贞"二字。说明经过这一转变，虽然仍旧可以"元亨"，但却不/不能"利贞"了。

回到大有卦象，在作为天下至尊的五位上的，是本来应当退去的六五。无论六五的心态如何，毕竟阴阳有别，阴柔永远不能担负起"大人作而万物睹"的导向职责，也就不能有利于天下之贞。

通过比较与大有关系紧密的同人和比两卦，可以更深刻地理解这一点。前面已述，同人的核心是，九五设法通过同人的手段，来安定蠢蠢欲动之民心。比卦则是九五通过"显比"，通过"王用三驱"，在放弃一部分"前禽"的基础上，重新赢得绝大多数人的辅佐。这两件事，都是以九五既有阳刚之才，又有中正之德为前提的。

大有的六五则不同，六五虽然居中，但却不正；虽然得位，但却无才。但是大有之世，天下不仅贤人济济，而且才俊争进，此时民志向阳，因此与"大人作而万物睹"的导向作用相比，更需要的是如何来包容和引导来自底层的"冲动"。用现在的话说，就是如何能够充分地调动和激发下属的积极性的问题。

比之于历史，大有的六五，与比之九五，就如同刘邦与项羽。正是因为刘邦的"无才"，才让他能够聚集了众多的才俊在其周围。相反，项羽的败死，一多半正是因为他的"有才"。这就是潜藏不露，但又无时不在的辩证规律。

简而言之，大有之世，正是无才胜有才之时。但创易的先圣，同时也意识到了，以不正之六五，可以使天下得一时之亨通，但却无法建立贞正之观念，但又不宜于明示——明示则有可能误导思维浅薄之人，对大有所示的策略产生误会，而实际上任何一种策略，都是因时因势而宜的，大有的正确与可能，正是以其由夬卦变来，天下贤才济济为背景的。至于其不利贞，则是后事，自有解决之道，却不能因噎废食，否定大有本身。

仍以汉初为例，正是由于刘邦的"不正""无才"，才导致了其死后的吕后之乱，以及延续而来七国之乱等等，但也正是如此，才造就了文景之治和后来武帝平定匈奴的壮举。其间天道运行，既非庸人可知，亦无需庸人自扰。

象曰：大有，柔得尊位，大中而上下应之，曰大有。其德刚健而文明，应乎天而时行，是以元亨。

【译文】大有卦，阴柔得到尊位，广大其胸怀，而促成上下来应的局面，叫作大有。大有卦的特性是，内心刚健而外表文明，能够顺应天道随时而动，所以能够促成大亨通。

【解读】象辞的前半部分——"大有，柔得尊位，大中而上下应之，曰大有"，既是在解释卦名"大有"，也是在解释"大有"是如何实现的。"柔得尊位"就是指六五阴爻得居五位无疑，最重要的是"大中"一词。

显然"中"就是指五爻居上卦之中这一事实，但是对于"大"绝大多数解易者，都语焉不详。因为按照常理"大"是指阳爻而言的，因此"大中"就应当是阳爻居中——与卦象不符，于是只好略过不谈。

事实上，"大"在这里是一个动词，是扩大、广大的意思，"中"是中间、内部的意思。结合卦象，在从夬卦变化而来的过程中，上卦从兑变成了离，离中虚，为大腹，因此有大中——广大其中之象。比之于人事，"大中"就是广大胸襟，增强包容的意思，这既需要以"柔得尊位"为基础，又是未来"大有"——招纳包容天下贤士的基础。

所以"大中"是"柔得尊位"结果，"上下应之"又是"大中"的结果，经过这一连串的因果关系之后，才能促成最终的"大有"。

"其德刚健而文明，应乎天而时行，是以元亨"，是通过上下卦的卦德和卦象来解释为什么会有"元亨"的断语。

"刚健而文明"是就卦德而言，下乾为刚健，上离为文明。其中"文明"与光明不同，因为"文"有文饰之意，因此"文明"本身就有"虚"象，并非全实，但其在现实中的意义却异常重大，以至于重大到成为人类进步的标志和代名词。"刚健而文明"就是内心、核心刚健充实，而外表、行为则是经过文饰的文明之象。这是人类社会亨通的根本——内心不实则是虚伪欺诈，固然无法亨通；但如果外表也始终朴实无华，则又会因为真实而增加矛盾与摩擦，也无法实现亨通。只有内心刚健，而行为文明——经过修饰、文饰、装饰，才能够真正实现亨通。

概而言之，"文明"就如同社会润滑剂一般，会降低个人与人之间的各种摩擦。这就是，"礼"的必要性。由此也可以进一步体会到，大有可元亨，而不利贞的道理。

"应乎天而时行"是针对卦象而言的，上离为日，下乾为天，太阳在天上运行，不用说也是按时而行的。彖辞借此，来说明大有元亨的客观性。同时也消除了，因为夬卦没有进一步升进成乾，而转而变化成大有，而产生的种种疑虑——这种变化，不过是按时而行的一个过程而已。

象曰：火在天上，大有。君子以遏恶扬善，顺天休命。

【译文】大有卦有天上有火在燃烧之象，君子观此象应当懂得，遏制邪恶发扬美善，以此来顺应天命，完善自身。

【解读】"火在天上，大有"是直接考察大有的卦象。"火在天上"有光照万里之象，天下善恶自然烛而可见。

因此，君子见此象，就应当去"遏恶扬善"，既是顺应天命——顾天，也是完善自身的修养——休命，休是美好的意思。

初九, 无交害, 匪咎, 艰则无咎。

【译文】没有任何交往造成的危害, 不是咎害, 在艰难中固守, 就会没有咎害。

象曰: 大有初九, 无交害也。

【译文】大有的初九, 显示的是因为没有交往, 而造成的危害。

【解读】大有的六爻中, 有两爻可以说是自古至今, 未有定解, 初九就是其中之一。

初九的关键在于"无交害"一句, 显然"无交"就是指初九, 与六五没有任何交往。这是因为在大有卦中, 只有初九一爻与六五没有任何关系。但是"无交害"应当被读作"无交——害", 还是"无——交害", 也就是"无交"到底有没有"害", 自古没有定论。

象辞, 虽然也将解读的重点, 置于此处, 但是一句"大有初九, 无交害也", 显然也不能结束上述分歧。因此, 我们还必须回到卦象和义理中去:

首先, 卦当"大有", 且断为"元亨"的根本, 就在于"柔得尊位, 大中而上下应之", 其在卦象上的体现就是, 六五通过与上九的交换, 从在夬卦中行将退去的窘境摆脱出来, 恢复了它向下而动的本性, 与上行的阳爻形成阴阳交泰的局面。由此可见, 初九与六五, 按理当交。

　　其次，如果初九"无交"而无害，甚至是像一些学者所说的，正是因为"无交"才无害，那么此后的四个阳爻都与六五，有不同形式和规模的交，岂不都应当有害？

　　由此，笔者认为"无交害"还是应当被读作"无交——害"，即"无交"是有"害"的。只不过，这个"害"需要从两个层面来理解。首先是对其自身而言，夬变大有，初九失去了原本升进为九二的机会，处于与天位无交的境遇，有才无位之象，当然是一种"害"；其次对于六五而言，以君上之尊虚己下求，原本的目的是"大有"天下贤士，但是初九却不与之交，有恃才傲物之象，岂能不是一种"害"。

　　于人于己都有"害"，但接下来的爻辞却是"匪咎，艰则无咎"，不禁让人费解。有"害"岂能"无咎"？这是因为，"害"与"咎"虽然都是灾害、祸患的意思，但是又各有侧重：害重利，咎重义；害重当前，咎重未来。因此有咎必然有害，有害却可以无咎。

　　"匪咎"就是不是咎的意思，这又一次影射了大有可元亨，却不利贞的特征。因为，初九不与六五交的原因，从本质上说是由其自身所处的时势所致——初位与五位距离最远，初九又是勿用之潜龙，所以无法与之交。比之于人事，有才无位是时运不济，恃才傲物，针对六五柔居尊位的现实而言，则与不识时务同在的，还另有一层对"贞"的坚守存在。

　　"艰则无咎"是解释，如何才能摆脱"害"的影响，实现真正的无咎，因为"害"如果持续下去，变成了最终的结果，就不能不认为是"咎"了。"艰"是艰难的意思，在这里应当是被用作动词，是能够固守艰难的意思。能够固守艰难就可以无咎，说明了两个问题：一是所谓的"无交"之"害"，应当就是物质上的"艰"；二在"害"中求"无咎"的方法，就是固守艰难而不改初衷。

这其中的逻辑看似缠绕，其实比之于人事，就十分容易理解，初九本来是有进取之志的阳刚之才，但是时局变化，困于初位，而不得与上交——六五阴柔，视听不足以及初下，同人不足以及郊野，此为初九之害。当此之时，如果初九能够坚守其"贞"，尚可保阳刚之性，如果不堪其艰，而媚上求交，则与舍义求利、见利忘义的小人无异，"害"未必能除，"咎"却终将难免。

九二，大车以载，有攸往，无咎。

【译文】（因为被六五）用大车装载着，有所前往，也没有咎害。

象曰：大车以载，积中不败也。

【译文】被用大车装载（而没有咎害），是因为（有正道）蕴积于心中。

【解读】"大车"在古代专指牛车，与马车相对，是专门用来承载货物的。上卦为离，离为牛。下乾的伏卦（爻的阴阳属性全变）为坤，坤为车。因此大有有大车满载之象。

先儒据此将九二爻辞理解为，九二具有大车之才，能够担当重任，是不恰当的。因为，"有攸往"是有所前往的意思，如果是赞美九二有大车之才，那么有所前往之后的断语，似乎就不应当是"无咎"。"有攸往，无咎"，从情感上应当是一种安慰性的语句，以打消九二对"有攸往"的顾虑。用来进行安慰的理由，就是"大车以载"。只有这样，爻辞才是顺畅的。

事实上，"大车以载"中的"以"就是而的意思，"大车以载"就是大车而载。整句爻辞的意思就是：（因为被六五）用大车来装载着，所以有所前往，也无咎。因此，"大车以载"所要表达的真实意思就是：时势使然，随时而进。说白了就是：随大流儿。

在任何时代，"随大流"都不会有咎的。但是以道德的塑造者、推动者自居的孔子，还是在象辞中补充了一句"积中不败也"。这个"积中"从象上看，是取自于九二居中的爻位，所要表达的意思是，（正道）蕴积于心中。与其在《礼记·乐记》"情深而文明，气盛而化神，和顺积中而英华发外，唯乐不可以为伪。"中的用法一样。

前面的"大车以载"是对九二爻辞"大车以载，有攸往，无咎"的缩略，因此"积中不败也"实际上是用来解释"无咎"的，说明九二能够"有攸往，无咎"的原因是，其自身有正道蕴积于心中（能够抵御六五阴柔的影响）。

九三，公用亨于天子，小人弗克。

【译文】公爵受到天子的宴请，小人则不能。

象曰: 公用亨于天子, 小人害也。

【译文】公爵受到天子的宴请，小人当此，则会有害。

【解读】在《周易》中三位是公位，对应于朝廷中的公爵高官；五位是天子之位，对应于国君。因此"公用亨于天子"，就是九三受到六五的宴请的意思。但是爻辞，并没有按常理，对此给予评论，定下断语，而是说"小人弗克"——小人不能。说明对于九三可能存在两种可能，如果是"公"则会得到宴请，如果是"小人"则不能。

"公"是一种爵位，爵位的获得只有两种渠道，一是世袭，一是由君王赐予。从本质上说，世袭的爵位，最初也是由君王所赐，而且后世的承袭关系，也必须经由君王的认可才能生效。当时君王赐予爵位的依据也有两个，一是功劳/能力的大小，二是血缘的亲疏。总之，在"公"的背后，除了九三自己的功绩、能力、血统之外，还有君王的权威。以与之相应的"小人"来看，"公"更倾向于九三自己的功绩与能力。

随之而来的"用亨"，亨通享，表面看来就是宴饮、宴乐，背后则是与"公"所隐喻的能力、功绩等相对的，对九三的奖赏，如参政的机会、被尊重的地位等等。

"小人弗克"与其说是在突出九三的能力，不如说是在突出六五作为君王的权威。因为"公用亨于天子, 小人弗克"一句的背后，就是所谓的赏罚分明，而这既是君王的职责所系，也是其威严所在。

象辞"小人害也"是说小人当此,则会有害。对爻辞的解读,稍有偏差。

九四,匪其彭,无咎。

【译文】否定其盛大而来的状态,没有咎害。

象曰:匪其彭无咎,明辨晳也。

【译文】否定其盛大而来的状态,而没有咎害,是因为能够明确辨析时势。

【解读】九四是大有中另外一句,自古未有定解的爻辞。但是在确定了初九的爻辞之后,顺其逻辑而来,并结合六五的爻辞(详见后),要正确地理解九四,倒也不难。

解读九四的核心在于,明确"匪其彭"一句的主语是谁,笔者认为这个主语,既可以是六五,也可以是九四;既是六五,也是九四。

因为"匪其彭"中"其"指九四自己,由此可知作者,是站在旁观者的角度,来写"匪其彭"这一句的,因此"匪"九四之"彭"的,既可以是九四自己,也可以是上乘其上的六五。无论是断语"无咎",还是象辞中的"明辨晳",都不足以作为判断的依据。

"匪"通非,表示否定;"彭"的解释相对复杂,但大致来说，总与盛大的意思相关。因此"匪其彭"就是否定九四的盛大的状态的意思。"无咎"是指否定的结果。

从象上看，夬卦如果不转而变为大有，而是继续阳刚升进的态势，那么九四就将变为乾卦的九五，可谓盛大之极。但是在大有之中，九四被阴柔所乘，应当有咎，好在一来九四阳居阴位，有志弱之象；二来六五虽然乘刚，但是所怀的却是亲和之志。所以虽然阻碍了九四继续升进，走向盛大的趋势，仍可无咎。

从义理上看，九四是诸侯之位，且有阳刚之能，又是自下而上升进而来，可谓声势正盛。此时面对一个"窃据"尊位的阴柔之才六五，无论是客观上，还是主观上，都难免会有膨胀之心、不臣之志。然而，此时毕竟是大有元亨、民心思治之时，任何再想挑起战端的行为，都将不能得逞。所以，此时为诸侯的九四，应当自敛其彭，方可无咎；作为君王的六五，也应当设法去"匪其彭"，以防止九四走上不归之路，用现代的话说，这是对九四的爱护，因此也会无咎。所以这个主语，既是九四，也是六五。

象辞"明辨晢也"可以根据爻辞主语的不同，做出两种解释：如果主语是九四自己，那么"明辨晢也"，就是说九四应当明确辨析时势；如果主语是六五，那么"明辨晢也"，就是说六五作为君主，应当建立明晰的等级秩序，以防僭越误人。

冥冥之中，仿佛自有天意，大有九四最典型的反面案例，应当就是西汉初年的彭越、韩信了。当然此彭并非彼彭。

六五，厥孚交如，威如，吉。

【译文】心怀信诚,(对人)既有交悦,又有威严,吉祥。

象曰: 厥孚交如, 信以发志也。威如之吉, 易而无备也。

【译文】心怀信诚,与人交悦,是通过诚信启发其心志。威严而能吉祥,是因为(过分)平易就会产生懈怠。

【解读】六五不仅在卦象是大有的一卦之主,而且其爻辞也是解读大有的枢纽所在。

"厥"是代词,相当于其,在此处更倾向于语助词的作用。"孚"是信诚的意思。"厥孚"就是说六五能够以信诚面对众阳,就是君王能够虚中真诚的面对天下贤才的意思,就是卦中上离,象辞中"柔得尊位,大中而上下应之"所要表达的意思。

关键在于"交如,威如"两句,"如"是形容词尾,相当于然,没有实际意义。六五是大有的一卦之主,是"大有"政策的践行者,其中"孚"是其能够践行"大有"的基础,而"交如"和"威如"就是它践行大有的两种主要手段。

回顾此前四爻:

■ 初九与六五不交。

■ 九二开始与六五相交,因此六五对其"大车以载",这可视为是六五"交如"的第一种方式;

■ 九三与六五交往更加紧密,因此六五对其"用亨于天子",这可视为是六五"交如"的第二种方式。

■ 九三中还有"小人弗克"一句,说明六五赏罚分明,既有赏罚,就有威严,因此在九三之中,既有"交如"又有"威如",

而赏罚分明, 就可视为是六五 "威如" 的第一种方式;

■ 九四与六五的关系最为紧密, 而六五也对其 "匪其彭", 又是 "威如", 因此通过 "明辨晢", 来 "匪其彭", 就可视为是六五 "威如" 的第二种方式。

至此, 首先可以确定, 对九四的解读应当是准确无误的。如果据此继续深究, 还可以发现:

■ 六五的 "交如" 是有分寸的, 是随着交的对象的不同, 而变化的。九二不过是民间才俊, 是士大夫, 因此只是用大车装载。九三因为地位更高、功劳更大, 因此要赐予宴乐。可见 "交如" 之中有等级, "交如" 之中有 "威如";

■ 九二 "大车以载" 的另一个侧面, 也可以看到六五胸怀之大, 和大有之世贤才 (九二) 之多, 因此才需要用 "大车" 去承载。

象辞 "厥孚交如, 信以发志也" 是在阐释 "交如" 的作用, 即用信诚与天下 "交" 的目的和作用, 就是要启发民志。用现代的话说, 就是要调动和激发下属的积极性、创造性等等。"威如之吉, 易而无备也" 是在强调 "威如" 的必要性, "易" 是平易、松懈的意思, "无备" 就是懈怠的意思, "易而无备" 的意思是, 如果君王没有 "威" 严, 而是一味的平易、松懈, 那么臣民就会懈怠。

上九, 自天祐之, 吉无不利。

【译文】 从天上护佑它, 吉祥, 没有不利因素。

象曰: 大有上吉, 自天佑也。

【译文】大有上爻吉祥, 是因为从天上施与护佑。

【解读】上九是参与卦变的一爻, 也是促成六五"柔得尊位, 大中而上下应之"的大有之世的一爻。如下图所示:

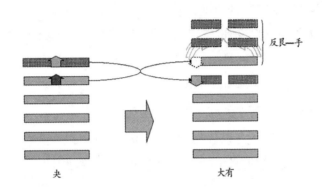

夬   大有

大有的上九就是在夬卦的九五, 经历卦变之后, 发生了两个变化, 一是上九与六五的运动方式, 都发生了转变, 六五由向上退却, 变为向下亲比, 上九则即使不向下运动, 也至少不再向上亢进, 因此不会沦为"亢龙", 从卦象上可以得吉; 二是上九让尊位于六五, 自己则居"有位无民"的上位, 足见其超然不凡和高风亮节, 从义理上应当得吉。

此外其上还有两个隐伏的阴爻, 与之形成反艮, 艮为手, 因此有向下护佑之象;

《系辞传》说:"祐者助也。天之所助者, 顺也; 人之所助者, 信也。履信思乎顺, 又以尚贤也。是以自天佑之, 吉无不利也。"说明上九与六五之间的关系是, 以"信"为纽带, 上九来助六五，而六五也尚其贤而敬之。

这样的上九，应当说是中国人臣观中的极品，比如伊尹、周公、诸葛亮等等。但是在笔者看来，最可见其超然气度的，还应当是汉张良。张良可以说是反秦的先驱，如果他愿意，得一封王应当不难。但却甘居刘邦之后，辅而佐之，足见其对时局变幻把握之准，理解之深。所谓"自天祐之"的"自天"，除了是对上九爻位的客观反映之外，应当就是在映射这种超脱世外的气度。

谦——天下同谦

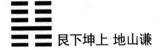

艮下坤上 地山谦

"谦"是中国妇孺皆知的一种传统美德,在儒家思想中,也是与仁、孝并重的核心价值观念。因此在历史上对谦卦的解读,就如同前面的蒙卦一样,由于巨大的思想和情感认同,而被框定于儒家思想的体系之中。

在先儒的解读中,虽然存在着这样那样的细节差异,但总体上,都是将"谦"视为一种个人的品德,将谦卦视为是讲解谦的个人实践,与对个人的价值问题,即是个人行为。而笔者认为,谦卦所要阐述的是,如何建立和推广谦顺的道德观念、行为方式,即是社会/君王的行为。

因为如果,将谦卦中的"谦"视为个人行为,那么就会有以下三个方面的矛盾:

1.与辞不符。

在谦卦的爻辞中,存在明显的分界——前四爻,尤其是前三爻,专注于"谦"与个人的关系,而后两爻,则突然转向征伐等国家行为。因此,如果将"谦"仅仅视为是个人行为,那么就无法协调前四爻和后两爻之间的关系。

2.与象不符。

如下图所示：

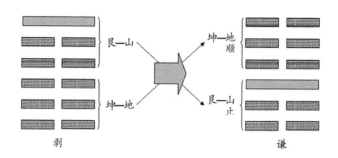

谦是由剥卦，经过上九与六三的互换，演变而来的。上九下至九三，使卦象发生这样的变化：

■ 原本濒于"消亡"的阳爻，重新回到了下卦；

■ 原来是山在上（艮为山），地在下（坤为地）的卦象，变成了地在上，山在下。

因此有周而复始、劫后余生的感觉。

如果抛开卦变说，仅就静态的卦象来看，则正如清朝王夫之在其《周易外传》中所言："夫山之不平也，惟有其多，是以有其寡。地加其上，则地形成而山形隐。……"也就是地平山形的意思。

无论是周而复始，还是"地形成而山形隐"，都不是个人行为，都是外力或客观规律作用与影响的结果。

3.与理不通。

"谦"——谦虚、谦顺确实是一种美德，但是这种美德并非是自我发生、自我成熟的。而是像其他任何一种个人的品德，或者社会的道德观念一样，是在个人和社会环境的共同作用下，产生、成长直至成熟的。形象地说，个人的品质如同一粒种子，社会环境如同土壤，种子决定了最终生长出来的植物的特性，但是种子能否发芽、成活，则取决于土壤。为什么在西方文化中缺乏谦逊的观念，或者说不崇尚谦逊的精神，而主张进取与竞争呢? 其根本的原因就是，其文化产生、形成时的社会背景，与中国的安定富足不同，他们必须通过进取与竞争，才能够在相对恶劣的自然环境中，通过战争、商业等行为来赢取生存的权力。

"谦"的核心精神是什么? 按照卦象所示，就是止乎内而顺乎外，"止"对应的心态就是"静"，静则必顺，顺才有谦; 按照传统观点，就是"谦者，有而不居谓之义"。二者的焦点，便在一个"欲"字，因为人的欲望是没有止境的，因此欲不止，则心不静; 心不静，则争不休; 争不休，则谦不成。同时，欲不止，则有也无——常以"无有"之心，欲求不止，又何谈"有而不居"呢?

因此，"谦"的基础就是通过对欲望的控制，而实现静而不争、静而顺的心态。关于欲望的控制以及不争的论述，恐怕无出老子的《道德经》之右者。其中又以《道德经》的第三章为最，其文如下:

不尚贤，使民不争; 不贵难得之货，使民不为盗; 不见可欲，使民心不乱。

是以圣人之治，虚其心，实其腹，弱其志，强其骨。常使民无知无欲。使夫智者不敢为也。为无为，则无不治。

由此可见，对于欲望的控制，更主要的是"圣人"——君王而非"民"——个人（包括君子）的责任。世所公认，老子和孔子、道家与儒家的思想，都根源于《易》，所不同的是，老子、道家在侧重于静的同时，也更客观，更关注于君王和国家的行为；孔子、儒家在侧重于动的同时，也更主观，更关注于个人的修养。

因此，在面对构建"谦"的基础这个问题上，老子一针见血，指出这是"圣人"——君王的责任，虽然显得专制而保守，但是很客观。后世深深浸染于儒学思想的儒者们，则将其视为是个人的修养问题，虽然显得高尚而主动，但却充满了主观的理想主义色彩，并没有切中问题的要害。这就难怪，在明朝中晚期来到中国的西方传教士眼中，中国的士大夫，更像一些极力克制自身欲望的清修的僧侣。

综上所述，谦卦阐释的不是，或者说不仅仅是，个人如何培养"谦"的品德的问题。而是，或者说更主要的是，君王如何在社会上创建、倡导、推广"谦"的道德观念的问题。

谦 亨，君子有终。

【译文】亨通，君子能够得到一个良好的结果。

【解读】对"亨"的理解，自古无异议，就是说"谦"将导致无条件的亨通。只不过先儒的观点是集中在个人身上，即如果一个人能够做到谦虚、谦和，那么自然遇到什么事，都会亨通。但笔者认为，亨通更应当是针对整体，针对大局而言，如就个人而言, 则吉凶悔吝等等足矣。但这并不是卦辞的核心。

卦辞的核心在于"君子有终"一句。

先儒们的观点是在"谦"这个问题上, 只有君子才能贯彻始终, 小人只能谦逊一时, 原因就是君子"达理, 故乐天而不竞; 内充, 故退让而不矜"。小人则惶惶于名利得失之间, 沉浮于欲望之中, 终日争竞不止, 不可能做到真正的谦逊。这种观点, 固然也是客观事实的反映, 但却无法与卦辞形成严密的逻辑关系。

因为卦辞中的"亨", 显然是"谦"导致的结果, 而且是必然的、无条件的。也即不需要"君子有终", 作为其形成的条件。反之, "君子有终"也不必以"亨"作为前提。也就是说, "亨"与"君子有终"之间不存在因果关系。所以, "君子有终"要么与"亨"并列, "谦"所导致的另一个结果; 要么就应当是促成"谦"的条件。简言之, "君子有终"与"谦"的关系, 要么是因, 要么是果, 必居其一。

但是, 在上述观点中, "有终"只是在强调"谦"的持续性, 即小人也可以"谦", 只是不能像君子这样持久而已。因此, 首先可以断定, "君子有终"不是"谦"的结果; 同时, 也不是促成"谦"的原因。

笔者认为, 卦辞中的"君子有终", 正是君王、社会促成"谦"的道德观念, 并维护之的手段。因此它与"谦"的关系, 既是结果又是原因。

从卦象上看, 君子无疑就是指卦中唯一的阳爻九三。卦变之前, 剥卦中的上九, 面对阴柔的升进, 作为阳爻始终居高而退让，有"有而不居"之象，堪称谦谦君子。但是最终毕竟面临着，行将被"逐出"卦象——无终的尴尬境遇。卦变之后，谦卦中的九三，回到了下卦之中，并且仍旧占据着下卦之终的位置（非无位之民，而是有位之官），因此有"有终"之象。这种变化，正可以视为是对剥卦上九的谦逊的褒奖，使之"有终"——有一个良好的结果。

比之于人事，让那些有高尚潜质的、高尚行为的人，得到褒奖，既是让尽可能多的人变得高尚的最佳手段，更是君王与社会的责任。用现代的话说，就是建立导向，或者榜样的价值。试想，让谦谦君子"无终"——得不到良好的结局，还会有人随之而谦吗？那些原本的谦谦君子们，真的能凭借一己之念，而孤独而坚定地谦逊始终吗？

但是无论是后世的君王，还是儒者都更愿意，对此种责任视而不见。因为前者可以借此推卸责任，后者则可以标榜自身的不凡。然而这种观点造成的影响，却是非常恶劣的，它直接导致了，弥漫于中国古代社会、政治中的，以道德至上，代替制度的思想。

由这种思想发展而来的结果，必然是乐观地认为，官员，尤其是那些读了圣贤书的官员们，应当是高尚的、节俭的。于是，一方面在制度上，无视官员的实际需求和心理感受，只发给官员极低的俸禄。同时，又对官员的"合理"的腐败予以"理性"的容忍，原因同样是出于对其道德水准的信任。

就连素以贤明著称的康熙皇帝，也公开地认可官员通过火耗银子，来谋取私利。比如在他给河南巡抚的信中就曾说："所谓廉吏者，非一文不取之谓，若纤毫无所资给，则居常日用及家人胥吏，以何为生？如州县官一分火耗（一两的百分之一），此外一分不取，便是好官。"在这样的观念之下，腐败岂能不星火燎原？

因此，虽然中国古代拥有同时期最完善、最先进的文官制度，其中也不乏复杂甚至严密的监管制度，但也滋生出根深蒂固的腐败文化。

相反，在好的一面——支撑中国古代社会长期领跑世界的，官员诠选制度，无论是早期的举孝廉，还是后期的科举，无不时时处处体现着"君子有终"的思想。

"举孝廉"就是让那些具有"孝"和"廉"的品行的君子们，能够通过举荐入朝为官，一来为国出力，二来为自己赢得名誉与利益——"有终"，进而让更多的人加入到"孝廉"的行列中来，将"孝廉"视为应当遵循的行为准则和衡量是非的标准。

"科举"的根本目的，就是要强化和突出儒学的领导地位，使之成为社会价值观念的基础。为了实现这一目的，历代王朝，都对科举中第的考生，给予巨大的经济利益（免税）和崇高的社会荣誉（功名）——"有终"，进而让更多的人通过学习，来了解和接受儒学的思想。

可见，卦辞中的"君子有终"，应当被解读为：让君子有终（因），或者君子能够有终（果）。否则，就将谦卦的内涵狭隘化了，将其从立国之策，变成了修身之本。

彖曰：谦亨。天道下济而光明，地道卑而上行。天道亏盈而

益谦，地道变盈而流谦，鬼神害盈而福谦，人道恶盈而好谦。
谦，尊而光，卑而不可逾，君子之终也。

【译文】奉行谦道即可亨通，是因为（其间）天道下行更加
光明，（使）地道卑顺上行。天道的基本规则是，亏损满盈补益谦
卑，地道的基本规则是，变易满盈顺应谦卑，鬼神的基本规则是，
加害满盈福佑谦卑，人道的基本规则是，厌恶满盈喜好谦卑。面
对（君子的）谦卑，地位尊贵的人要推广它，身份卑微的人，不能
（敢）逾越它，这样才能使君子能够拥有一个好的结果。

【解读】彖辞的第一部分"谦亨。天道下济而光明，地道卑
而上行"，有两个方面的意义：

首先这一句中的，"天道下济"和"地道卑而上行"，反映
的是卦象的形成过程，进而证明了卦变是真实存在的——否则
依卦象所见，阳爻在下阴爻在上，应当说天道上行，地道下行才
对。

其次是在解释谦而亨的原因。"天道下济"就是指九三，自
原来在剥卦中的上九位置，下降而来。"光明"取象自下艮，艮有
光明之象。这实际就是所谓的"有而不居"。"地道卑而上行"
的重点，并不是"上行"，而是上行的方式——"卑"。

"卑而上行"与剥卦中阴爻的步步紧逼，形成鲜明的对比。
说明在"天道下济而光明"的影响、作用之下，"地道"虽然处上
行之势，但仍旧保持恰当的阴阳关系——阳尊阴卑。即维系着正
常的秩序。比之于人事，则是维持着正常的尊卑关系，合乎"礼"
的规范。这正是"天道"的职责所在——通过自身的谦卑下济，

来引导天下一同遵循谦卑的行为方式。

第二部分"天道亏盈而益谦，地道变盈而流谦，鬼神害盈而福谦，人道恶盈而好谦。"是在通过天地人神的好恶，进一步论述谦卑、谦逊、谦虚的好处，强调谦的合理性、必要性。

第三部分"谦，尊而光，卑而不可逾，君子之终也"是在讲解什么是"君子之终"。"尊而光"与"卑而不可逾"的句式完全相同，分别陈述两种对等的情况，"尊"指地位尊贵的人，"卑"指身份卑微的人。

"尊而光"就是地位尊贵的人，要推广"谦"道，就是"天道下济而光明"；"卑而不可逾"就是身份卑微的人，不能（敢）逾越"谦"道，就是"地道卑而上行"。只有这样君子才能有终——拥有应得的尊敬与利益。所以，这才是"君子之终"。

否则，地位尊贵的人不推广、不提倡"谦"道。身份卑微的人，恣意践踏"谦"道。只有君子们始终如一地坚守"谦"道。那么君子们的利益怎样保证？没有任何利益保障，君子们坚守"谦"道的动力何在？动机何在？岂不又陷入了道德至上论的范畴之中？

想来先儒们坚持将"君子之终""君子有终"解读为，只有君子才能坚持始终。未必真的参不透此间道理，只是更愿意沉浸在道德"先天"高尚的自恋之中罢了。

象曰：地中有山，谦。君子以裒多益少，称物平施。

【译文】谦卦呈现大地中有山峰之象，君子观此象应当懂得，减少多的, 补益少的, 以达到平均、平衡。

【解读】"地中有山, 谦。"就是通过上下卦的取象, 来解释"谦"。

通常孔子在大象中, 所阐发的多是关于个人修养的道理。但是在谦卦大象中"君子"的后面内容, 却带有明显的国家行为特色。

裒（póu）是减去、减少的意思, "裒多益少, 称物平施"的意思就是: 减少多的, 补益少的, 以达到平均、平衡——典型的平均主义思想。这也从另一个侧面说明了, 所谓的"谦", 并不是无源之水无本之木, 而是人为创造的一种理想状态。反之, 没有人为干预, "谦"就不会出现, 而且即使已经存在了, 一旦失去人为维护, 也会随即消失, 随即进入纷争不断, 天下熙熙皆为利来, 天下攘攘皆为利往的时代。

初六, 谦谦君子, 用涉大川, 吉。

【译文】口口相传谦逊君子（的故事）, 以此来涉越大川, 吉祥。

象曰: 谦谦君子, 卑以自牧。

【译文】口口相传谦逊君子（的故事）, 卑顺地进行自律。

【解读】大概就是, 初六的"谦谦君子"一句, 拨动了后世儒者的心弦, 使之趋之若鹜地认为, 谦卦所言就是他们刻意追

求、信奉的, 叫作 "谦" 的美德。笔者认为, 第一个 "谦" 字是衍文, 正确的用法, 应当是 "嗛"。理由如下:

1. "谦" 与 "嗛" 在古代是通假字, 比如: 易之嗛嗛——《汉书·艺文志》; 嗛嗛之德——《国语·晋语》。

2. 符合谦卦的爻辞结构, 所具有鲜明的特点:

■ 初六, 谦谦君子……

■ 六二, 鸣谦……

■ 九三, 劳谦……

■ 六四, 撝谦……

■ 六五, 不富以邻……

■ 上六, 鸣谦……

很明显, 在六爻中, 除了六五以外, 都是以 "★谦" 开头的, 而且除了初六的 "谦", 另外四爻都是动词+"谦" 的形式, 由此推断初六应当也是相同的结构。"嗛" 的本意就是用嘴含着的意思, 也是一个动词。

3. 符合谦卦的爻辞取象, 所具有鲜明的特点。

将谦卦展开成十二爻卦之后, 就会发现, 其爻辞的取象具有鲜明的特点, 即各爻都取象于自身下临的三画卦。如下图 (展开为十二画卦后, 根据阴阳循环的规律, 将原来位于上部阳爻, 移至下部):

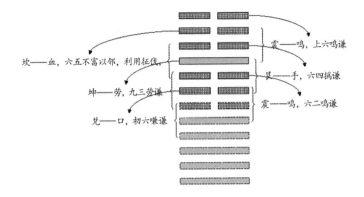

按照这个规律，初六下临的是由三个隐伏的爻组成的兑卦。兑为口，因此有口含之象。综上，初六的爻辞应当是：嗛谦君子，用涉大川，吉。

所谓"嗛"就是念念不忘，记挂于口舌之间的意思。这个"嗛"具有双重含义：首先是符合初六——阴柔小民的行为特征，一方面对"时尚"念念不忘于口，另一方面对谦这种美德，也只能流于口舌，无法真正浸润其心。其次是针对初六——阴柔小民，普及"谦"的概念有效方法。即将"谦君子"的美德，成为口口相传的故事，得以在小民之间广泛传颂。比如中国古代著名的"二十四孝"故事。

"用涉大川，吉"既不是指小人，也不是指君子，而是指社会整体，是说通过"嗛谦君子"的方式，向小民普及"谦"的观念之后，如果在用来面对重大的困难，就会"吉"。通过适当的教育，民众都能谦逊不争，那么国家不仅将节省大量的，因为内部纷争而消耗的资源，而且拥有团结的民意，当然有利于度过险阻了。

先儒，将初六说成是"谦而又谦的君子"，"谦而又谦"勉强可以通过初六的爻位来佐证。但是，在《周易》中，向来是以阳爻为君子，以阴爻为小人的，因此实在不知"君子"从何谈及。

象辞"卑以自牧"正是"嗛谦君子"式道德教育的结果——小民们懂得谦卑，能够自我约束。

六二，鸣谦，贞吉。

【译文】宣扬谦道，正固即可吉祥。

象曰：鸣谦君子，中心得也。

【译文】宣扬谦逊君子（的故事），必须内心有认同感。

【解读】"鸣"的本意是鸣叫，在此引申为申告、闻名的意思。"鸣谦"就是向人申告、颂扬"谦"的行为与精神。这是因为，二是大夫位，已经算是民间的地位尊贵的人，按照"尊而光"的原则，六二具有推广"谦"的责任和义务。

但是，由于六二毕竟是阴爻，并非君子，所以其行为必须坚持贞正，才能得到吉的结果。否则，满口仁义道德，一肚子男盗女娼，非但不能对"谦"起到推动的作用，反而会招来民众的反感。

象辞"中心得也"强调的就是这一点，就是要求六二的"鸣谦"，必须是心向往之，身践行之，然后再"鸣"。

九三, 劳谦, 君子有终, 吉。

【译文】褒奖那些谦逊之行, 君子们才会有好的结果, 吉祥。

象曰: 劳谦君子, 万民服也。

【译文】褒奖那些谦谦君子, 万民都会信服。

【解读】对于九三的"劳谦", 传统的解释是: 既有功劳, 又谦逊。继而, 由于这种事情非小人能为, 只有"君子有终", 云云。总之还是道德至上论, 还是君子超凡论。

笔者认为, 这个"劳"不是功劳, 而是犒劳。"劳谦"就是犒劳、褒奖那些谦谦君子们。只有这样解读, 才能顺应于卦变中, 九三谦逊退让在前, 劫后余生在后的际遇; 才能合乎君王推广"谦"道的真实过程; 才能合乎人情事理。

正因为, 通过"劳谦", 使"君子有终", 是合乎情理的, 是有效可行的, 因此才能最终得吉。

从卦象上看, 如下图所示:

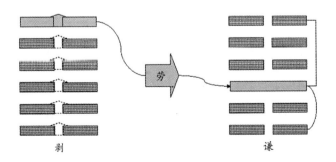

剥　　　　　　　谦

九三来自上九宗庙之位,同时又与所有的阴爻都有关联,正有将一种价值观念,推广至民间(下卦),并得到万民认同之象,即如象辞所言"万民服也"。

同时"万民服也",又可作为前述观点的佐证。因为,如果九三所言的,仅仅是一个有功劳而自谦的君子,固然可以得到周围人的敬仰,但是无论如何也谈不到"万民"。反之,如果真的有"万民服"他,那么他就会成为国家的不安定因素,就会成为君王地位的威胁者。因为只有君王,才能对应于"万民";万民也只应当服于君王(国家)的意志。由此可见,"劳谦"不是某一个君子的个人行为,而是君王推行的,以"万民"为对象的国家行为。

六四,无不利,撝谦

【译文】没有不利因素,(应当去)推广谦道。

象曰:无不利撝谦,不违则也。

【译文】没有不利因素,(应当去)推广谦道,是因为不违背客观规律。

【解读】通过前面的分析可知,"谦"的基本精神就是不争。但这仅仅是"谦"作为一种个人的道德修养时,表现出来的特性。由于谦卦所要阐释的是,君王如何在国家内部,甚至在国家之间,推广谦逊的道德观念和行为准则,因此就不可避免地要遇到阻力,此时就要出现各种不同层次的强制手段。

谦卦的六爻,都是在讲述"谦"的推广,其中前三爻,应当是针对自身的国民而言的,讲述如何在直属区域内,普及和宣扬"谦"。从六四开始,君王对"谦"的推广即将走出其直属区域(王畿),扩大至周边的区域。

"撝(huī)"相当于挥,是发挥、推广的意思。这其中隐含着一种极为先进而深刻的政治思想,即国与国之间的征服,归根到底就是一种文化的征服,就是一种价值观念的被接受、被认可的过程。用现代的话说,就是和平演变、颜色革命等等。

但是这种文化的渗透与推广,难免要受到阻力。所以,六四的爻辞先说"无不利",再说"撝谦",目的就是坚定执行的信心。

当然创易的先哲并不是将自身观念强加于人的文化侵略者,而是文明的普及者、理想制度的倡导者。对此孔子在象辞中予以了补充说明——"不违则也","则"就是客观规律,就是天道。也就是说,先圣之所以认为可以毫无顾忌地"撝谦",就是因为"谦"是符合客观规律的,是适应天道的,是有利于人类可持续发展的。

六五,不富以其邻,利用侵伐,无不利。

【译文】不通过财富来聚集、引导周围的人,适宜使用侵伐的手段,没有不利因素。

象曰：利用侵伐，征不服也。

【译文】适宜使用侵伐的手段，是指去征伐那些不服王化的人。

【解读】"富以其邻"是通过财富来聚集、引导周围的人，这是正常的行为方式。六五之所以"不富以其邻"，是因为：

一方面"谦"本身是违背人的本性的，是以人对欲望的节制为前提的，是要经过人为的促进，经过个人的修养，才能具备的一种品格，而其大敌就是对财富、名利的追求；

另一方面，在国家内部，对于自己的民众，可以通过"富以其邻"的办法来引导民众，是因为君王能够对民众进行有效的控制。但在国与国之间，这种控制是不存在的，因此如果继续用"富以其邻"的办法，纵然可以引导对方，来模仿自己的生活方式，但其学到的，或者传播出去的，终究是文化的外在皮毛，而非内在精髓。即如中国的儒家思想，到了日本之后，就被"篡改盗用"为了武士道的基础一样。虽然表面上依然彬彬有礼，但内在却已发生了根本性的转变——儒家讲求的是活得高尚，武士道讲求的是死得光荣。

因此要在国与国之间，建立和推广"谦"这种，超越人类本能（本性）的道德观念，是不能用"富以其邻"的办法的，而适合于使用强制性的手段——"利用侵伐"。

为了坚定后世读者的信心，先圣特意加上"无不利"一句断语。

在今天的读者看来，通过"侵伐"来推广"谦"，是一种难以理解和接受的方式。然而，在当时绝大部分部落邦国，文明程度还极为落后，部落之间、部落中的个人之间，经常因为缺乏谦逊精神，而将战争/争斗作为解决问题的手段，因此造成对原本就稀少的资源的浪费的背景下，"侵伐"就是最有效，且唯一可行的一种推广"谦"的手段了。

所谓的"无不利"，则颇有几分"替天行道"的味道。

象辞"征不服也"，既指明了征伐的对象，也表明了，"侵伐"是不得已而为之的最后手段。

上六，鸣谦，利用行师，征邑国。

【译文】宣扬谦道，适宜动用军队，征伐属国。

象曰：鸣谦，志未得也。可用行师，征邑国也。

【译文】宣扬谦道，是因为其心志没有得到满足。可以动用军队，是去征伐属国。

【解读】上六与六二的行为目的一样，都是要"鸣谦"——宣扬谦、传播谦。所不同的是：六二的鸣谦，是其个人的行为，因此要求以个人的"贞"为基础，对象是类似于初六这样的小民；上六在六四、六五之后，它的鸣谦，是君王推动的国家行为，对象是周边的邦国、部落。虽然对象不同，但是道理是相通的，因此上六的鸣谦，也同样需要自身的"贞"。人的"贞"是"中心得"，是表里一致。(当时的)国家之贞表现在哪里？就是所述联盟成员，在行为上、观念上的一致。只有这样，才能将自身的价值观念，向联盟以外的邦国推广。

"邑国"指联盟内部的属国，"利用行师，征邑国"，就是出兵征讨联盟内部意见、行为不协调的成员。相当于人的洁身自律，是为了实现、保证联盟之贞。

象辞"鸣谦，志未得也"说明上六"鸣谦"的原因，所谓"志未得"主要是指向外推广的过程受阻。"可用行师，征邑国"，表面看是指征讨自身的属国，背后则隐藏着另一层含义，即当价值观念的推广受阻时，首先要自我反省，首先要在本国内部进行推行和实验。

这实际上就解释了六四象辞中"不违则"的含义——之所以能够"不违则"，是因为当"志未得"的时候，并不是一味的强行推广，而是反躬自省。这样，推广的就都是经过验证的、符合客观规律的内容。

豫——因俗制礼

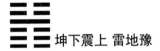

坤下震上 雷地豫

"豫"在这里是和悦顺畅的意思，简单地说就是高兴、喜悦，是一种极为普遍的人类的情感状态。也正是因为它的普遍性，而成为影响个人乃至社会生活状况的重要因素，以至于创易的先圣，要为其单创一卦。

从心理学的角度上说，无论是愤怒还是喜悦，都是亢奋的、冲动的心理状态。在这种心态下，人的行为也容易是亢奋的、冲动的。因此，对于始终强调个人修养，注重和谐中庸的儒学来说，"豫"与"谦"一样，都具有着特殊的意义，所不同的是："谦"是追求的目标，"豫"是需要戒惧的对象。

所以，先儒在解此卦时，也如同在面对谦卦一样，在强烈的个人与学术情感的影响下，将"豫"——和悦顺畅纳入了儒学的价值体系中，将其视为一种简单的，但需要"提防"的个人情感来处理。而忽略了，"豫"在国家的建构与管理的过程中，所起的重要作用。尽管这种作用，也是儒学的核心，也时常被挂在他们的嘴边。

"豫"是和悦顺畅的意思,豫卦讲述的是,如何利用"豫"来治理国家的问题,也就是如何以"豫"治国的问题。用儒家的话说就是,如何"因俗制礼"的问题——所谓"俗"就是民俗,就是习惯,就是人们喜欢做,做着顺畅的事情,也就是人民的"豫"之所在。

豫 利建侯行师。

【译文】有利于建立导向,疏导民众。

【解读】豫卦的卦辞没有断语,只是说有利于"建侯""行师"两件事。

先儒认为,"建侯""行师"就是封邦建国和出兵作战。理由是,"豫"是和悦顺畅的意思,豫卦所对应的就是人民都和悦顺畅的时代,因此有利于封邦建国和出兵作战……

笔者认为,这至少是不懂军事的书生之言。因为与人民和悦顺畅、国家安泰相对应的,不是人民尚武,将士思战,而是人心思定,将士恋家。所以,自古以来无论是侵略者,还是守卫者,在发动战争的时候,都要通过舆论进行动员,一方面为自身的行为寻找正义的依据,另一方面则是要激发民众的危机感。否则如何解释"置之死地而后生""背水一战""哀兵必胜"等军事格言呢?所以,上述解读至少是不恰当的。

笔者认为,"建侯"如其在屯卦中的用法一样,就是建立方向的意思。"行师"则是疏导民众的意思——"行"为疏导,"师"为众。卦辞的寓意就是:(利用)民众的和悦顺畅,有利于建立导向，疏导民意。

（利用）民众的和悦顺畅，就是"因俗"；建立导向，疏导民意，就是"制礼"。其所反映的政治思想，则正是豫卦的卦象——顺以动。

彖曰：豫，刚应而志行，顺以动，豫。豫，顺以动，故天地如之，而况建侯行师乎？天地以顺动，故日月不过而四时不忒；圣人以顺动，则刑罚清而民服。豫之时义大矣哉。

【译文】豫卦显示，（因为）阳刚与之相应，而使心愿得以践行，顺时顺势而动，就叫作豫。要和悦顺畅，就必须要顺时顺势而动，所以天地都遵循这一规则，更何况是建立导向疏导民意呢？天地顺时顺势而动，因此日月的运行不会有过错，四季的更迭不会差错；圣人顺时顺势而动，则刑罚清明而民众信服。豫所反映的时势道理，太重要了。

【解读】彖辞中的核心是"刚应而志行"中的"刚应"二字。先儒因为没有理解卦辞的意义，仅仅将"豫"理解为个人的情感，所以对"刚应"二字无法作出正确的理解，而将其解释为：卦中的五个阴爻，都来应唯一的刚（阳）爻——九四。果真如此，就应当说"应刚"，或"刚得应"。事实上，如果在"刚应"二字的后面加上一个"之"字，再与前面的"豫"字连起读，就一目了然了，即：豫，刚应（之）而志行。省略了这个"之"字，是因为这一句的主语是"豫"践行者，而不是"刚"。

因此"刚应而志行"，就是"刚应（之）而志行"，就是"刚应（豫）而志行"，就是卦中的刚爻——人事中的诸侯因为顺应于"豫"，而志愿得以施行的意思。

"顺以动，豫"是对上述内容的总结与强调。

"豫，顺以动，故天地如之，而况建侯行师乎？"的意思是说，要"豫"——和悦顺畅，就必须要"顺以动"的方式，所以天地都遵循这一规则，更何况是"建侯""行师"这样的人事呢？这是彖辞中常用的手法，即通过天地所代表的客观规律，来证明人事的必然性、合理性。

"天地以顺动，故日月不过而四时不忒；圣人以顺动，则刑罚清而民服。"基本上是在重复上述逻辑关系，但是在内容上有所递进：

一是明确了"建侯""行师"的功用——"刑罚清而民服"，而这个功用，恰恰证明了"建侯""行师"并不是封邦建国，用兵作战，而是要构建社会的法律体系——在中国古代，作为道德规范的"礼"，在许多方面是具有法律效力的，所以后世才以"礼法"并称。

二是通过"以顺动"揭示了"顺以动"结构中，两个动词的轻重关系，即"以"与"而"不同，用"以"来连接的两个动词，以前一个词为重；用"而"来连接的两个动词，是并重关系。这是彖辞中的通例。

"豫之时义大矣哉"是孔子为了提醒读者的注意，在一些意义重大的卦的彖辞中，加入的一句赞语。可惜，后世的儒士并没有真正理解他的用意。

象曰：雷出地奋，豫。先王以作乐崇德，殷荐之上帝，以配祖考。

【译文】豫卦有雷从大地中奋出之象。君王观此象应当注重，通过礼乐来崇尚道德，真诚地祭祀天地与祖先。

【解读】豫是由复卦，经过初九与六四换位，演变而来的。如下图所示：

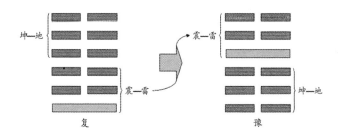

正有惊雷从大地中奋起、万物为之振作之象。

在孔子所作的彖与大象中，关于"豫"的真实寓意的"提醒"，实在堪称足够多矣，不知道为什么后世的儒者，始终视而不见，置若罔闻。

孔子在大象中，根据卦象阐发其感想的时候，通常都是以"君子以"开头，以求教化的对象能够更加大众化。因此，豫卦的大象以"先王以"开头，就清楚地说明了，在孔子看来，豫卦所阐释的道理，实在不是君子所能运用的，而只能为君王所用。

在"先王以"的后面，"作乐崇德，殷荐之上帝，以配祖考"所讲述的，恰恰是与"礼"并重的，同为中国古代社会支柱的"乐"。古代的"乐"，尤其是创易时代的"乐"，并非人人得而为之的，它是为君王所专有的统治工具。其机理就是，通过人对音乐的共同感受，大而言之，是在政治上统一人们的思想；小而言之，就是在祭祀的过程中，调整人们的情绪。当然还有一种作用，就是通过音乐来与上帝、先祖沟通。

想来孔子认为，有了象辞中"刑罚清而民服"的功用展示，和大象中"作乐"的提醒，后世的读者应当很容易理解，豫卦讲述的就是如何"因俗制礼"的问题。可惜，他的后世弟子们，比他更执着于个人道德的修养。

初六，鸣豫，凶。

【译文】宣扬和悦顺畅，会有凶祸。

象曰：初六鸣豫，志穷凶也。

【译文】初六宣扬和悦顺畅，会因为民众没有志向，而招致凶祸。

【解读】初六是既无才又无位、既不中又不正的小人。这种人最大的特征便是，无志无求随波逐流，自身的思想与行为，完全被利益所诱策。但是他们又是国家的基础，他们的好恶又是社会舆论的基础。所以，必须对他们进行正确的引导。

"鸣豫"则是宣扬、放纵"豫"，"豫"是和悦顺畅，宣扬"豫"，就是不断地向小民灌输太平安逸的思想。正所谓"天下虽安，忘战必危"，对于所谓的君子，尚且需要这样的警示，更何况本身就是无知无志、随波逐利、好逸恶劳的小人呢?

因此,对初六"鸣豫",或者初六自己"鸣豫"的最终结果,必然是意志消沉、精神颓废、生活糜烂,也即象辞所说的"志穷","志穷"就是无志。

民本无志——这是客观事实,即不能要求和指望每一个普通的公民,每天都意气风发,先天下之忧而忧,后天下之乐而乐,否则就又会陷入不且实际的道德至上论中。

因此,使民有志,就是为君王者的最基本责任,这也是本卦的核心要义,即"先王"制礼作乐的目的所在。所以在一卦之初的时候,首先强调对小民"鸣豫",会因为导致民无志,而使国家蒙凶。

先儒对此爻的解读,倾向于将"鸣"理解为初六的自鸣得意、沉醉于欢愉之中的个人行为。这种解读有其一定的道理,至少就前三爻的内容而言,是说得通的。但是由于豫卦讲述的,是先王制礼作乐这样的国家行为,所以在前三爻的爻辞,都具有双重性,既是各爻所对应的不同阶层中,各色人物的个人行为,又是与九四互动的结果。

就初六而言,九四对其"鸣豫"会致国家之凶,初六自己"鸣豫"会致自身之凶。

六二,介于石,不终日,贞吉。

【译文】在巨石间犹豫,但并不终日不决,坚持正固就能够吉祥。

象曰: 不终日贞吉, 以中正也。

【译文】不终日不决, 坚持正固就能够吉祥, 是因为其行为既适度又端正。

【解读】六二与初六不同, 虽然都属于"民"的范畴, 但是六二具有两个显著的特征, 一是豫卦中唯一一个既中又正的爻; 二是位于下坤之中, 是下坤之主。

至于其"介于石"的取象, 先儒通常是以六二位于互艮之下来说事, 但是笔者认为, 如果根据卦变的过程, 将豫卦展开成如下图的十二爻卦, 如下图所示:

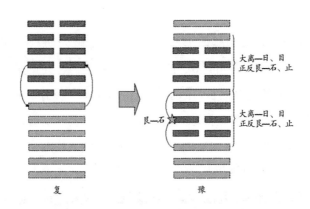

复　　　　　　　豫

则会发现, 以九四为中心, 卦象中存在两个上下对称的大离卦, 或者说是两个正反艮结构。艮为石, 六二位于下面的正反艮结构的中心, 艮又为止, 因此有"介于石", 犹豫不进之象。

对于"不终日", 先儒的解释是正确的, 就是见几而动, 不迟疑不决的意思。但是由于对全卦理解的偏差, 因此无法与前面的"介于石"联系起来。实际上, "不终日"是继"介于石"

之后，说明六二迟疑的时间并不长，就会做出正确的选择——"贞吉"。因此这个"不终日"，体现的就是六二作为下坤之主的"顺"的特质。

象辞"不终日贞吉，以中正也"的意思就是，（虽然六二才具不足）但是由于具有"中正"的德性，因此既能够迅速做出选择，又能够保持贞正，使自己最终得吉。

六三，盱豫，悔，迟有悔。

【译文】睁大眼睛（仅仅）盯着欢愉，会有忧悔，因为迟缓而有忧悔。

象曰：盱豫有悔，位不当也。

【译文】睁大眼睛（仅仅）盯着欢愉，会有忧悔，是因为所处的位置不当。

【解读】"盱（xū）"是张目，即睁大眼睛的意思。六三位于九四之下，同时也在下坤之内，原本应当亲比、顺从于九四。但是六三又在下面的大离之中，离为目，如果我们把九四和另一隐伏的阳爻，形象地视为上下眼皮的话，六三正是处在上眼皮的边缘，有张目之象。

六三的"盱豫"可作两解，一是自身眼睛紧紧盯在"豫"上，一幅目无旁物的贪婪嘴脸；二是对九四的行为，持有观望犹疑的态度。

这两种态度，在先王制礼作乐的时代，都将会使自己有悔。而悔的根本原因就是"迟"——迟迟不进，系恋于眼前的欢愉，跟不上时代的脚步。

之所以，六二能够"不终日"而"贞吉"，贴近九四的六三却会"迟有悔"，是因为二者的地位与德性差异所致。三为公位，因此六三应当是既得利益者之一，较之无位的六二，眼前有更多的让他系恋不舍的欢愉；六三又是阴居阳位，不中不正，因此不可能具备六二那种，能够见微知著顺应潮流的"中正"的品性。所以象辞将其"悔"的原因，归结为"位不当也"。

九四，由豫，大有得，勿疑，朋盍簪。

【译文】顺应民之所悦，大有收获，不用怀疑，民众终将聚拢在一起。

象曰：由豫大有得，志大行也。

【译文】顺应民之所悦，大有收获，说明心愿得到了极大的实现。

【解读】九四"由豫"自古以来，被普遍地误读为："豫"是由九四产生的、引发的、促成的等等。总之是九四创造了"豫"。如前所述，这是一个根本性的错误。

"由豫"的"由"是因由、顺应、沿袭的意思，"由豫"就是顺应"豫"、依据"豫"的意思。

　　九四顺应"豫"、依据"豫"就是彖辞中所说的"刚应",就是"因俗"的意思。九四顺应"豫"、依据"豫"做什么呢？当然就是"制礼作乐"。

　　"豫"代表的是人们喜闻乐见的、习以为常的、能够使之和悦顺畅的生活方式、价值观念等等。但是这些内容又都是朴素的、简单的,而且还是不完全一致的。因此需要君王通过国家行为,将其进行概括总结,规范处理,最终升华为能够代表绝大多数人意见的,符合绝大多数人利益的"礼"。

　　概而言之说,民之所"豫",既是"制礼"的依据,又是"制礼"的目的。

　　所以,才会得到"大有得"的结果。九四所得就是天下之民（心的归附）,从象上看,九四将五个阴爻截为两段,将下三爻揽为己有。

　　"勿疑,朋盍簪"是对前面"大有得"的补充,也是对九四信心的强化。说"勿疑"有两个原因：一是九四本身就是"或跃在渊",在本质上具有不确定性,容易陷入种种疑惑之中；二是下面的三个阴爻,又都不同程度地表现出犹疑不决的态度。所以需要以"勿疑",来坚强九四"由豫"——因俗而制礼的决心。"朋盍簪"就是"勿疑"的依据,"盍（hé）"就是合的意思,"盍簪"就是头发被发簪合拢起来的意思。下坤为朋,"朋盍簪"就是说,下面的民,最终会像头发被发簪合拢起来一样,归附与九四之下。用"朋"不用民,一来是为了强调对民的尊重,二来应当也是九四"由豫"的结果——既然和与顺畅,自然可以成为朋友。

象辞说"志大行也",象辞中也说"刚应而志行",都提到了九四的"志",根据象辞象辞可知,九四的"志大行也",就是"大有得",而根据上述分析,九四所"大有得"的不是别的,而是民。

"制礼作乐"本来应当是君王的责任和权力,如今九四并非君王,仅仅是诸侯而已,而九四的志向又在大得天下之民,可见九四虽然是个君子,但却也是个具有不臣之心的诸侯。可能是文王吧。

六五,贞疾,恒不死。

【译文】坚持正固,会有疾患,永远不会死去。

象曰: 六五贞疾, 乘刚也。恒不死, 中未亡也。

【译文】六五正固而有疾患,是因为乘刚的缘故。"恒不死",是因为行事尚且适中,因此虽有病却没有到亡的时候。

【解读】六五的"贞疾"是容易理解的,即如象辞所言"乘刚"。之所以说"疾",而不说吝、凶等,主要是为了引出后面的"恒不死"。

如何理解"恒不死",让先儒们费了不少心思。在笔者看来,大可不必如此费神。只要明确两点,"恒不死"的意思随即豁然: 首先,是九四虽为君子,但确有不臣之心; 其次《周易》的行文遵循为阳谋不为阴谋,崇阳抑阴的原则。

站在一个有不臣之心的诸侯的立场上，说一个无才无德的
当世之君"恒不死"，其用意、心理，恐怕是路人皆知的了。

象辞解释六五能够"恒不死"的原因，是"中未亡也"，意
思就是说，六五虽然无才无德，但行事尚且适中，因此虽有病却
没有到亡的时候。

上六，冥豫，成有渝，无咎。

【译文】对"豫"视而不见，最终能有所逾越，没有咎害。

象曰: 冥豫在上，何可长也。

【译文】在上位对"豫"视而不见，怎么能长久。

【解读】理解上六的"冥豫"，就又需要用到十二爻卦，如下
图，在上下两个大离，或正反艮结构中:

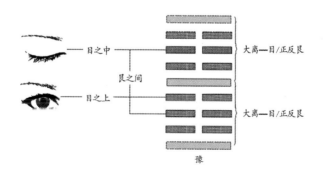

豫

首先是上六处于上面的一个大离卦的中心位置，比照六三
张目的取象，有闭目之象。张目为盱，闭目为冥。因此六三"盱

豫"，而上六"冥豫"。其次是在上下两个互艮结构中，上六和六二实际上是处于相同位置。由此可见上六与六二应当有某些相同之处。

基于上述两点，上六的爻辞，就比较容易理解了。

所谓"冥豫"，就是对"豫"视而不见——此时的"豫"，已经不再是下卦中的小民之"豫"，而是经过了九四"由豫"的升华改造之后的君子之"豫"。所以上六的"冥豫"，相当于六二的"介于石"，都是犹豫不进之象。

"成有渝"就是最终能有所逾越、转变的意思。相当于六二的"不终日"，但是与"不终日"相比，显然迟缓了许多。因此得到的结果只能"无咎"而已，而不可能像六二那样是"贞吉"。

这其中的原因，与其说是爻位使然，不如说是与九四的关系所致——六二为民，能够与九四为朋、盍簪。上六属于当权者，是九四最终要取而代之的对象，因此不会轻易"有渝"，而且即便最终"有渝"，王国已失，何吉之有，"无咎"已是个人的最佳归宿和对天下的交代了。

随——分而治之

 震下兑上 泽雷随

"随"的本意是从，进而引申为跟随、依从的意思。因此"随"反映的是两个对象之间的关系，所以说到"随"，就无法回避孰为主、孰为从的问题。这也是解读本卦的关键所在。

先儒认为随卦中的"随"同时存在我随人和人随我两个过程，其中人随我，是我随人导致的结果，即先有我随人，然后才能得到人随我的结果。笔者认为这种观点是可取的，因为在人事之中，"随"是以信任为基础的，要求得他人来随，必须先给对方足够的信任的理由。而所谓理由，归根到底就是符合对方的利益，所以必须要先随人。

"随"是所有君王，所有居于主导地位的人的共同追求与梦想，因为"随"的结果是"和"，是和谐顺畅，但是却极少有人真正了解，要实现"随"——人来随我的目的，首先必须要我去随人。如果将世上的暴君分为两类，一类是为了正义而残暴，一类是为了私欲而残暴，那么他们之间的共性就是，他们都不知道"随"的辩证关系。正因如此，创易的先圣才将"随"，这个看起

来平淡无奇的内容，作为智慧的结晶之一，纳入《易》中，传于后世。

随　元亨，利贞，无咎。

【译文】大亨通，适宜坚持正固，没有咎害。

【解读】表面看来，由我随人，致人随我，最终得到的结果，必然是人我相随的和谐场景，因此卦辞中说"元亨"，即大亨通。

但是由于"我随人"——阳随阴，这种行为就其本质而言是不符合客观规律的，比之于人事，就是有目的（未必真诚）的行为，因此其方式和结果，往往都要与正道有所偏差，所以卦辞又说"利贞，无咎"，即只有确保行为的"贞"，才能"无咎"。否则，即便是一片"元亨"祥和，背后也一定隐藏着巨大的祸患。

其原因在于，"随"——无论是我随人，还是人随我，都是一个人与人相聚合的过程，而《系辞传》说："何以聚人曰财"，因此最终决定"随"与不"随"的，其实就是一个"利"字。在"利"字面前，"贞"往往是脆弱的，甚至是容易被忽视的，所以必须要强调"利贞"。可能是创易的先圣，不忍心将如此残酷的"内幕"昭然于纸端，因此通"随"一卦，虽然满目"得""失"，却不见一个"利"字。

但是在"元亨利贞"之后，加上一个"无咎"，已足见先圣，对"随"这种充满了辩证性，甚至是功利性的政治手段的深刻理解。即"随"虽然可以在一定时间段内，带来和谐与繁荣的景象，但这种景象并不能永远存在，因此就"随"本身而言，只能作为一种手段，一种"术"来使用，所以最终只能"无咎"而已。

象曰：随，刚来而下柔，动而说，随。大亨，贞无咎，而天下随时。随时之义大矣哉。

【译文】随卦，阳刚前来居于阴柔之下，动而形成和悦，就做随。大亨通，正固则没有咎害，会使天下万物（民）都随顺于天时。随顺于天时的意义太重大了。

【解读】关于"刚来而下柔"自古就有两种解读方式，一是就上下卦而言，即上卦兑为阴卦，为柔。下卦震为阳卦，为刚。震在兑下，因此说"刚来而下柔"；二是就爻的关系而言，即初九为阳爻，居于六二之下。还有人据此推而广之，说随卦是六十四卦中，唯一的阳爻在阴爻之下（每一个阳爻，原则上都在阴爻之下），而且阳卦在阴卦之下的卦。

笔者认为，就爻的关系而言的说法是可取的，因为它能够更加准确地反映，"随"的本质（详见初九的解读）。但是据此继续推而广之的说法，容易将思路引向"阳爻高尚"的方向上去，而错过"随"——以我随人，致人随我的初衷。

"动而说"（说通悦），是用上下卦的卦德来解读"随"，下卦震为"动"，由于阳爻是下卦之主，因此可以推断这个"动"，是指阳爻"来而下柔"的动作，就是我来随人；上卦兑为"悦"，由于阴爻是上卦之主，因此可以推断这个"说"——悦，是指阴爻对阳爻"来而下柔"的动作所作出的反应，即人来随我。

所以"刚来而下柔",可以视为是"动而说"的前提,两句合在一起,既包含了"随"卦所要表达的一前一后两个过程,又暗示了阳刚"来而下柔"的目的性和必要性。

"大亨,贞无咎,而天下随时"是在解释卦辞,其中的核心是后半句"而天下随时"。

首先是"而"字,在前后两个部分之间,建立起了一种因果或递进关系,即"天下随时",是"大亨,贞无咎"的结果。"大亨,贞无咎"就是随卦卦辞的省略方式,因此"天下随时",就是随卦——按照随卦的方式来"随",将会得到的结果。

其次是"天下",何谓天下?阴阳并包方为天下,由此可见"随"的最终结果,正是阴阳的和谐统一成一个能够协调一致的"天下",其表现就是共同"随时"。

最后,也是最为重要的就是"随时"。其中包含了三重含义:

1.时局、时势。

刚来而下柔,既是"随时",又造就了一个新的"时";阴随阳之"动而说",也是"随时"——由有阳刚之动所创之时。

2."贞"的标准。

"随"能够大亨而无咎的基础是"贞",然而何以为"贞"?如果分别站在阴阳各自的立场上,来说"贞",即使最终达成了共识,也不过是利益的妥协——还是"利"而不是"贞"。因此必须有超越于双方利益之上的,能够为双方共同接受的一个标准。这个标准用现代话说很容易理解,就是能够适应和促进生产力,以及与之对应的社会观念进步的方式。只有这样才能既超越，又附和双方的利益。但是古人在这个问题的理解上，显然还是相当模糊的，但也一定感知到了，在可见的事物背后，存在着一种与时间有关的，不可抗拒的，关乎天下所有人利益的力量，所以才将其称为"时"。其实强调"随时"，就是在强调要顺应和促进"生产力"的进步。

3."随"的无限性。

既然"随"是实现"大亨"的手段，而"随"的依据又是不断演进、变化的"贞"，所以，"随"是无限的——只要人们对"元亨"的追求不变，那么就不须永远地"随"下去，而且在不同的时间段上，"随"的依据是不断变化的。

简而言之，"天下随时"就是说，天下（无论阴阳）都要与"时"相"随"，这样才能既促成"大亨"又可以"无咎"。

"随时之义大矣哉"是一句赞语，通常用在孔子认为意义重大的卦的彖辞之后，但是随卦的这句赞语与众不同——不是针对"随"，而是针对"随时"，可见孔子对"随时"的重视，或者说孔子想借此，再次强调，如果仅仅是"随"，而不是"天下随时"，则难免有咎的结局。

象曰：泽中有雷，随。君子以向晦入宴息。

【译文】随卦有惊雷隐匿于大泽之中之象，君子观此象应当懂得，到了晚上，就要回家休息。

【解读】"泽中有雷"是就上下卦的取象而言的。孔子在大象中，向读者展示了一种朴实而自然的"天下随时"，即"向晦入宴息"——到了晚上，就要回家休息。这是一种以小见大的手法。

初九，官有渝，贞吉，出门交有功。

【译文】将基础构建于通达之上，正固即可得吉，出门与人交往，能够有成就。

象曰：官有渝，从正吉也。出门交有功，不失也。

【译文】将基础构建于通达之上，会因为追随正道而吉祥。出门将往有成就，因为不失（正道）。

【解读】初九是随卦的一卦之主，既是随卦形成的基础，又是集中体现"随"之精髓的一爻，其意义在于，从不同的角度揭示了为什么"刚来而下柔"才能形成"随"——随时，以及为什么"随"虽然能够实现"元亨"，但却终究只能寄望于"无咎"而已。

首先从象上看，如下图所示：

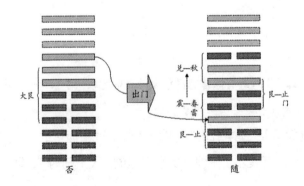

初九位于六二之下，形成了下震上兑的卦象，震为春，兑为秋，因此卦象自下而上，对应的就是自春而秋，从播种到收获的过程，这是古人最关注，也最熟悉的"时"的概念与价值。因此初九的"来而下柔"，促成了卦象的"随时"。

爻辞"官有渝"实际上是借用了当时的农耕经验，《国语·周语上》中说"弗震弗渝"——春雷不动，地气就不会通达。初九为下震之主，又是"来而下柔"而成震，有震而渝之象，所以此处的"渝"与在"弗震弗渝"中的用法一样，通"输"是通达的意思。

关于"官"自古以来，存在两种观点，一是根据阳为阴主的原则，将其理解为官员、官上的意思；二是根据官——建屋于丘的本意，将其认为是"馆"的通假字。笔者认为，后者更为可取，也更符合震而渝的取象，而且初九所处的又恰恰是地位。

综上，"官有渝"就是将基础构建于通达之上的意思。这既是初九动而随人的表现，又是未来"动而说"的基础。

从义理上看，无论是生产力的进步，还是社会思潮，甚至是哲学的演进，既不是上帝的恩赐，也不是出自于某个英雄的创造，而都是起自于民间，源自于普通大众在生活中日积月累的。所以任何改变，就其本质而言，都是对民众需求的顺应，否则就不是"随时"，而是随心了。但是，民众的行为是自发的，而不是自觉的，因此需要更有理性的人出现，在关键的节点上，对改变进行肯定与推广，才能（至少是更快的）使之得以"固化"为社会整体的进步，而不仅仅是某个个体或小群体的"专利"。这就是所谓英雄，或者伟人在历史上发挥的作用——在历史发展的过程中，通过在某些节点上的决策，最终影响社会的发展方向，也就是在"随时"而变的过程中，维持"贞"的方向，以此来为天下谋"吉"。

历史上、现实中关注变革的领导者比比皆是，但是绝大多数的变革，都是以失败甚至灾难而告终的，真正能够做到"贞"，而且能够得到"吉"的结果的，寥寥无几。其根源就是，变革没有"官有渝"作为基础，变革的推动者所持的不是"刚来而下柔""随时"而变的心态，而是将自己当作了上帝的化身，当作了人类未来的设计者，当作了生产力发展方向的规划者，而走上了随心而变的道路。最终是否能"吉"，完全是一种运气——"心"与"时"相同，则吉，否则必凶。至于以变革来拨弄民心，来为自己谋求政治资本，为了变革而变革的行为，就更与"时"无关了。

事实上，"随时"所要强调的正是"随"的被动性，正是政策上的连续性、稳定性，任何变动都是仅仅对"时"的变化，作出的反应而已，也就是说只有在必须要变的时候，才进行变革，否则就随时而静。因此，将"渝"解读为"变动"的观点是错误的，因为"随时"的核心是与时相协，是"通达"。如果"时"未变，"随时"者却已经/不停变化，又何以为"随"呢？

一言而蔽之，变与不变在"时"，随与不随在人，"随时"则"贞"，则"吉"，不"随时"无论变与不变，都不"贞"，不"吉"。

从其产生的结果上看。随卦是否卦，经由上九与初六的互换，演变而来。因此随卦初九的"来而下柔"，在客观上造成了两个结果：一是阻断了阴柔升进的趋势。如上图所示，艮为止，初九与九四分别阻断了隐伏的，和下卦中的阴爻的升进。二是，通过使各阴爻各有所"系"（详见六二的解读），彻底瓦解了阴爻的独立性，使之与阳爻形成一个"整体"，进而促成"元亨"的局面。

所以，"出门交有功"中的"出门"，显然就是指初九在卦变中经历的自上而下、位于互艮之下的运动过程。"有功"可以做两种解释，一是强调其行为的效果；二是强调其对"交"的对象的选择。这两种解读方法，均有一定的道理：如果将"出门交有功"，视为是"贞吉"的结果，则应当是前一种；如果将其视为是"贞吉"的补充，则应当是后一种。笔者认为，就卦辞而言，前一种更为顺畅；就象辞而言，后一种更为合理。

无论"有功"所指为何，都存在同一个问题，那就是要以"贞"为基础，而前面已经说过，在"随"的过程中，"贞"是变易的，是不稳定的，因此这个"功"也必定是不稳定的。这就从一个侧面说明了，为什么"随"虽然可以致"元亨"，但最终却只能期望"无咎"而已。

象辞"官有渝，从正吉也"中的"从正"，应当是指六二，六二阴居阴位因此为"正"，初九"从正"从象上看就是"来而下柔"，从理上说就是"随时"。

六二，系小子，失丈夫。

【译文】牵系小子，而失于丈夫。

象曰: 系小子, 弗兼与也。

【译文】牵系小子, 说明不能兼而有之。

【解读】关于六二、六三中的小子、丈夫所指为何, 自古以来众说纷纭。笔者认为解决这个问题的关键在于, 明确阴爻进行"系"的依据的是什么。

卦辞说"随"可以实现"元亨", 在《周易》中, 阴阳交泰方为"亨", 所以可以推断, 在随卦的六爻中, 普遍存在着阴阳交泰的关系, 大而言之初九自上而下, 刚来而下柔是阴阳相交。小而言之, 各相近的爻之间, 以亲比为随系的基础, 也是阴阳相交——初九象辞"从正", 已经确定了初九随于六二的关系。

所以六二"系小子, 失丈夫", 就是指"系"于初九(小子), 而"失"于九四(丈夫)。结合初九"从正", 可知初九"随"于六二, 而六二又"系"于初九, 形成了一个相对孤立的, 以阳为主的小群体。

上述关系在卦象上的表现, 即如下图所示:

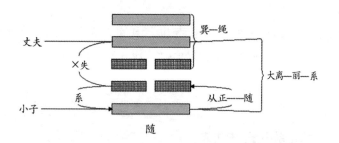

由于初九的下来, 下四爻共同构成了一个大离, 离为附丽, 因此中间的两个阴爻(六二、六三), 都有附丽于阳爻之象, 而

"系"本身就有附丽、依附的意味存在,所以二、三两爻的爻辞,都是在讲述"系"——附丽的问题。

本着同性相敌,异性相亲的原则,六二与九四之间关系,被六三所阻断,所以只能系于初九。同时又因为其乘刚的事实,是由初九"刚来而下柔"的主动行为所致,所以虽然有乘刚之实,也无妨。

通过深刻体会"随"与"系"的区别,还可以让我们了解到更多的信息。"随"的对象是"时",因此"随时"者要有保持"贞"的能力,阴爻在原则不具备这种能力,只能由阳爻来完成;"系"是将自己与别人捆绑在一起,形象地说是一种更具有感情色彩的、无条件的"随",这正是阴阳关系的写照。所以卦中各个阴爻,都各有所"系"。说明了"随"卦中的阴阳,存在着如下的关系:

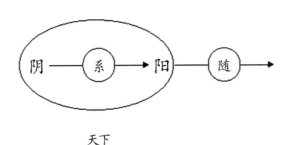

天下

因此,由大卜"随时"而来的"元亨",是以阴阳相系为前提的。

这其中既隐含了阳刚对阴柔进行分化瓦解的"阴谋",又隐藏了社会分化的"隐患"。这其中"隐患",通过长达数千年的隐秘影响,最终在明末以后逐渐显现,在清末则达到了顶峰,变成了举目可见的中国社会的显疾顽症。

象辞中的"系小子",是对爻辞的缩略,"弗兼与也"就是不能兼而有之的意思,可以进一步引申为,不使之成为一类——"与"有同类的意思。不使之成为一类,实际就是指对阴爻的分解。

六三,系丈夫,失小子。随有求得,利居贞。

【译文】牵系于丈夫,失于小子。因为追随而有所求,也会有所得,有利于居守正固。

象曰:系丈夫,志舍下也。

【译文】牵系于丈夫,说明其内心想舍弃下面。

【解读】六三所"系"的是九四,对于以初九为"小子",九四为"丈夫"依据何在,自古也是说法不一的原因就是,没有充分理解隐藏在"随"背后的功利性。初九为无位之阳,九四是有位之阳,所以初九只能是"小子",九四才是可以依靠的"丈夫"。

同理,六二是无位之阴(此间所说的无位,是相对概念),在人事上对应的是无位的"民",六三则是有位之阴,在人事上对应的是有位的"官"。六二与六三的身份差异,决定了它们所"系"的区别——六二是无所求也无所得,六三则是既有所求又有所得——"随有求得",同时包含了六三的"求"与"得"。

比较它们所系的对象：

■ 初九，在否卦的上位时，有宗庙之象，变而为随卦之后，又位于无位的一卦之初，自始至终与利无关，进行的完全是一次"精神之旅"，能用来"动"人的，也仅仅是其精神而已；

■ 九四，无论是在否卦，还是在随卦中，都是位于阴阳之间，都是位于互巽之中，巽为利，因此自始至终都处于利益的中心，有足够的利益，可以用来"动"人。

所以，六二"系"初九，是"系"于精神；六三"系"九四，是"系"于利益。比之于人事就是，小民系于思潮，小官系于财利。

如果六二的"弗兼与"，还含有一定的被动性，那么与之相比，六三的"志舍下"则完全是主观自愿，甚至还带有一定的急迫性。

爻辞最后的"利居贞"是诫辞，就是在警示六三在"系"于利益的过程中，应当保持贞正。

九四，随有获，贞凶。有孚，在道以明，何咎。

【译文】因为随而有所收获，正固则有凶祸。有信诚，行为符合道义而光明，有什么咎害。

象曰：随有获，其义凶也。有孚在道，明功也。

【译文】因为随而有所收获，按道理是有凶祸的。九四能够"有孚在道"，是其内心光明使然。

【解读】六三说"随有求得",九四则和以"随有获",一个有求而得,一个无求而获,完全是一对利益相关的伙伴。

"贞凶"是戒语,因为九四为阳,本来应当"随时",如果在"随有获"的道路上发展下去,难免会因为发展成"随"于利,而获"凶"。"贞"在这里是执着不变的意思。

"有孚,在道以明,何咎"表面看来,与"贞凶"的断语有些矛盾,但正是这种矛盾,说明了"随"与"利"之间,既不能等同,又无法割裂的关系——无利则六三不系。"有孚,在道以明"则是卦辞中的"利贞",在九四一爻上的表现,如下图所示:

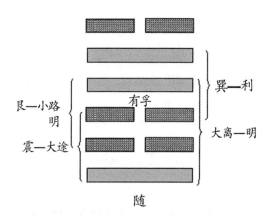

随

"有孚"是指九四与六三之间的正当的亲比关系;"在道"的意思是说,九四的行为是符合"道"的,体现在象上,下卦震为大途,互艮为小路,自初九到九四,虽然由大途转而为小路,毕竟还"在道";"以明"艮有光明之象。

九四具备这样的象,说明其行为仍在"贞"的范畴之内,既然卦辞说"贞无咎",那么九四"何咎"之有?

象辞"随有获，其义凶也"是就"有获"的表面——利而言的。"有孚在道，明功也"的意思是说，九四能够"有孚在道"，是其内心光明使然。

应当说明一点，按照中国传统的道德标准，九四显然不属于正人君子的范畴，因此在中国历史上，也是被忽视，甚至是被刻意抹杀歪曲的群体。然而在现实之中，与那些自命清高，抱定名节的"君子"们相比，九四这个群体，才是国家的中流砥柱。比如明朝的张居正，如果不是他与秉笔太监们的"交易"，如果不是他动用了诸多并不十分光明的手段，怎么能在明朝呆板落后的经济政策之下，十年内为朝廷积蓄了千万两白银？如果没有这千万两的白银，明朝拿什么去与进攻朝鲜的丰臣秀吉作战？难道靠那些高洁之士的嘴巴吗？

九五，孚于嘉，吉。

【译文】从善如流，吉祥。

象曰：孚于嘉吉，位正中也。

【译文】从善如流而吉祥，是因为其恰好能行为适度。

【解读】九五"孚于嘉"，"孚"就是信诚的意思，"嘉"就是善、美的意思，因此"孚于嘉"就是后世所说的从善如流的意思。这既是居五——君位者的义务，又是天下的大幸，因此断语说"吉"。

但是其中的"嘉"具有更多的内涵，需要加以揭示：首先，"嘉"仍旧具有一定的利益关系。因为无论是善还是美，都是具有相当主观色彩的概念，而主观评判的标准，始终是更加客观的"利"。其次，"嘉"体现了"时"的概念。因为无论是善还是美，都是具有相当时效性的概念，注定是要"随时"而变的。

一言而蔽之，这里的"嘉"就是与"时"相应的"贞"，形象地说，就是在不同的时代中，有利于贞正的，体现着善与美的内容，"孚于嘉"就是"随一时"之善，"随一时"之美的意思。这也符合九五"大人作而万物睹"的基本特性。

象辞说"位正中"，而不说"位中正"，是要突出"中"的特性，"中"是中庸适度，因此"中"比"正"更能体现"随"的本质。

通过比较上述三个阳爻，不难发现创易的先圣，对三种处于不同地位的阳爻，在"随时"的问题上，或者说在如何使阴爻"动而说"的问题上，做了详细的分工。

上六，拘系之，乃从维之。王用亨于西山。

【译文】（将自己）牢牢地系住，于是进一步牵系它。君王在西山宴请（它）。

象曰：拘系之，上穷也。

【译文】（将自己）牢牢地系住，是因为身处上位而穷迫。

【解读】上六"拘系之"容易使人产生,上六被九五所"系"的错觉。实际上,通过象辞的"上穷也"可知,"拘系之"的原因在于上六自身,上六位于一卦之终的窘迫境遇所致,由于无所依托,只能紧紧地"系之"。

对于"之"字所指,古来学者多认为是九五,因为上六应当是,也的确是"系"于九五。但笔者认为,如果这样解读"之",就无法处理"拘"字,而只能含混其辞。

事实上这里的"之"就是之上六自己:

"拘系之"是说上六自己将自己牢牢地系于九五,因为上六与六二、六三不同,后者均位于互艮之中,本身有阳爻在上止其上升之势,因此"系"之可也,而上六位于穷尽之处,所以必须要拘而系之。

"乃从维之"来自于九五,体现了九五对上六的"随"。所谓"两系称维",九五随着上六对自己的"拘系",再"系",因此说"乃从维之"。

"王用亨于西山"是九五之"随"的延续,体现了九五对上六的包容与信任,也正是其"孚于嘉"的具体表现。

概而言之,随卦继否卦而来,其作用是要解决否卦中存在的阴阳不交的问题。其所使用的方法就是,如下图所示:

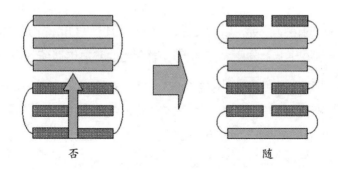

否　　　　　　　　　　随

　　通过阳刚的主动下来，并随于阴柔，将原本两个泾渭分明，矛盾重重的阴阳集团，转换为三个虽然外部彼此相对独立，但内部却紧密关联的"小团体"，以分化融解阴阳之间的矛盾。

蛊——静逸生乱

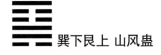

巽下艮上 山风蛊

"蛊"的本意是人体腹中的寄生虫,进而延伸到木器长期不用之后,滋生出来的虫子,总之是在不经意间,从无中而生的对事物有害的虫子。因此"蛊"又被引申为败坏、蛊惑等含义。

但是在以败坏——"蛊"为名的蛊卦中,无论是卦辞,还是爻辞都少有不吉之言,而且每每冠以"干"字,这就不能不让人怀疑,创易者不是在讲"蛊"带来的祸患,而是在讲述应当如何应对"蛊"的问题。先儒沿着这个思路,并借助所谓"治则必乱,乱则开治"的历史经验,进一步发展出,"蛊"是通向亨的起点,人们将通过治"蛊"而迎来下一个天下大治的局面。

笔者认为这种观点是错误的,原因有二:

首先,这是一种政治宿命论,《周易》讲的是规律,不是宿命。所谓"治则必乱,乱则开治",仅仅是对历史的总结与概括,并不代表未来一定会周而复始地重复历史,即便在可预见的未来,这样的历史真的被重复了,也仅仅是说明,人类在政治上尚没有突破前人的智慧,尚没有真正做到与天地运行的规律相协调。《周易》演说规律，无外乎是两种意图：一是让人借鉴；二是让人警醒。总之，都是为了让人们能够更有理性、更有智慧地应对自然与社会问题。

其次，这样的解读，无法使全卦的卦辞、爻辞的意义连贯统一，使全卦，尤其是六爻之间，变成了彼此之间没有关联的单一事件（详见后），既不能准确地说明"蛊"的危害，也没有给出一套让人信服的治"蛊"的方案。

所以这种解读方式，是站不住脚的。

笔者认为：蛊卦确实不是在讲述"蛊"的危害，因此无论卦辞，还是爻辞都少有不吉之言。但是蛊卦也不是讲述如何治"蛊"的，所以六爻的爻辞，无论如何都不能形成一整套治"蛊"的方案。蛊卦讲述的就是一个问题："蛊"是怎样产生的，或者说是"蛊"的产生过程。

正是因为，"蛊"的产生过程，具有一定的"宿命"色彩，才正说明其对社会的危害之大，才正有必要将其纳入《易》中，以警后人。

蛊 元亨，利涉大川。先甲三日，后甲三日。

【译文】大亨通，适宜涉越大川，（否则就会）三天在甲前，三天在甲后。

【解读】"蛊"是败坏，是自无中生来的虫子，但是蛊卦的卦辞却开篇即说"元亨"，也难怪后人会受其"蛊惑"，而作出两种解释："蛊"是因为长期的"元亨"，民心淫靡造成的结果；通过治"蛊"，将促成社会的"元亨"。

再结合"利涉大川"，通常是度过险阻、采取行动的意思，而选取了后一种解释，进而将"元亨，利涉大川"合在一起，解读为："蛊"发展到了极限，社会必然要重归治平，但是又不能自动实现，于是需要"利涉大川"。

且不说，这种解释的正确与否，至少在面对后面一句"先甲三日，后甲三日"时，解读者自己就会感到茫然，于是从先天到后天，再到纳甲之说，各种解读方法纷至沓来。但终究因为对卦辞核心意义的误解，而不得要领。

笔者认为：

单独就"元亨"而言，将其解读为导致"蛊"的原因，尚且勉强说得过去，因为无论个人，还是社会的"蛊"，都（至少多半）是由于长期安逸造成的。但是作为相互连贯的整体，"元亨，利涉大川"就是先圣提出的治"蛊"之策——在"元亨"之时，应当采取行动，催生变革。这种思想，与后世所说的居安思危等等，是相通的。

对"元亨，利涉大川"做了上述解读之后，"先甲三日，后甲三日"就很容易理解了。实际上，这就是一句与"30年河东，30年河西"完全一致的戒语。在告诫读者，必须遵循前面的策略，否则就会陷入"治则必乱，乱则开治"的循环宿命之中。

为什么在卦辞中，不说"蛊"是怎样产生的，而要说怎样治"蛊"呢？这是因为，"蛊"的产生，是一个连贯而隐秘的过程，需要通过之后的六爻，来全面地揭示。在这个问题上，"先甲三日，后甲三日"一句，又起到了连贯卦辞、爻辞，承上启下的作用。即形象生动地向读者概括了"蛊"的产生过程。如下图：

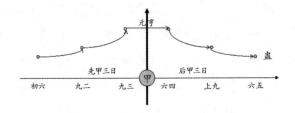

这就是隐藏在"先甲三日，后甲三日"背后的"蛊"的产生过程。即如同宿命般的，由乱而治，再由治而生"蛊"的循环往复。其间的"甲"所取用的，就是其最原始的意思——草木生芽后所戴的种皮裂开的形象。其所对应的阶段，正是社会"元亨"之时，象征着"蛊"生自于安逸，这也与《易》中，阴生于阳，阳生于阴的观点，是一致的。

所以蛊卦卦辞所要表达的思想就是，在"元亨"之时，应当如"涉大川"一般，勇敢的采取行动，寻求变革。否则就会陷入由乱而治，再由治而生"蛊"的宿命之中。换言之，变易是永恒的，因此应当主动求变，主动求变，就能主导变易，就有可能"变则通"，不主动求变，变易仍旧会发生，只是按照其本来的规律发生，因此不变必生"蛊"。

彖曰：蛊，刚上而柔下，巽而止，蛊。蛊元亨而天下治也。利涉大川，往有事也。先甲三日，后甲三日，终则有始，天行也。

【译文】蛊卦，阳刚上行阴柔下行，顺势而止，就是蛊。蛊卦的"元亨"是指天下治平。"利涉大川"，是说发展下去会有（不利的）

事情发生。"先甲三日,后甲三日"是指终而有始的客观规律。

【**解读**】"蛊,刚上而柔下,巽而止,蛊。"是分别从卦变,和上下卦的卦德两个方面,既来解释卦名,又来解释"蛊"的产生原因。

蛊卦是泰卦经由初九与上六的互换,演变而来的,因此说"刚上而柔下"。刚上柔下,表面看来是合乎阴阳运动的基本规律。如果比之于人事,则是符合尊卑、长幼关系的。所以才能"巽而止","巽"指下卦与"止"相对,是顺的意思。因为合乎规律、合乎情理,因此才能"顺"在先,"止"在后。"止"即静止,意味着能够长期地保持平衡与稳定。

长期地处于合情合理的静止之中,这正是"蛊"产生的基础——"流水不腐,户枢不蠹,动也。"就是这个意思。

蛊卦由泰卦卦变而来,同时也既是随卦的覆卦,又是随卦的变卦,而泰卦和随卦都意味着社会的元亨,阴阳的均衡,都是滋生"蛊"的温床,将蛊卦置于其后,足可见先圣期望警醒世人,不能醉于"元亨"之世,坐待蛊乱滋生的良苦用心。

象辞的后半部分,实际上是通过三个"也字结构",对卦辞进行了最直接的解读。其中的关键是"利涉大川,往有事也"一句,它的意思是:"利涉大川"的意思是,发展下去会有(不利的)事情发生。或者:为什么要"利涉大川"?因为再发展下去将会有(不利的)事情发生。

由于前后三个"也字结构"是并列的,因此可以推知前面的"蛊元亨而天下治也",和后面的"先甲三日,后甲三日,终则有始,天行也",也应当做相似的解读。即:蛊卦所说的元亨,是天下治平的意思；"先甲三日，后甲三日"是指终而有始的客观规律。

如果没有"利涉大川，往有事也"一句作为解读的标准，那么前后两句的语义就模糊了，而且可能更倾向于，以元亨作为治"蛊"的方法，以"先甲三日，后甲三日"中的宿命观点，作为其理论支撑的传统解读方式。

但是，在传统的解读中，为了迎合前后两句，只有将"利涉大川，往有事也"，解释为："利涉大川"的意思是，在治蛊的过程中，前往是有事情可作的。这显然是非常牵强的，而且前一句，将"元亨"视为是治"蛊"的方法，也有本末倒置之嫌。

象曰：山下有风，蛊。君子以振民育德。

【译文】蛊卦有山下有风之象，君子观此象，应当懂得去振作民心培育道德。

【解读】上艮为山，下巽为风，因此蛊有山下有风之象。孔子的大象往往与卦辞无关，但也有许多卦的大象，是对卦辞的生动解读，或者延伸。蛊卦的大象，就属于后者。"振民育德"实际上就是对卦辞的延伸，就是"利涉大川"的具体所指。在这个问题上，现代西方，有一个伟大的践行者，那就是法国的夏尔·戴高乐将军，美国总统尼克松在其所著的《领袖们》一书中写到：

他（戴高乐）始终如一地号召他的人民去攀登"高峰"，虽然这些"高峰"只是隐约可见或朦胧难辨的。对于戴高乐来说，重要的事是让人民自己觉得是在攀登，只有这样，这个国家才能变得伟大。他曾经说过："法国只有在从事一个伟大的事业时，才能显示她的真正面目。"

何谓攀登"高峰"？何谓从事伟大的事业？岂不正是"振民育德"！

初六，干父之蛊，有子，考无咎，厉终吉。

【译文】继承了父辈的事业，（父亲）可以因为有个好儿子，而没有咎害。（儿子）虽然会承受一定的危厉，但最终会吉。

象曰：干父之蛊，意承考也。

【译文】"干父之蛊"，意思就是指承袭其父辈（事业）。

【解读】蛊卦六爻，三爻"干父之蛊"，一爻"干母之蛊"，前后共有四爻爻辞与"干"字有关，因此必须首先确定"干"字的意义。在传统的解读中，认为"干"字是触犯、冒犯的意思，由于所犯的是对人与社会不利的"蛊"，因此就被"负负得正"为整治、纠正的意思。这未免有先打枪后画靶之嫌。

就"触犯、冒犯"而来，笔者认为"干"在此处更应当被引中为：承袭、沿袭的意思。即如后世在命理预测中常说的"犯★★"，无论后面的内容是好是坏，都不是说要去整治、纠正，而只是在说与此"★★"有关连。比如说某人命犯桃花，难道就是说此人应当去整治、纠正自己的情感生活吗？显然不是。所以"干父之蛊"，就是承袭了、延续了"父之蛊"的意思。

而且，既然"蛊"是由长期的太平安逸而生的，那么产生"蛊"的过程，必然也就包含着太平安逸，也就是所谓"元亨"的过程。那么在"蛊"尚未显现的阶段，"干父之蛊"实际上（至少表面看来）承袭的是，走向"元亨"的道路。如果因为可能会在"元亨"之后，会产生"蛊"，而放弃对"元亨"的追求与实践，岂不是因噎废食？先圣顽强地不厌其烦地说"蛊"，其实不过是为了强调，"先甲三日，后甲三日"的循环，提醒人们应当及时地"涉大川"罢了。

卦中三爻"干父之蛊"，在其中两爻的象辞中，孔子都用了"承"字，固然仍旧可以通过"负负得正"的逻辑将其说通，但终究留有太多的胶着的痕迹。而将"干"字解为沿袭、继承之后，则爻辞与象辞之间得以相互呼应，爻辞与爻辞之间内容能够连贯。

所以，爻辞"干父之蛊，有子，考无咎，厉终吉"的意思就是，继承了父辈的事业，（父亲）可以因为有个好儿子，而没有咎害。（儿子）虽然会承受一定的危厉，但最终会吉。

"厉"是因为初六以阴爻承父业，有力有不及之象。"终吉"是因为，此时正是向"元亨"发展的过程。

象辞"干父之蛊，意承考也"，翻译过来就是："干父之蛊"的意思就是继承父业。"考"指死去的父亲。

九二，干母之蛊，不可贞。

【译文】承袭了母亲（系）的事业，不可固着其上。

象曰: 干母之蛊, 得中道也。

【译文】"干母之蛊", 是因为其行事适于中道。

【解读】初六"干父之蛊", 九二则"干母之蛊"的原因在于, 蛊卦之中在爻象的背后, 通过爻位潜藏了一种"子承父业"的思想。即如下图所示:

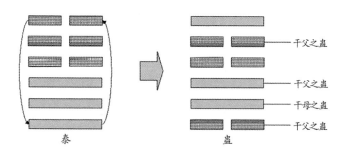

只有阳位(一、三、五)能够"干父之蛊", 阴位无论爻的属性为何, 都不能"干父之蛊"——这也从另一个侧面, 印证了"干"应当是承袭的意思。

阳位"干父之蛊"和九二"干母之蛊"合在一起, 恰好是当时父系的主导地位基本确立, 母系的影响尚有所存在的时代背景的写照。

"不可贞"一句则非常准确地刻画出, 当时乃至后世中国的历史中, "母系"在国家政治中的微妙作用以及作为承袭父业的君王, 所应当对此采取的正确态度:

- 贞是正固之意, "不可贞"首先是不可以之为正, 不可固着其上的意思;

- "不可贞"所否定的仅仅是"贞", 反之"不贞"——不以之为正, 不固着其上的话, 应当还是"可"的。

显然这之中存在着一个, 需要准确把握的"度"。所以象辞说"得中道也"。

九三, 干父之蛊, 小有悔, 无大咎。

【译文】继承了父辈的事业, 小有忧悔, 没有大的咎害。

象曰: 干父之蛊, 终无咎。

【译文】继承了父辈的事业, 终究没有咎害。

【解读】按照"先甲三日, 后甲三日"之说, 九三已然是"先甲"的最后一日, 时局已进入"元亨"的状态。但是断语却是"小有悔, 无大咎"。

从象上看, 九三下为九二所阻, 上为六四阴柔所乘, 所以应当"有悔"。但是上卦仅仅是艮——止而已, 因此仅仅是"小有悔", 而"无大咎"。

从义理上说, 九三位于下卦之终, 其本质是"终日乾乾, 夕惕若", 是一个终日兢兢业业, 努力不止, 又小心谨慎的形象, 以此来继承父业, 通常会有两个结果: 一是将事业发展到一个顶峰; 二是缺乏创新与改变。这也正与九三位于下巽之终, 处顺之极的爻象相符。所以只有"小有悔", 而"无大咎"。

无论最终的发展趋势如何, 九三都是将社会带向"元亨"的一爻, 又有何咎? 所以象辞说"终无咎"。但客观地讲, 通过

"无大咎"和"终无咎"的对比，可以看出象辞与爻辞之间，在政治思想境界上的差距。

武则天、唐玄宗，皆创造过"元亨"之世，然而也都是因为私欲放纵，而不惜坏朝纲、乱伦理、废礼法。就其一生，或半生而言，可勉强称为"无大咎"，就其对国家的影响而言，又岂能是"终无咎"？

六四，裕父之蛊，往见吝。

【译文】放大父辈的错误，发展下去，会有吝难。

象曰：裕父之蛊，往未得也。

【译文】放大父辈的错误，发展而未得正途。

【解读】"裕"是多、宽的意思，在此处引申为放纵、放大的意思，与"利涉大川"相对。在应当变革的时候不变革，在应当行动的时候不行动，在应当有所作为的时候无作为，因此其行为已经超出了"干"——承袭的范畴，转而变成了"裕"——对自己的放纵，对"父之蛊"的放大。

仍以唐朝为例。言及唐朝，必说其开放的胸襟、包容的态度，然而这实际不过是此前长达400多年的南北朝的胡风的沿袭而已。武则天、唐玄宗不过是"干父之蛊"——沿袭了来自胡人的开放与包容精神，而将唐朝迅速地推向了繁荣的顶峰。但是在玄宗统治的后半段，国家已经"元亨"之时，没有及时地"涉大川"——做出适当的变革，就变成了"裕父之蛊"。所"裕"何在？沉迷于胡乐、放纵奢华、无视伦理……此不为其"父之蛊"——胡风之"裕"，何为？所以六四的断语"往见吝"——继续发展下去，将会有吝难，即如魔咒般降临在玄宗和唐朝身上。

象辞说"往未得也"，应当是"往"——发展未得正途的意思，也就是没有能够"涉大川"的意思。

六五，干父之蛊，用誉。

【译文】继承了父辈的事业，通过荣誉。

象曰：干父用誉，承以德也。

【译文】继承父辈的荣誉，是指继承其德行。

【解读】六五在六四"裕父之蛊"之后，又说回到"干父之蛊"上，似乎是一种"倒退"，实则不然。原因就在于"用誉"——六五"干父之蛊"的方法上。

"誉"无论是名誉，还是荣誉，归根到底都是虚浮不实之物。所以以"用誉"作为"干父之蛊"的方式，说明：要么其人本身就是虚荣之辈；要么其人本身并无实践之才。即如东汉、魏晋时期的门阀之风，炫目的阀阅（祖先的功业、官爵）之下，站着的往往是个无能的纨绔；仁孝礼仪背后，藏着的往往是些酒色之徒。

因此"干父之蛊，用誉"，与"裕父之蛊"相比非但不是倒退，而且还是"进步"。因为"裕父之蛊"放纵、放大的仅仅是"父之蛊"的有形部分——行为。"用誉"来"干父之蛊"所放纵、放大的，则是"父之蛊"的无形部分——精神。所以象辞说"承以德也"。

上九，不事王侯，高尚其事。

【译文】不侍奉王侯，使自己的行为更加高尚。

象曰：不事王侯，志可则也。

【译文】不侍奉王侯，其心志可以效法。

【解读】如下图所示：

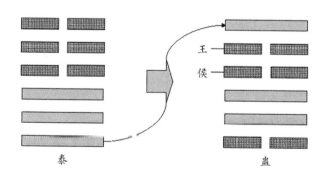

上九原本是泰卦的初九，如今一跃而至上九，有越王侯而不事之象，因此说"不事王侯"。一个小民（初九）能够一跃而成为，视王侯如无物的世外之人，原因只能有一个，那就是其道

德的高尚，即所谓"意志修则骄富贵，道义重则轻王公"，所以说"高尚其事"。

蛊之上九可以说是千百年来，中国读书人的精神偶像，但这仅仅是就个人而言的。如果变成了一种普遍的行为，或者是社会的思潮，就变成了民不以国为念了——"所以聚人者财也"，人民都"骄富贵""轻王公"了，又有什么能将他们聚集起来呢？一个国家不能聚拢民众（精神和肉体），岂不正是国家将由治而乱的终极表现吗？

不说"民不以国为念"，而说"不事王侯，高尚其事"，是因为上九是阳爻，是君子。小民们的心态、行为，则可以透过作为"君子"的上九的言行，推想而知。透过魏晋时期的那些"不事王侯，高尚其事"的"君子"们，并不难看出，这种群体性的"高尚"，实际就是对当权者的鄙视和心灵上的躲避。其对国家的伤害，恰如"蛊"虫一样，是从内部进行消化、蚕食着国家的肌体与生命。

所以，六爻之中只有上九不言"蛊"，是因为此时"蛊"已经变成了现实，没有必要再警示了——此处无蛊，恰是蛊！

象辞说"不事王侯，志可则也"，并非是对作为群体的上九的褒奖，而仅仅是对其作为个人的品德时，给予的肯定。而且"志可则"，与前面的"不可贞"相似，在肯定了"志"的同时，实际上是否定了这种行为。由此也可看出儒家"入世"的思想。

临——进退有度

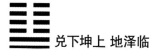

兑下坤上 地泽临

临是十二消息卦中,阳长阴消的第二卦。十二消息卦,是古人通过对一年四季寒暑变化的观察,总结而来的十二个象征着阴阳更迭、周而复始的卦象。反映着古人对自然规律的核心——阴阳消长、变易的朴实而深刻的认识,《易经》所言之"易",归根到底就是阴阳的变易,因此十二消息卦,在理论上是《易经》的精髓所在,在架构上是六十四卦体系的基础。

十二消息卦中的每一卦,都是在演说,在阴阳消长的过程中的,某一个特定的阶段/节点上的,阴与阳的相互关系。如下图所示:

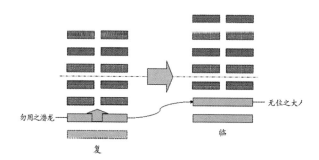

在临卦中，二阳自下来临，其上尚有四个阴爻存在。从发展趋势来看，阳刚已经摆脱了一阳复生时的弱小，有取阴而代之的趋势。但是从实力对比上看，一方面阴爻仍旧占据压倒性的优势，处于主导性的地位；另一方面，虽然就卦象而言，二阳取二阴而代之，对于居于其上的四个阴爻来说，尚有摇其根本，毁其基础之象，但阳爻终究尚未越过中线，对阴爻形成实质性的压迫。

所以，临卦虽然处于阳长阴消的过程之中，但所对应的却是阴阳相携——阳进而不迫，阴退而不拒的状态。通俗地说，就是阳刚的升进，仍旧在阴柔可以包容、承受的范围之内。至此，就可以明白，卦名"临"的含义——临者势也，进而不迫也，也就是所谓的"度"的问题。

临卦通篇所阐述的就是，阳刚的升进要适度，阴柔面对阳刚升进，反应也要适度。即同时涵盖了阴、阳两个群类的行为。因此，先儒在读临卦的时候，通常认为其中包含了两种"临"，一种是以刚临柔的临；一种是以上临下的"临"。显然这种观点，仅仅看到了问题的表面，却没有深入其实质。

事实上，临卦中的"临"只有一种，那就是阳刚来临阴柔。所谓的两种，是阳刚与阴柔在共同促成"临"的相向运动中，分别采取的行动、肩负的责任。即阳刚应当如何升进，才能保持"临"的状态，以及阴柔如何面对阳刚的升进，才能维持"临"的状态。

临 元亨利贞，至于八月有凶。

【译文】大亨通，有利于正固，到八月的时候有凶祸。

【解读】《周易》虽然以崇阳抑阴为原则，但也更重视阴阳的协调、顺畅。因此虽然临卦之中，阳刚只有两爻，而且处于三才之下，然而卦辞却给予了"元亨利贞"的断语。

所谓"元亨"就是大亨通，而对应着阴阳平衡的泰卦，也不过是"吉亨"而已。相较之下，即可见《周易》侧重的并不是静态的平衡，而是动态的适度。在一阳复起的复卦时，阳刚的力量尚且微弱，无法对阴柔形成威胁；在三阳开泰的泰卦时，虽然表面上阴阳处于平衡，但同时处于平衡将被打破，阳刚即将过盛的临界状态。所以只有，临卦所处的，才处于既将阳刚的潜力充分得显露出来，又没有与阴柔发生地位之争的动态平衡之中。

"利贞"就是有利于贞正、应当保持贞正的意思。体现的仍旧是《周易》注重动态、注重变易的精神，因为：

首先，任何"元亨"都不可能是永恒不变的，作为一个由时间串联起来的连贯过程中的一环，"元亨"终将过去，随之而来的就将是各种咎难，这是不可违逆的客观规律。但是，人在规律面前也并非完全被动，也有主动的选择，这个选择就是"利贞"，能够恪守贞正，就有可能延续"元亨"。

其次，人在"元亨"之时，容易因逸生淫，居安忘危，进而会加速"元亨"的过去，咎难的来临，因此需要戒之以"利贞"。

为了能够更加生动直观地说明，"临"所具备的适度的特性，作者用了"至于八月有凶"一句。对这一句的解读，可以从两个方面来进行：

首先，是通过爻象来揭示一个过犹不及的道理。

十二消息卦,不仅对应于阴阳消息的十二阶段,同时也与中国古代历法有着直接而紧密的联系,分别对应着十二个重要的节气,以及上古时期的十二个月份。如下表:

十二消息卦	复	临	泰	大壮	夬	乾	姤	遯	否	观	剥	坤
斗建	子	丑	寅	卯	辰	巳	午	未	申	酉	戌	亥
节气	冬至	大寒	雨水	春分	谷雨	小满	夏至	大暑	处暑	秋分	霜降	小雪
月份	正	二	三	四	五	六	七	八	九	十	十一	十二

注:此月份是与斗建,即地支相对应的原始月份关系,后来经过历代的改元更始,现在的农历,是以寅月为正月的。

阳爻自复卦一阳复起,经过六次升进之后,到六月时变成六爻皆阳的乾卦,此时也正好是一年之中,再继续发展下去,就是阴爻开始息长,阳刚开始消退了,到八月时,变成了临卦之变——遯卦,卦象从二阳升进,阴柔消退,变成了二阴升进,阳刚遯避。因此有凶,这个显然既是阳刚之凶,也是天下之凶。

其次,是通过卦象,与十二消息卦所对应的节气的结合,来说明为什么会"凶"。

临卦上坤下兑,坤为地,兑为泽,有地中有泽、泽边之地、大地临泽之象。大地与泽的关系,实际上就是一种动态的关系:地中无水不为泽,水无地围也不为泽;水枯则泽退为地,水盛则漫地为泽。

"八月"所对应的节气是大暑,民谚有云:"小暑,大暑,淹死老鼠"。可见作者是用八月水势盛大,从大泽中漫溢而出,淹没了周围的大地来形象地说明,突破"临"的动态平衡,一味地发展下去，必然有凶。

彖曰：临，刚浸而长，说而顺。刚中而应，大亨以正，天之道也。至于八月有凶，消不久也。

【译文】临卦，阳刚渐渐地上长，相悦而柔顺。阳刚行为适中而与（阴柔）相应，通过正当的方式促成大亨通，这是天之道。到八月将会有凶，是说（到时）消退即将不久了。

【解读】彖辞共分为三个部分，"临，刚浸而长，说而顺"，是通过爻象和上下卦的卦德两个方面，来解释什么叫"临"。

"浸"是渐渐的意思，"浸而长"就是渐渐的长，与激烈的暴长相比，"浸而长"显然更加富有理性与克制，虽然目的都是"长"，最终的结果也都是"长"了，但是"浸而长"在行为方式更加适当得体，更加能够让人接受。因此才能促成"说而顺"的局面。

"说而顺"不是简单的"顺"，是因为相悦而顺，既然是相悦在前，是以相悦为基础，那么这种"顺"就不是单方面的，而是双方的、相互的。这也正是卦象所示的地与泽之间、相互依存、进退相随的关系。

第二部分"刚中而应，大亨以正，天之道也"，既是在解释卦辞"元亨利贞"，又是在对第一部分进行补充说明。剥皮见骨，这一部分不过说了两件事，一是"刚"的行为，既中又正；二是这种行为，是符合天道的。符合天道，自然毋庸置疑的就应该"元亨利贞"。既中义正则主要是来说明，为什么"刚"能够通过"浸而长",最终促成"说而顺"的局面。其中又以"刚中而应"为关键,"浸而长"正是阳刚行为适"中",不急不躁的表现,进而才能形成阴阳之间相"说而顺"、天下"大亨以正"的局面——不"中",即使"正",也不能"说而顺",也不能"元亨"。由此可见,孔子已经清晰地认识到,"临"的精髓就是适度,就是"中"。

此外,象辞的前两个部分,始终都以"刚"字起首并非偶然,这是作者在强调,在促成"临"的状态的过程中,起决定性作用的是阳刚而非阴柔。这一点在稍后初九的解读中,将再加详述。

最后一部分"至于八月有凶,消不久也",是在解释卦辞"至于八月有凶",其意义如前已述,不再重复。

象曰: 泽上有地, 临。君子以教思无穷, 容保民无疆。

【译文】临卦有大泽之上有陆地之象。君子观此象,应当懂得通过无尽的教化,来包容、保护民众。

【解读】临卦上坤下兑,因此有泽上有地之象。坤为思、为智,从"教思无穷,容保民无疆"一句来看,孔子应当是取此象,即以地为"教思",以泽水为民。

所谓"教思"即如今日所言之教化,教化万民本来是君王的责任,此处说"君子",是因为此时阳刚方至九二,虽为君子、大人也仍旧是民。"容保民"所取的就是大地盛水为泽之象。

以无穷的教化,来包容、保护民众,演变至后世,就是所谓的君以民为子、民以君为父的思想。在今天看来，这是侵害人权的，是不民主的，是不能接受的。但是结合上述关于地与泽之间的关系来看，就会发现，至少在孔子心中，君与民的关系、君子与小人的关系，仍旧是一种近而不迫的"临"的关系，是一种留有足够互动空间的，保护性限制关系。因为，毕竟"教思"不是强制。

初九，咸临，贞吉。

【译文】在相感中加临，保持正固，就能吉祥。

象曰：咸临贞吉，志行正也。

【译文】在相感中加临，保持正固，就能吉祥，是因为其志在践行正道。

【解读】临卦初二两爻的爻辞，都以"咸临"起始，"咸"就是感，在古代没有"感"字。因此"咸临"就是"感临"。何谓"感临"？

初二两爻是正在升进的阳爻，同时与四五两个阴爻成正应关系，毋庸置疑，这就应当是所谓"感临"在象上的依据，也是剖析其含义的基础。因正应而"感"，同时初二两爻本身又位于下兑之中，兑为悦，因此这种"感"应当是正面的，是建立在喜悦的基础上，或者说能够产生喜悦的结果的感。

所以"咸临"的这个"咸"——感，就是彖辞"说而顺"中阴阳相"说"的基础，和在阳刚方面的具体表现，就是阳刚能够"浸而长"，而不是暴长的原因。

"咸临"就是在相感中加临的意思。

这在人事之中，是非常重要和难得的。因为按照易理，阴柔通常象征着隐晦与淫邪，阳刚象征着光明与正义，因此阳刚升进的过程，实际上就是一个光明战胜黑暗，正义战胜淫邪的过程。虽然这个过程的目标是正义的，但是就其过程而言，则又是曲折的，尤其是在复、临所对应的这种，阴柔仍占据绝对优势、阳刚尚处弱小的阶段，更是存在两个致命的问题：

1.所谓的变革，需要阴柔一方的配合，至少是在其不强烈抵制的前提下，才能够得以践行，否则就会中途夭折；

2.由于此时的阳刚尚处下位，比之于人事，就是尚处于民间，极容易因为小民的躁动，而使正义的变革，变成利益甚至是义气、颜面的争斗。

因此，此时最佳的方案就是，在相互克制的前提下，形成某种默契，使变革在可控的范畴内，循序渐进。所以"咸临"的感，就如同"说而顺"中的悦一样，并非是阳刚或阴柔单方面的情感，而是指相互的、并存的。即阳刚对阴柔有所感，同时阴柔也对阳刚有所感；阳刚在相感的背景下加临，阴柔在相感的背景下，面对阳刚的来临。

"贞吉"就是贞正则吉，或者因为贞正而吉的意思。强调"贞"既是突出初九阳居阳位，爻位得正的事实，也是因为其不"中"而施以的诫语——已然不"中"，则必须行正。

象辞说"志行正也"就是这个意思，就是在说初九不仅自己居正,而且与同样居正的六四正应。

九二,咸临,吉无不利。

【译文】在相感中加临,吉祥,没有不利因素。

象曰: 咸临吉无不利,未顺命也。

【译文】在相感中加临,吉祥,没有不利因素,是因为没有完全顺从于命运。

【解读】九二爻辞与初九的区别在于断语,而九二与初九最显著的区别,则是九二居中,由此可以推断,九二得到"吉无不利"的断语的原因,应当就是"得中"。

但是孔子在象辞中对此的解释却是"未顺命也",猛然间"得中"与"未顺命"似乎毫无关系,实则不然,实际上"未顺命"就是"得中"这个抽象概念,在九二这一爻上的具体表现。

为此,首先要明确什么是"命"?命就是天命、命运,是不以个人的意志为转移的发展趋势。接下来要明确什么是"顺"?顺就是顺从、依从。因此"顺命"就是顺从于天命,也就是完全放弃了自身的主观能动性,听天由命。最后,还需要明确九二的"命"是什么?九二是阳刚,临卦是阳长阴消的第二卦,因此九二的天命,就是要继续升进。

综合上述,九二如果"顺命",就是理直气壮地、毫无顾忌地升进。反之,"未顺命"就是没有采取这样的行为,就是没有放弃自己的主观能动性，就是将自己升进的行为，控制在理性的范围之内，控制在一个适度的范围之内，也就是"得中"。

所以，九二的"咸临"是因为六五正应而感，九二的"吉无不利"因为其在爻位上具有"得中"的特征，在行为上"未顺"恣意升进之"命"，而是采取了"浸而长"的方式，与阴柔相感而动，促成相"说而顺"的局面。

九二是临卦之主，因此也集中体现了"临"的精髓。

六三，甘临，无攸利。既忧之，无咎。

【译文】喜悦地接受（阳刚的）加临，没有任何利益。之后感到忧悔，但没有咎害。

象曰：甘临，位不当也。既忧之，咎不长也。

【译文】喜悦地接受（阳刚的）加临，却没有任何利益，是因为所处的位置不当。之后感到忧悔，却没有咎害，是因为咎害不长久。

【解读】临卦爻辞特征鲜明，每一爻都以"★临"开头，其中初二两个阳爻均是"咸临"，如前所述"感"不可能是一个单方面的行为，必然是互有所感。既然阳刚对阴柔有所感，阴柔也定然不能无动于衷。但是四个柔爻的爻辞中，无一"咸"字，这是因为阴柔的感，根据其所处的时与位的不同，被分解成了甘、至、知、敦四种不同但更具体的方式，作为对阳刚来临的反应，逐一展现在各爻之中。

六三位于下兑之中，紧邻升进的阳爻，而且随着阳刚的升进，其爻位也随之而长，因此有充分的理由"甘临"。对此间的"甘"字，苏轼的解读最为精道——"乐而受之谓之甘"。但是临处于阳长阴消的过程中，因此六三的这种"甘"最终只能是一场虚空，所以说"无攸利"——无所利。

"忧"的取象来自于坤，坤为思虑，因此借为忧象。六三已经位于互坤之中，因此说"既忧之"。六三"甘临"，对阳爻的来临"乐而受之"，目的是在谋利，因此必然会因为"无攸利"而忧愁。

通常来说这种唯利是图、为利而忧的行径必有咎害，但是在临卦中不同。因为六三虽然因为"无攸利"而忧悔，但毕竟在互震、互坤之中，有顺而动之象，因此仍旧会"说而顺"于阳刚的升进（以期求利）。而此间阴柔得利是小，阴阳互感，相"说而顺"，最终促成阳刚的升进是大，所以六三虽然意在图利，甚至因为未得利而忧悔，仍可"无咎"。

象辞中的"甘临"和"既忧之"分别是，"甘临，无攸利"和"既忧之，无咎"的缩略语，"位不当也"和"咎不长也"，也分别是在解释"无攸利"和"无咎"的。

六四，至临，无咎。

【译文】引导（阳刚的）加临到达，没有咎害。

象曰：至临无咎，位当也。

【译文】引导（阳刚的）加临到达，没有咎害，是因为其位置正当。

【解读】四为诸侯之位，相对六五是臣，但同时也是一方之君，因此非但无需通过阳爻的升进而谋利，而且有能够将阳刚之才引入自己的邦国，施展其才能，同时还有向六五举荐阳刚之才的义务。也就是说，如果六四对阳刚的来临有所感，那么就应当起到，使之"至"的作为，因为它既具有这种能力，又有这种义务。因此六四"至临"。

从象上看，六四位于由九二组成的互震之中，与初九正应，震为反艮，艮为门，因此自上而下来看，也正有临门而迎阳刚（初九）之象。

象辞说"位当也"，是强调六四得正的特性，六四得正与同样得正的初九相应，说明二者的相应，是应于正道，六四的"至临"，也是因正道而非图私利而"至"之，所以"无咎"。

六五，知临，大君之宜，吉。

【译文】知其将临，是作为君王的恰当行为，吉祥。

象曰：大君之宜，行中之谓也。

【译文】君王的恰当行为，是指行为适中的意思。

【解读】"知临"就是知其临,就是知其将临(进而坦然面对)的意思。因此反映的是六五能够见微知著的特征。这是作为一个"大君"所应当具备的基本素质,因此说是"大君之宜"。

六五所知为何?临卦为阳长阴消之卦,"临"是阴阳动态平衡之时,因此六五"知临"就是知道阳爻升进的必然性,和阴阳平衡相"说而顺"的必要性。由于当前阴柔仍旧处于优势地位,因此作为卦中阴爻之主,六五的"知临"与九二的"未顺命"同样重要,是阴阳互"感"的两种表现,是共同支撑"临"的两根支柱。九二如果顺命而为,或者六五如果不"知临",都将使"临"所对应的平衡,瞬间瓦解。

因此,六五"知临",就是知命,知阴阳消息循环的天命,就是对自身私欲的理性控制。"大君"知天命,顺应阳刚的升进而不加抵制,自然是天下之大"吉"。

九二"未顺命"是因为得中,同样六五能够尽其"大君之宜"——"知临"、知命也是因为居中。所以象辞说,"行中之谓也"。

综合上述初、二与四、五爻的解读,可将此四爻之间的关系,汇总于下图之中:

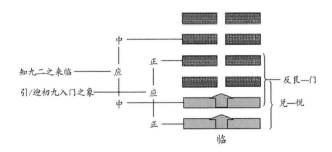

即，处于升进、加临之中的两个阳爻，分别因为"正"和"中"，或者说分别通过"正"和"中"的方式，与阴爻相应相感。其中居下推动者（初九），和居下迎而导之者（六四）重在守"正"；首当其冲者，和居上当权者（六五），重在适"中"。

可见，临卦的形成，或者说"临"的状态形成，关键就在于阴阳相应于中正，而其中又以"中"更显重要。所谓的"中"，就是阴阳之间在心灵上互感相悦，在行为上的克制相顺。

比之于人事，这是任何变革，尤其是重大变革（的初期），都应当遵循的行为方式，否则就会使原本是针对道理的讨论，迅速演变成针对利益与颜面的争吵。

上六，敦临，吉无咎。

【译文】以敦厚的态度面对阳刚的来临，吉祥，没有咎害。

象曰：敦临之吉，志在内也。

【译文】以敦厚的态度面对阳刚的来临，带来的吉祥，是因为其志愿朝向内部（的阳爻）。

【解读】上六虽然是卦中唯一一个与阳爻没有任何关系的阴爻，但是位于上坤之终，坤为顺，为敦厚，因此说上六"敦临"。

"敦"是敦厚的意思，这里应当是用作动词——以敦厚的态度面对，或者直接引申为敦悦。敦厚是柔顺之极的变现，因此

"敦临"——以敦厚的态度面对阳刚的来临，其实就是柔顺的接受阳刚的来临。

如果说六五的"知临"是知天命，那么上六的"敦临"，就是顺天命了。由于这个天命就当前来看，能够使天下"元亨"，就长远看将是六爻皆阳的朗朗乾坤，因此上六顺之，可以使天下（包括自己）得"吉"，所以"无咎"。

需要指出的是，卦中的四个阴爻，三个断语为"无咎"，而且"大君之宜"中，也含有"无咎"的意味，这主要是因为，《周易》具有明显的崇阳抑阴的倾向，因此以阴爻顺应阳刚的升进为"宜"为"无咎"。

象辞中的"志在内也"应当是指内卦兑，强调上六虽然与阳爻没有直接关联，仍旧会"说而顺"之。

观——敬畏教化

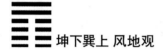

坤下巽上 风地观

在临卦中，阴爻虽然在数量和位置上，都占据着绝对的优势，但仍旧要对阳爻的加临，采取"说而顺"的态度，因为临卦对应的是阳长阴消的大趋势。

观卦是十二消息卦中，阴长阳消的第四卦，是阴爻升进过半，即将取阳刚而代之的阶段。但是无论卦辞还是爻辞，仍旧是围绕着阳爻展开，阴爻仍旧要采取顺从的态度，处于从属的地位。

这是因为，乾阳资始，坤阴资生，在天地万物的生化、循环的过程中，阳刚始终处于主导地位，阴柔则只能随之而动——"顺承之"，只能"代有终"。《周易》取法自然，始终贯彻着崇阳抑阴的思想，所以无论是阳长阴消的临，还是阴长阳消的观，都是以阳刚为主导。

观卦卦辞和爻辞，相对而言逻辑比较清晰，内容也比较容易理解。唯一需要注意的就是"观"字本身的取义，"观"字主要有三种含义：一是指高大的门阙；二是仔细观看（自下而上）；三是展示、示范给他人看（自上而下）。这三种意义，在观卦中都有所体现，因此准确辨析"观"字的取义，就成为正确解读观卦的钥匙。

观　盥而不荐，有孚颙若。

【译文】盥洗不进献（祭品），（保持）充满了诚信肃静的样子。

【解读】观卦的卦辞，首先向读者展示了一幅古代祭祀的场景。正所谓"国之大事唯祀与戎"，在古代祭祀是与战争并重的国家大事，是君王的最主要职责。因此，其操作过程有着严格的规范，其繁缛的礼仪，体现着国家的核心价值观念，是用来统一国民思想的重要手段。因此国王在进行祭祀时，无不严肃恭敬。

"盥"就是在进献祭品之前，主祭者（君王）用清水清洗双手。可以想见，此时现场鸦雀无声，在万众瞩目之下，清水顺着主祭者的双手流下，所有人的思想都高度集中，神情庄重肃穆。虽然祭祀的主体部分——进献祭品尚未进行，但人们内心的敬畏之情，却处于整个祭祀过程中的最高峰。

"荐"就是进献祭品，其过程极为繁复，因此，虽然祭祀本身达到了高峰，但是人们的思想却已经开始倦怠，心中的敬畏也随之开始散漫。向神位进献祭品，首先必须要进入宗庙或祭祀场所之中，如下图所示：

从阴爻滋生于乾卦之下开始，直到观卦，虽然在不断地升进，而且经历了一个"漫长"的过程，但严格地说，仍旧未曾进入宗庙之门——艮为门，所以始终不能进献祭品，要等到之后的剥卦，才能进献。但这仅仅是未"荐"，而不是"不荐"。

所以不能将"盥而不荐"中的"不"，简单地解释成"未"，因为"盥而荐"是祭祀的正常流程；"盥而未荐"是祭祀的正常流程中的一个环节，因此是短暂的；"盥而不荐"则超出了祭祀的范畴，从人事上说，是借用祭祀来演说的一种政治手段，强调的是如何长期的保持，在"盥而未荐"这个环节中的那种敬畏精神/状态，即"有孚颙若"；从易理上说，暗含有对阴柔进一步升进成剥的否定。

"颙（yóng）"是温和肃敬的样子，"若"是形容词词尾，相当于"然"，就是"的样子"的意思。"有孚颙若"就是（保持）有诚信温和肃敬的样子的意思。因此，观卦卦辞的核心就是，强调要长期保持敬畏的心态。

为什么创易的先圣要刻意地强调敬畏？或者说敬畏对于社会、政治的价值何在？

这是因为，就其本质而言，所谓自然界不过是一个物质的循环系统，在这个循环过程中，生命本身并没有任何价值——任何生命体，不过是物质的载体而已，与非生命体并无二致。唯一的差异在于，生命的存在，会在一定程度上加速物质的循环。至于智慧更是完全没有意义，而且还有可能会破坏这一循环的自然进程。

从这个角度上看，以拥有智慧为根本特征的人类，是反自然的。作为一个反自然的物种，却要生活在自然界当中，而且还要设法与自然相和谐，那么就只有"反自己"——始终对自身的欲望和行为，有所节制。这根勒住人类那如野马般狂放不羁的欲望的缰绳，就是所谓的敬畏之心——对自然，对规律的敬畏之心。

反之，如果天真而坚定地认为"人定胜天"——打破了对"天"的敬畏，就会失去对自己欲望的约束，就必然会顺己逆天而行。其结果，近而言之国不安，远而言之则种难存。用现代的话说就是，不能长期地，可持续地存在下去。

这就是敬畏的价值所在。

当观卦之时，一方面阳刚的地位已经岌岌可危，另一方面阳刚又仍旧占据着主导的地位。因此前者需要阳刚通过强化敬畏，来阻止阴柔的躁动，以维护阴阳的协调、社会的稳定；后者则说明，阳刚仍旧肩负着倡导敬畏的责任——阳尚当位而阴尚顺之，此时阳若无节，则天下无节。换言之，观卦所对应的时局，是最需要坚守敬畏的时局，所以卦辞以"盥而不荐"，这种有违祭祀常理的行为，来强调应当长期保持"有孚颙若"。

彖曰：大观在上，顺而巽，中正以观天下。观，盥而不荐，有

孚颙若，下观而化也。观天之神道，而四时不忒，圣人以神道设教，而天下服矣。

【译文】大人在上示范，（民众）柔顺服从，行为端正而适度，以示范天下。观卦说"盥而不荐，有孚颙若"是说，臣下通过观摩（大人的示范）而得到教化。观察自然天道的运行，四季变换毫无差错，君王模拟天道来设立教化，天下百姓自然信服。

【解读】"大观在上，顺而巽，中正以观天下"一句，主要是通过上下卦的卦德，来解释卦中阳爻的行为。其中的两个"观"字，都是取示范、显示之意。

"大观在上"中的"大"是指居于上位的两个阳爻，可解为"大人"，"观"是指它们所表现出来的行为所作出的示范。因此"大观在上"就是大人在上示范的意思，在《易》中的表述就是"圣人作而万物睹"中的"圣人作"；用现代的语言来表述，就是榜样在前；用俗话来说，就是上梁要正。

下坤为顺，上巽也为顺，但是两者之前又有所区别，坤之顺侧重于先天的性情，巽之顺侧重后天的接受。因此"顺而巽"最终的落脚点，还是指阴爻能够接受。即将阴爻原本的柔顺的本性发挥出来，能够顺从于阳刚的领导。

"中正以观天下"是在说明"大观在上"的内容与方式，即以"中"的方式，示范"正"的内容。同时也是"顺而巽"的基础，即正因为"上"能够"中正以观天下"，才能导致在下的阴爻"顺而巽"。反之，非但不"巽"，而且还会不"顺"。

"观，盥而不荐，有孚颙若，下观而化也"一句，既是在解释卦辞, 又是在进一步地解释, "大观在上" "中正以观天下" 的结果——"顺以巽"。即所谓的 "顺以巽", 就是 "下观而化也"。这里的 "观" 取观看、观摩之意, "化" 是接受教化的意思。

由此可见卦辞 "盥而不荐, 有孚颙若", 所要阐释的是一种高明的管理手段。即通过统御思想, 来整齐行为。具体而言, 天下人的行为因人而异, 君王既不应当去强加以干涉, 也不可能逐一示范。但是天下人应当奉行的 "道" 却是唯一的, 也既是君王应当率先垂范的, 又是能够触及到每一个子民的。人的行为, 归根到底又不过是其思想观念的外在表现, 因此一旦在社会上建立起了统一的价值观念, 而且又能够保证民众由/因 "顺而巽", 那么就能够在宏观上规范划一人们的行为。

"观天之神道, 而四时不忒, 圣人以神道设教, 而天下服矣" 一句是在解释, 为什么 "大观在上" "中正以观天下" 的结果一定会是 "顺以巽", 会是 "下观而化也"? 或者更直接地说, 就是在解释如何才能让民众因 "顺而巽"。

孔子给出的方法就是要取法自然——"观天之神道, 而四时不忒", 所谓 "神道" 就是客观规律, 而不是什么神仙道术。然后再将所取之法, 应用于国家的管理——"圣人以神道设教"。这个过程包括了以下几个方面的内容:

■ "圣人" 对自己行为的克制 并非以个人的好恶, 而是以 "神道" 为依据来 "设教", 即 "观天下"。

■ "圣人" 与民众之间, 上与下之间, 是以 "神道" 为纽带联系在一起的, 因此具有坚固的 "顺" 的基础。因为无论圣人还是民众, 抑或是小人, 放之于自然界中, 与其他一切生灵, 甚至非生命体一样，都是一个物质的载体，都是物质世界的一个组成，在原子层面上，完全相同。因此自然界中的生灵要顺于"神道"，自然界中的万事万物都要顺于"神道"，人自然也不能例外，除非构成人类肌体的元素，来自于宇宙之外——这应当就是中国天命论的物理学基础。

所以，只要圣人能够顺于"神道"——"以神道设教"，那么天下顺服就是必然的结果，所以孔子用了"而天下服矣"，一种中国式的"完成时"表达方式。举例来说，为什么中国古代，历朝历代都以"孝道"作为立国之本呢? 原因就是"孝"源于人的天性，是君王与民众共同具有的情感共性，可以作为"顺"的基础，实现天下之"巽"。

总括卦辞、象辞可见，观卦实际上就是对乾卦九五的深入阐释，就是在详尽具体地说明，什么是"圣人作而万物睹"，什么叫"飞龙在天，利见大人"。

象曰: 风行地上，观。先王以省方，观民设教。

【译文】观卦有风吹过大地之象。君王观此象，应当考察四方，体察民情，设立教化。

【解读】上巽为风，下坤为地。因此观卦有风行地上之象。在古人眼中，风是沟通天地上下的媒介，能够将上天的恩泽与意愿，撒布于大地之上。就如同君王的教令，传布于民间一样。因此观此象，"先王"应当"省方"——巡视天下，"观民"——体察民情，之后再"设教"——设立教令。

这其中又体现了所谓"因俗制礼"的原则，以及君王与民众之间"顺而巽"的关系——君王首先应当对民众，对天下心存敬畏，顺应其天性而"设教"，才能得到民众因"顺而巽"的反馈。

初六，童观，小人无咎，君子吝。

【译文】如儿童一样浅显懵懂的观瞻，（对于）小人没有咎害，（如果是）君子则会有吝难。

象曰：初六童观，小人道也。

【译文】初六如儿童一样的观瞻，是小人之道。

【解读】观卦六爻，尤其是位于下位的四个阴爻的爻辞，呈现出极其明显地递进关系，先儒据此将其归纳为：爻辞是以观瞻为意，而且都是在观瞻九五，其间的递进关系，就对应于与九五的距离。

笔者认为，上述观点正确但不全面，因为对于下四爻来说，的确是以观瞻九五取义，但是关于其间的递进关系，与其说是取自于与九五的距离，不如说是取自于，相对于卦中互艮的关系，更容易理解爻辞的内涵。

对"童观"的解读，自古虽有所异同，但总体上都是在说初六之观，如同儿童一样浅显懵懂的观瞻，基本上相当于无知。

从象上看会更加明确，首先初六位于下坤之初，又在互坤之下，坤为昏暗，因此初六可谓昏暗不明至极；其次初六与由三四五三爻组成的互艮，完全没有接触，因此有远离门庭之象；最后初六的应爻是六四，同性相敌，因此无应。综合上述，可知说"童观"为懵懂已算勉强，其实就是无知。

"小人无咎"中的"小人"主要是指进行体力劳动的人，"小人无咎"就是说，如果是从事体力劳动的"小人"，没有见识倒也"无咎"。这种观点，按照今天的感性认识，显然有对劳动者不敬之嫌，但是理性地回到当时的时代背景中，就没有什么不恰当的了。

"君子吝"中的"君子"主要是指从事脑力劳动的人，君子是社会的管理者，是"小人"的领导者，因此如果他们没有见识，不能理解九五根据"神道"所设立的教令，那么就会因为与其身份不符，和无法践行其职责，而有"吝难"。

所以象辞说"童观"是小人之道。

六二，阚观，利女贞。

【译文】临门窥视，有利于女人的正固。

象曰：阚观女贞，亦可丑也。

【译文】临门窥视，有利于女人的正固，是说其行为也可称为丑陋了。

【解读】"阚"即是窥，从象上看，六二上临互艮，有临门窥视之象。又因为六二与九五正应，因此应当是有所见的。

这种观，必然会因为"门缝"局限而导致，即使有所见，也必然是片面的、狭隘的。因此"阚观"虽然与几近无知、不见的"童观"相比，是有所进步，但终究不足取。

之所以"利女贞"，想来原因有二：一是"临门窥视"的行为，符合古代女子不抛头露面的行为规范；二是"片面、狭隘"符合当时对女性认知能力的评价，同时也符合女子无才便是德的道德观念。与今天强调自我实现的观点不同，古人的逻辑可能是这样的：既然观了也未必能懂，不如不观，或者浅观则止。

象辞说"亦可丑也"，是指如果"君子"如此，则就"可丑"了。

综合初二两爻，导致其无知和少识的主要原因，就是与互艮的关系——二者都在互艮之下，有未入门庭之象。而无知和少识是半斤对八两，基本相当，都是没有见其全貌，获得真谛。

六三，观我生进退。

【译文】观察我们百姓的进退。

象曰：观我生进退，未失道也。

【译文】观察我们百姓的进退，未失正道。

【解读】与初二不同，三四两爻都在互艮之中，有入得门庭之象。因此其爻辞所述的，就是其在门庭中所见的内容。

六三在互艮之初，艮为门因此有入门之象，艮又为止，因此是止于门庭之象。同时又上临上巽,巽为进退,因此六三呈现的是止于门庭,犹豫进退之象。

"观我生进退"中的"我生"是六三的自称,六三为阴,又在坤中,坤为民,因此这个"我生"就是我们民众,我们老百姓的意思。(这就与九五的象辞相协调了)

六三"观我生进退"就是想根据"我们民众,我们老百姓的"进退,来决定自己的进退。可见:六三"顺而巽"的方式——顺众而巽,六三观九五的方式——不是直观九五,而是反观自身周围。概而言之,就是从众心理的写照。

象辞说"未失道也",是在强调作为阴柔之民,六三的行为方式是无可厚非的,也呼应了六三——民的行为,取决于九五——君的引导,这一《周易》的核心思想。

六四,观国之光,利用宾于王。

【译文】观瞻国家的光辉,有利于宾服于君王。

象曰:观国之光,尚宾也。

【译文】观瞻国家的光辉,是得到君王以宾礼对待。

【解读】六四与六三的区别在于,不仅在位置上更加近于九五,而且在相互关系上,与九五亲比,同时又处于上巽之中。

因此,六四能够看到(看到的是),九五的光辉——"国之光",就是九五之光。何谓九五之光?就是九五所倡导的、示范的"神道"的真谛。"神道"是光明的，互艮有光明之象，九五是互艮之主，因此也是光明之主，六四毫无阻碍地与之"零距离"接触，因此可以感受到其光明。

至此可见，自初至四，阴爻经历一个渐进的过程，从最初的完全懵懂无知，最终发展为了解"神道"的真谛。而它们的"顺而巽"也因此不同，初二是因为无知而"顺而巽"；六三"顺而巽"于行、于众；只有六四才是"顺而巽"于心、于道。

因此"利用宾于王"可以做两种解读，一是辅佐于君王的意思，上古尚贤，因此君王对前来辅佐的贤士，以宾礼代之。六四辅佐于君王，应当是其"观国之光"之后的自然反应；二是就此宾服于君王。笔者认为后一种可能更接近爻辞的本意，因为六四是阴爻，并无贤能之质。但是象辞"尚宾也"，有倾向于前者之意。好在两者之间相去不远，可由读者自取。

综合上述，观卦四个阴爻的爻辞之间的关系，可以汇总如下图：

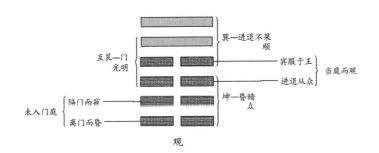

观

九五，观我生，君子无咎。

【译文】给我的民众做示范，君子可以没有咎害。

象曰：观我生，观民也。

【译文】"观我生"，示范给民众看的意思。

【解读】对于观卦中的四个阴爻是在观瞻九五这一点，是毋庸置疑的，但是据此而拓展至两个阳爻，认为九五和上九也是在观九五，就未免有些牵强。寻本索源，造成这种牵强的原因，应当就是象辞中的"观民也"一句。但笔者认为，这种错误并非源于孔子，而是后世解易者自身的误解。

六三"观我生"，九五也说"观我生"，六三是民，象辞又说"观我生"就是"观民也"。因此后世的解易者，就认为九五与六三都是在"自观"，"观民"则是九五"自观"的手段——通过民的表现（是否符合君子的标准），来反鉴自身行为的当否。客观地说，这种观点在道理上是说得通的，甚至是与观卦的核心思想也是一致的。但是与卦象以及象辞所解释的卦义不符。

卦辞以及象辞已经明确地说明了，阳爻的作用是"大观在上，顺而巽，中正以观天下"，是将"神道"示范给下面的阴爻观瞻，进而使"下观而化"。因此九五和上九中的"观"，都应当取示范、显示的意思。

"观我生"就是示范给"我生"——我的百姓看，这样既不与六三中的"我生"矛盾，又与象辞的"观民"相一致。

"君子无咎"是在突出和强调，九五所"观我生"——向百姓示范的内容，应当是符合君子之道的。由于虽然九五在政治上是君王，但是作为行为的主体，仍旧是一个人，其所示范的内容是否高尚，归根到底还是系于其自身的品行。因此说"君子"，而不说"大人"。这也是在暗指，九五应当在道德上率先垂范，身体力行，即所谓"有孚"。

上九，观其生，君子无咎。

【译文】（先王）给他的民众做示范，君子可以没有咎害。

象曰：观其生，志未平也。

【译文】"观其生"，是其心愿/影响并没有就此完结的意思。

【解读】上九的解读与九五相似。需要强调的是上九，既不是所谓的贤达之士，也非太上之君。循观卦以祭祀开篇之迹，笔者认为上九所指的正是那些，接受后世祭祀的"先王"。

先王已去，因此所观的只能是"其生"——他的百姓；"志未平"应当是指先王虽然已去，但是其精神、心愿并没有就此完结，仍旧会影响到当前的百姓。大致相当于说★★伟人，永远活在我们心中相似。

先王已去，仍旧强调"君子无咎"，这是古代生死观的一种体现，同时也是当时神职人员，以及后世的史官们，借以约束君王的重要手段——用死后的评价，来约束其生前的言行。

噬嗑——刑罚之用

 震下离上 火雷噬嗑

噬（shì）是咬的意思，嗑（kè）原意是多嘴的意思，在本卦中通常被认为是盍（hé）的通假字，是合的意思。噬嗑就是咬合的意思。

如果没有九四一爻，那么噬嗑卦就成了颐卦，从卦象上看就是一张张开的大嘴，如今有了九四，就形成了口中有物之象。下卦震为动，正与咬合的运动过程相符——咬合都是通过下颌的运动完成的。所以噬嗑卦从整体上看，就成了将横亘于空中的硬物（九四）咬碎，使口的张合重新顺畅之象。

比之于人事，就如同要将那些横亘于社会之中，阻碍人道亨通的"梗化者"——不顺从于教化，不能通过教化使之合于人群的人，通过刑罚将其"咬碎"，以保证社会整体的亨通，因此这一卦阐述的就是刑罚的运用问题。

刑罚可谓由来已久，作为一种维护社会稳定与统治安全的工具，在其漫长的发展过程中，也不可避免地要受到社会演变的影响，进而发生巨大的转变。反之，站在不同时代背景下的

人，对于同样的刑罚问题，也必然会持有不同的观点。这种差异，在对噬嗑卦的解读中，表现得极为明显，进而也造成了对本卦的严重误解。

刑罚作为一种法律工具，其作用应当有两个方面：

一是对受刑者本人而言，是让违法者得到应有惩罚；二是对未受刑者而言，在感受到法律的公平性的同时，也因为刑罚的震慑，而不敢触犯法律，进而让更多的人不受惩罚。

因此，对于制定刑罚的人来说，就要面对上述两个方面的权衡——是要尽可能地保证对受刑者的公平？还是要通过对违法者的不（够）公平，而让更多的人免于刑罚，同时也让更加广泛的人，不受违法者的伤害，即减少犯罪？

换言之，就是要考虑刑罚的终极目的，是事后的惩罚，还是事前的警诫？再换言之，就是求对一人（受刑者）之仁，还是求对天下（可能犯罪的，和可能被犯罪行为伤害的人）之仁。

权衡的结果就是刑罚的轻重问题。在笔者看来，噬嗑卦阐释的刑罚思想，是一种高度理性的，通过轻刑重罚来警诫天下，以期"天下无贼"的大仁。而后世的儒者则因为深受"仁"思想的影响，而将"仁"机械化、狭隘化了，强调刑罚（对受刑者本人）的公平性，而忽略了刑罚的社会价值，因此将先圣在噬嗑卦中表露的大仁，解读为了瞻前顾后的小仁。可谓憾矣！

事实上，通过谦、豫、观等卦，都不难看出创易先圣的基本政治思想就是，要顺乎天道、神道，进而顺乎人情事理，将这种"顺"视为治国立法的根本，而且为了维护、推广这种顺，非但不惜严刑峻法，甚至可以无惧征战杀伐。用现代的话说，就是坚信，只要符合绝大多数人的利益，就会得到人民的支持。

举一个例子：

2010年8月，美国一名习惯性酒驾的男子，在第9次酒驾案发以后，虽然并没有造成任何严重的后果，仍旧被判处终身监禁。成为全球首例，仅仅因为酒驾而遭到终身监禁的人。因为检察官认为如果再让他开车，他最终一定会撞死人，"这个人非常蓄意地拒绝改过，继续醉酒驾车，而在他未撞死人之前，我们决定把他送入监狱。"所以与其再给这种人一次机会，倒不如在他再度伤害别人之前，就把他关起来，重点在于"预防罪行"。

再举一个例子：

在《尚书·康诰》（周成王平定三监之乱后，在将殷商遗民的一部，封给卫康叔（封）时，写给他的诰书）中说"人有小罪，非眚，乃惟终自作不典。式尔，有厥罪小，乃不可不杀。乃有大罪，非终，乃惟眚灾。适尔，既道极厥辜，时乃不可杀。"这段话的意思是说：一个人犯了小罪，不是无意的过失，而是经常自作不法。那么即使罪小，也不可不杀。一个人犯了大罪，并不坚持不改，就是偶然行为。那么既然说明了他的罪过，就可以不杀。

可见，周公的刑罚观（成王尚幼，此间诰命必出周公之手），并不是强调刑罚是否公平，而是侧重于对社会的影响。

由此也可以佐证，作为至少成书于周公时代的《周易》，其刑罚思想，也应当是重在求天下之大仁，而轻对一人之小仁。

噬嗑 亨，利用狱。

【译文】亨通，有利于将罪责究治清楚。

【解读】噬嗑而"亨"，即是说通过噬嗑——刑罚的手段，（才）能够带来社会的亨通。这一方面是如卦象所示，对口中的梗塞之物噬而嗑之，以实现亨通；另一方面则是卦象中没有体现的，即通过刑罚的震慑，杜绝梗塞之物的出现，以实现更加广泛的亨通。因此说"利用狱"，而不是"利用刑"。

"狱"的本意是确，所谓"争罪曰狱"，说明"狱"强调的是对是非曲直的辨析判断，因此所涵盖的范围，较之于"刑"要更加宽泛。"用狱"直接的理解就是将罪责究治清楚，就是要明罪。明罪才能够使人信服，不仅是受刑之人信服，未受刑的人也会心生孚信，才能够真正实现通过刑罚来推广教化的目的，才能够真正实现亨通——"亨"在人心。否则仅仅通过严刑峻法来威慑天下，那成了暴君的行径，即便能够迫使人民顺从，但也绝不是亨通。

结合上述两个案例，如果能够明其罪，即使是小罪重刑，也会因为顺乎民意，而得亨通。实际上，这就又回到了所谓"道"的问题上。

所以，"利用狱"是对噬嗑而"亨"进行的补充和限制，或者说是噬嗑而"亨"的条件。简言之就是：刑罚重在明罪，意在教化。

彖曰：颐中有物曰噬嗑。噬嗑而亨，刚柔分，动而明，雷电合而章。柔得中而上行，虽不当位，利用狱也。

【译文】口中有东西叫作噬嗑。噬嗑能够导致亨通,刚柔各自从自己的群类中分离出来,行为光明,雷电相互配合才能形成华章。阴柔行为适中而上行,虽然所处的位置不当,但有利于将罪责究治清楚。

【解读】"颐中有物曰噬嗑"就是从卦象上直接解释卦名。需要强调的是,如下图所示:

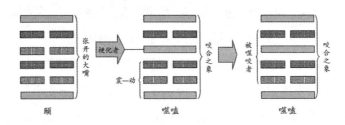

古来学者普遍认为这个口中之物,就是指九四一爻。这可能是受了"颐"字的误导,因为颐卦的卦象是初上两阳,中间四阴,"颐中有物"的"物"就成了九四。事实上只要看看爻辞就会发现,这是一个毋庸置疑的错误。因为爻辞中,中间的四爻都是以"噬★★"开头,因此无论它们是被噬咬的对象,还是实施噬咬的人,都应当同属一类。那么将卦象和爻辞两厢结合,就可以推知,所谓的"颐中有物",应当是指中间的四爻,进而可知这四爻到底是被噬咬的对象,还是实施噬咬的人了。

这原本是一个清晰连贯的逻辑关系,但是由于先儒坚定地认为只有九四才是"颐中之物",导致卦象与爻辞的不符,只好转而认为卦象与爻辞是各表其事——卦象是说要噬嗑九四,以得亨通。爻辞则在说中间的四爻,如何充当行刑之人,去噬嗑他人。进而认定初、上两个阳爻,就是噬嗑的对象——受刑之人,结果形成了阴噬阳，与易理明显相悖的局面。而这一切的根源，除了上述对卦象的判断失误之外，当然还有对刑罚功用的误解（详见初九的解读）。

"噬嗑而亨，刚柔分，动而明，雷电合而章"一句，是在解释卦辞"亨"。其中的"刚柔分"应当与卦变有关，因为噬嗑是由否卦演变而来，否卦之所以天地不交，阴阳不合，就是因为阴阳（刚柔）各守其类，如今变为噬嗑，首先就通过"刚柔分"，打破了阴阳不交的局面，为亨通奠定了基础。

下震为动，上离为明，因此"动而明"。"动而明"可以作两种解读，一是"动"的结果是"明"，二是"动"的方式是"明"。噬嗑为动，因此"动而明"就是噬嗑而明，就是噬嗑的结果是"明"，或者噬嗑的方式是"明"。也就是说刑罚的结果要"明"，或者刑罚的实施要"明"。如前所述，无论哪一种"明"，强调的都是刑罚的社会效应，因此"明"是亨通的基础。

"雷电合而章"是通过上下卦的卦象，来进一步阐释运用刑罚的技巧和目的，下震为雷，上离为电，雷震而威，电照而明，"章"是章采华美之意，"雷电合而章"就是威慑与明照相结合，才能够完美的意思——仍旧是在强调刑罚的社会效应。由此可以推知，"刚柔分"一句也应当主要取象于，卦中并不完全的刚柔相间的分布关系。

先儒对"明"的解读，侧重于断案之明，固然正确，但却将卦辞所阐释的意义缩窄了。

"柔得中而上行，虽不当位，利用狱也"是通过卦变和六五，来解读卦辞"利用狱"。如下图所示：

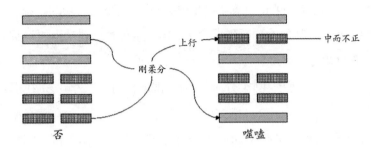

否　　　　　　　噬嗑

噬嗑是通过否卦经过初六与九五的换位,演变而来的,因此说"柔得中而上行"。六五阴居阳位所以"不当位"。

五为天子之位,又是阳刚之位,因此六五以阴柔居之,就有刚柔相济、易谏之君之象。对于"用狱"——法律/刑罚的公平、公正而言,这一点无论是从道理上说,还是从历史的实践上看,都是十分必要的。因为任何一个刚烈之君,无论其所行之道是正是邪,都无法保证公平、公正,这可以说是性格使然,秦皇汉武自不必说,即便是相对自律的唐太宗,最终不也是推倒了魏征碑吗?

因此,"柔得中而上行"虽然会产生诸多的不利因素,但是有一点却是有利的,那就是"利用狱"。但需要指出的是,这里"利用狱",并不是针对六五自身而言的,而是针对"用狱"这件事情而言的,也就是说,不能据此判定,六五就是直接的用狱之主。

象曰:雷电噬嗑,先王以明罚勅法。

【译文】噬嗑卦有雷电交加之象,君王观此象,应当懂得申明刑罚，布告法令。

【解读】"明罚敕法"就是向人民申明刑罚，布告法令，其目的显然是通过告诫，甚至是威慑，来使民众畏惧，进而不去触犯法律，遭受刑罚。因此可以看出，孔子的刑罚观，仍旧是以教育大众、预防犯罪为主的。

事实上，所谓的"明"与"敕"本身就是一个"教"的过程，通常解易者认为，这就是孔子"不教而杀谓之虐"的思想，在象辞中的体现。但是笔者认为，二者又应当还有所区别，即"敕法"是先教而后杀，"明罚"则是以杀为教。这样才能更加全面地体现噬嗑卦的原意。

初九，屦校灭趾，无咎。

【译文】（仅仅是）脚上带着刑具的轻罪，即斩去脚趾，没有咎害。

象曰：屦校灭趾，不行也。

【译文】通过"屦校灭趾"，来使遭受刑罚的人，不在违法的道路上行进下去。

【解读】"校"就是木制的刑具，是各种枷锁的统称。"屦（jù）"的本意是鞋子，这里名词动用，"屦校"就是脚上带着刑具的意思，上九的"何校"是肩上扛着刑具的意思，因此在爻辞中都有带具受刑之意。

　　于是在传统的解读中，初、上两个阳爻就成了受刑的对象。"灭趾"就成了对罪责轻微的人——"屦校"者，所施加的较轻的处罚；上九的"灭耳"就成了对罪责较大的人——"何校"者，所施加的较重的处罚。也就是以初和上两爻，概括了一个刑罚由轻至重的递进过程。

　　孔子显然也对此高度关注，因此在《系辞传》中特意对这两句进行了评说："小人不耻不仁，不畏不义，不见利不劝，不威不惩。小惩而大诫，此小人之福也。《易》曰：'屦校灭趾，无咎。'此之谓也。善不积不足以成名，恶不积不足以灭身。小人以小善为无益而弗为也。以小恶为无伤而弗去也。故恶积而不可掩，罪大而不可解。《易》曰：'何校灭耳，凶。'"

　　首先必须要承认的是，孔子所阐述的道理是正确的，同时又必须要指出的是，孔子的观点，主要是针对个体而言的，而不是针对天下整体而言的，所以在言说真理的同时，也缩窄了对刑罚的价值的理解。因为刑罚并不仅仅涉及小人的祸福，遭受刑罚也不是小人的专利，因此将惩戒的对象，以及产生的衍生效应，都仅仅局限在小人身上，是不恰当的。

　　另一方面，如果将"屦校灭趾"解释为，是对罪责较轻的人，进行轻微（适当）的惩戒的话，那么这种行为就是恰当的，又何来"无咎"？"无咎"的前面应当是一种，按照常理并不十分合理的行为，这样才能通过"无咎"的否定，来强化/突出对其的肯定。

　　象辞的"不行也"，确实是对"无咎"的解释，而且是正确的，即是通过"屦校灭趾"，来使遭受刑罚的人，不在违法的道路上行进下去。但对于疏通"屦校灭趾"与"无咎"之间的逻辑关系，并无补益。因此也只能算是，知其然不知其所以然。

事实上，初、上两爻并不是什么受刑者，而是阐释了两种极端的刑罚策略：

"屦校"意味着罪责较轻，"灭趾"则是斩脚重刑，因此初九"屦校灭趾"，就是轻罪重罚，由于看似不合理，所以断以"无咎"。

"何校"意味着罪责较重，"灭耳"则是割耳轻刑，因此上九"何校灭耳"，就是重罪轻罚，看似仁慈合理，所以断以"凶"。

轻罪重罚"无咎"，重罪轻罚则"凶"，恰恰反映了当时将刑罚视为一种教化的手段，注重刑罚产生的社会效应的刑罚思想。即要通过刑罚的震慑，以及对轻罪的重罚，预防、阻遏犯罪的发生与升级。与孔子在《系辞传》中的思想并不矛盾，但要来得更加深刻、有效，尤其是对于"乱世"更是如此，即所谓乱世用重典。

转换成现代的语言来表述就是：轻罪重罚就是在提高犯罪成本，重罪轻罚就是在降低犯罪成本。显然提高犯罪成本，虽然可能导致对某个个体的不公，但由于对社会整体有利，而无可厚非，反之降低犯罪成本，则无异于鼓励犯罪，是对全社会的伤害。

经过上述调整之后，噬嗑的六爻就形成了以上下两个阳爻作为刑罚策略，来"噬咬"中间的梗塞之物的格局，将卦象、卦辞、爻辞，纳入到一个顺畅的逻辑关系之中。

上九，何校灭耳，凶。

【译文】肩上扛着刑具的重罪，处以割耳的轻罚，有凶祸。

象曰：何校灭耳，聪不明也。

【译文】"何校灭耳"（一句），是耳不聪目不明，不知戒惧的意思。

【解读】"何"通荷，是肩扛的意思。

"聪不明也"，"聪"是指耳朵的灵敏，"明"是指眼睛的灵敏。"聪不明"是互文用法，是眼不明，耳不聪的意思。由孔子在《系辞传》中的阐述可知，"聪不明也"的原意应当是对小人不知戒惧、最终积恶灭身的评断。

但是由于无论小人还是君子，都应当对刑罚持有戒惧之心，因此"聪不明也"的内涵，应当具有更广泛的通用性，可以被解读为：不足以（在全社会的范围）明视听。

其他，见初九的解读。

六二，噬肤，灭鼻，无咎。

【译文】噬咬皮下柔而脆的肥肉，没入了鼻子，没有咎害。

象曰：噬肤灭鼻，乘刚也。

【译文】"噬肤灭鼻"是因为乘刚的缘故。

【解读】噬嗑卦的中间四爻,都是被"噬咬"的对象,只是在爻的属性和位的属性的双重作用下,又如下图所示:

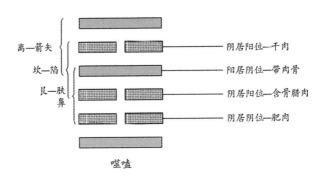

离一箭矢
坎一陷
艮一肤鼻

阴居阳位一干肉
阳居阴位一带肉骨
阴居阳位一含骨腊肉
阴居阴位一肥肉

噬嗑

各有"软硬"不同而已,因此卦中三个阴爻皆为肉,只有阳爻九四为骨(详见后)。象辞所给出的解释,按照传统的解读,是其在噬咬别人时,出现种种问题的原因,在笔者看来,则是其被噬咬的原因所在。

六二阴居阴位,柔顺至极,因此为"肤"——皮下柔而脆的肥肉,是最容易被噬咬的对象。"灭鼻"不应当被看作是割去鼻子,而应当比照于其它三爻爻辞的结构,将其视为是噬咬六二——"肤"的结果,是因为"肤"的柔脆,而使噬咬者的鼻子都没入了进去的意思。

对"灭鼻"可以作两种解读:一是噬咬程度之深;二是噬咬者本人行为之丑。六二是柔顺至极的"肤",却遭到如此之深的噬咬,体现的正是初九所阐释轻罪重罚的原则,因此虽然看似不合理,噬咬者本人也有"灭鼻"之丑,但仍旧因为有利社会,而"无咎"。

"乘刚"就是六二虽处中正而被噬的原因,"乘刚"看似小事,但其实质却是对伦理纲常的败坏,因此罪虽小,罚却重。

六三, 噬腊肉, 遇毒, 小吝, 无咎。

【译文】噬咬腊肉,遇到毒素,小有吝难,没有咎害。

象曰: 遇毒, 位不当也。

【译文】遇到毒素,是因为所处的位置不当。

【解读】六三阴居阳位,外柔而内刚,因此是腊肉。古时制作腊肉,与现代略有不同,往往是将体型较小的动物,整个风干为"腊",在一定程度上,增加了防腐的难度,因此有时候会因为腐败而有毒。所以六三说"噬腊肉,遇毒",但是这种毒通常不至伤及性命,因此说只是有"小吝"。

比较六二和六三就会发现,二者最大的区别在于,自六三以下,在爻辞中的断语之前,多了类似"小吝"这样的一个结构,来表示对噬咬者的反作用,或者是要求。这是因为,按照爻位六二为民,而三、四为官,五则为天子,民在刑罚面前只能忍受,无法对施刑者做出任何反抗,因此就没有这种结构;其他三爻都在不同程度上具备反抗的能力,因此就多出了这个结构。

具体到六三,三为公卿,是朝廷之臣,但是在创易时代,绝大部分的臣(除了王请来的贤人),原则上都是王的家奴——臣的本意就是男性奴隶,所以六三代表的就是,具备一定权力的家奴。由于他们与君王接触紧密，因此能够对"噬咬者"——对他们施加刑罚的人，甚至君王本人施加报复，所以说可能会"遇毒"。但通常来说，至少在西周早期，家奴、家臣尚不足以对君侯构成实质性的威胁，因此说仅仅是"小吝"。既然仅有"小吝"，自然可以"无咎"。

"位不当"是指六三阴居阳为，且为互坎之初，坎为险、为陷，因此有外柔内刚、心地阴险之象，这既是它被噬咬的原因，也是造成噬咬者"遇毒"的原因。

九四，噬干胏，得金矢，利艰贞，吉。

【译文】噬咬裹有干肉的骨头，得到铜箭头，有利于艰守正固，吉祥。

象曰：利艰贞吉，未光也。

【译文】艰守正固，才能吉祥，说明其不够文明光彩。

【解读】九四是阳爻，以阳刚为质，因此是"干胏（zǐ）"——裹有干肉的骨头。

"得金矢"应当是取自于当时的一种诉讼规则：古代狱讼双方致官之物。金者取其坚，矢者取其直。及断，胜者官司还其金、矢，败者则没入。出自《周礼·秋官·大司寇》："以两造禁民讼，入束矢於朝，然后听之。以两剂禁民狱，入钧金，三日乃致于朝，然后听之。"（相当于现在的诉讼费）

钧金就是三十斤金子（黄铜），可见这种制度不可能是针对普通人的，只能是针对于九四这样的诸侯而言的。在当时的时代背景下，诸侯显然既是国家存在的支柱，也是最大的不安定因素。尤其是九四这样，具有阳刚之质的诸侯，更是"刑罚"最难触及的对象，如"干肺"一般难以噬咬。但是出于维护国家法度、教化天下的需要，又必须要对违法的诸侯，施以惩戒，所以说"利艰贞"——虽然艰难，仍旧应当坚守贞正。事实上，西周时期，周王室确实对许多违法的诸侯处于重刑，比如周夷王就曾经将齐哀公"烹于鼎"。

由于诸侯是否遵守法度，或者更加广泛地说，那些具有阳刚才质的人，是否能够遵守法度，直接关系着社会的稳定，并且对他们进行适当的刑罚，能够产生更加深远的教化作用，因此"噬"九四"干肺"的断语是"吉"。

"未光"是指九四以阳刚之才，上承阴柔，又虽为上离之初，但为互坎之主，且为互艮之终，有止于坎险，不入上离之象。离为光，因此说"未光"，这个"光"应当类似于"观国之光"的光，是文明光彩的意思。

六五，噬干肉，得黄金，贞厉，无咎。

【译文】噬咬干肉，得到黄金，正固则有危厉，没有咎害。

象曰：贞厉无咎，得当也。

【译文】正固则有危厉，却没有咎害，是因为行为得当。

【解读】六五阴居阳位，柔而燥因此是干肉。"贞厉"是贞而有厉的意思，这是因为五为君位，因此噬六五，就相当于噬君——将刑罚加诸于君王，这种行为即使是"贞"，也必然有"危厉"，但是断语却说"无咎"。其原因就是象辞所说的："柔得中而上行，虽不当位，利用狱也"，即是由于占据君位的六五，一位柔顺易谏之君。

由此可以推知，"得黄金"是六五对"噬咬者"的赏赐，同时也可以解释，为什么六五居君位，反而较之六三更为柔软——六五的内心，并没有排斥"噬咬"的思想，所以干肉无骨而易咬，腊肉藏骨而难噬。

"得当"虽然仍旧可以看作是六五被噬的原因，但表达的却是对六五的嘉许，因此更应当被看作是噬咬者可以"无咎"的原因。

贲——以文饰质

离下艮上 山火贲

贲（bì）是文饰、装饰的意思，因此这一卦讲述的就是，文饰在社会、政治生活中的作用问题。先儒将其概括为"文"，与事物的实质"质"相对。质与文之间的关系，可以类比为骨与肉的关系，理性与感性的关系。既有主次之别，又相辅相成，无法分离。片面的强调任何一个方面，都不能构成一个和谐的社会。

在这个问题上，儒家显然比道家来得更加现实，因此道家强调返朴归真，师法自然，去除一切诸如礼仪、道德等人为因素。儒家则重视以文饰质，认为文饰是促进社会发展，维护社会稳定的重要手段，但同时也承认，文饰终非事物的本质，只能"加之文彩耳，非能变其实也"，因此文不可过盛。

但是道家的思想也并非完全失真，因为在社会地位、知识结构、思维习惯等方面，道家的创始人老子，与孔子相比，都具有明显的超然性，反之孔子作为中国的第一民间办学者，则具有更多的世俗性。因此，在老子眼中看到的更多的是"质"的价值，而在孔子眼中，看到的更多的是"文"的作用。老子——道家的"质",针对的对象是类似于老庄之流的智者达人,孔子——儒家的"文",针对的对象是所谓的世俗君子。事实上,无分儒、道,但凡真正的智者皆为达人,都不需要"文"来修饰,因为其内心已经足够丰富,足以通过精神的给养,将对物质的依赖降至最低。比如"一箪食,一瓢饮,在陋巷。人不堪其忧,回也不改其乐"的颜回,毫无疑问就是一位可以无文而生的智者。

然而这样的智者终究凤毛麟角,即便是亲受孔圣教诲的儒家第一代弟子中,贤如颜回者也不过仅此一位。所以,无需文饰直求其质,只有少数圣贤能够做到,对于普通的芸芸众生,甚至是所谓的君子,"文"都是必不可少的。概括起来说,就是"无本不立,无文不行"。

正因为如此,创易的先圣才将"贲"纳入到《易》的范畴,作为一项重要的社会管理经验,传于后世。

贲 亨小,利有攸往。

【译文】亨通的程度较小,(但仍旧)有利于有所行动。

【解读】对于上述关于"贲"的社会价值,自古以来并无异议,而且对贲卦的解读也大同小异,因此也就存在着一个始终都没有解决的问题。那就是爻辞与卦辞脱节,同时六爻虽然取象清晰,内容明确,但彼此之间缺乏一个贯穿始终的核心思想,因而缺乏明确的逻辑关系,给人以知其云,而不知其所以云之感。

笔者认为,出现上述问题的根源在于对卦辞的理解偏误,具体地说，就是在对于卦辞中"小"字的断句上，存在偏误。

传统的断句方法是将"小"字，断入"利有攸往"中，即"小利有攸往"。这是《周易》中经常出现的语句。但这种句式，通常是以"小"字代表阴爻，或者阴柔的一方，并且将其当作主语使用，即阴爻/阴柔有利于（应当/适宜）有所前往/行动。在贲卦中，显然不能作这样的解释，因为阴爻是来，阳爻是往（详见彖辞的解读），所以先儒只能结合文不可过盛的思路，将"小"字解读为"往"的程度，即有节制、有限度的"利有攸往"。这种解读方法，不仅在逻辑上显得牵强，而且也不符合语言习惯，果如此意，何不写作"利小有攸往"？

因此，笔者主张将其断至"亨"后，即"亨小"。可作两种解读：

■ 取"小"为阴柔之意，则"亨小"的意思就是：贲能亨小者——文饰能够促使社会的普通人亨通；

■ 取"小"为程度较小之意，则"亨小"的意思就是：贲能亨者小——文饰能够实现的亨通，范围/程度有限。

根据前述的分析，这两点正是"贲"——文饰，在社会、政治生活的作用与不足。因此将"小"断至"亨"之后，能够更加全面地揭示"贲"的内涵，而且还可以为六爻提供一个贯穿始终的中心思想——细读爻辞就会发现，六爻爻辞始终都是在强调一个"小"字，想来这也是创易的先圣，要通过贲卦向后人传递的核心思想所在——贲虽然能亨，但却终究是小，不可沉溺其中。

至于"利有攸往"，则是对"贲"的价值的肯定，即卦辞的意思是说："贲"虽然"亨小"，但仍旧"利有攸往"。强调

"贲"——文饰,在社会、政治生活的必要性。

象曰: 贲亨,柔来而文刚,故亨。分刚上而文柔,故小。利有攸往,天文也;文明以止,人文也。观乎天文以察时变,观乎人文以化成天下。

【译文】贲能亨通,阴柔前来文饰阳刚,所以能够亨通。分出阳刚上行去文饰阴柔,所以亨通的程度较小。"利有攸往",是因为(它们彼此之间的文饰,是)符合天道的;文饰光明,应当有所节制,则是人世间的文饰(规则)。通过通过关注自然万物间的相互文饰,可以了解时势的变迁,通过关注人世间的文饰,可以完成对天下的教化。

【解读】"柔来而文刚,故亨"与"分刚上而文柔,故小"两句,分别解释"贲"何以能致"亨",又何以虽亨却"小"的原因。

"柔来而文刚"就是文来饰质,进而使质能够更加顺畅通行,而且柔来文刚,阴来饰阳符合尊卑关系,因此能够亨通。

"分刚上而文柔"则不然,"分刚"既有"小"意,"上而文"说明是有条件的"文",因此又有"小"意,况且刚来文柔,阳来饰阴与尊卑关系不符,因此只能是"小"。

两句中的"来""分""上"是互文关系,反映的是贲卦自泰卦演变而来的卦变过程,即如下图所示:

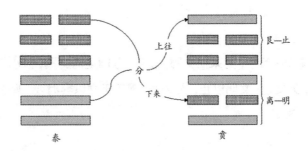

刚柔都存在"分"的问题(详见噬嗑卦中的相关解读),同时又都有动的问题,只是方向不同,阳刚上往,阴柔下来。

自古以来,解易者普遍认为,在"天文也"的前面缺少内容,具体地说,就是少了"阴阳交错"四字。其实,这是将卦辞中"小"字,断入"利有攸往"中的错误,延续到象辞中之后,导致"天文也"没有内容,进而造成的错觉。因此随着上述卦辞中断句问题的解决,这个问题也就不存在了。

"天文"就是天之文,就是自然界中万物之间的相互文饰的关系,就是天理、天道在"贲"这个问题上的体现,因此"利有攸往,天文也"是在通过将"利有攸往"上升到天理、天道的高度,来进一步强调"贲"的必要性。所谓"有攸往",是通指前面"柔来而文刚"和"分刚上而文柔"两句,即阴阳刚柔之间的往来(文饰)。说明天道重在运动变换,重在阴阳刚柔互文互动。

"文明以止,人文也"是通过上下卦德,来阐释在人世间的"文"——"贲"的基本原理。下离为明,上艮为止,"文明以止"就是文饰光明应当有所节制的意思。

对比"天文""人文"可见,"天文"重在有所"往","人文"重在有所"止"。造成这种差异的,应当就是所谓"有情"与"无情"的区别——天道无情而循环罔替,因此以阴阳变幻为文,重"往";人道有情而重利贪安,因此以阴阳交错为文,比附于天道的阴阳变幻,重"止"。

换言之,天道体现的是客观规律,无需考虑人情生死,纵有寒暑不顺、阴阳不畅之时,也可以通过"往"——继续推进、发展来解决;人道则不同,人道是通过人为的手段,来比附于天道,因此必须时时有所节制,否则就有可能逆天而行。尤其在文的问题上更是如此,如果文饰太盛,人们就有可能沉溺其中,导致过文忘质,停滞不前,反而不利于质的进步。所以人文重"止",实质上就要更好地比附于天文之"往",保持发展的动力与趋势。

天道人道看似对立,实则统一。

"观乎天文以察时变"一句,是说通过关注"天文"——天道中文的内容,即自然万物间的相互文饰,可以了解体察时势、时局的变迁,仍旧是在强调阴阳往来,刚柔交错,即"贲"——文的必要性、必然性。后世有解易者,有将此间的"天文",与后世所说的关于星象的"天文"相混同,是错误的,不可取。

"观乎人文以化成天下"一句的重点,在于一个"成"字。由于无"止"则无所谓"成",因此说"化成天下"——成就/完成对天下的教化,实际上就说明"观乎人文"的核心,仍旧是在强调要文有所"止"。

由此看来,清代王夫之在其《周易外传》中,将"贲"的文饰之意,分解为文和饰两个层次,分别对应于礼与政两个方面——"礼者文也，著理之常，人治之大者也"……"政者饰也，通理之变，人治之小者也"……是有一定道理的。

象曰：山下有火，贲。君子以明庶政，无敢折狱。

【译文】贲卦有山下有火之象。君子观此象，应当懂得要明察关乎百姓的日常政务，不敢营私枉法。

【解读】上艮为山，下离为火，因此贲卦有山下有火之象。

"庶政"就是关乎普通百姓的日常政务，"明庶政"就是要明察庶政的意思。

"折狱"可以作两种解释，一是将"狱"解作法律事宜，"折狱"就是裁决诉讼官司的意思，进而"无敢折狱"就是不敢进行诉讼裁决的意思；二是取"狱"的本意，"折狱"就是折损公正的意思，进而"无敢折狱"就是不敢营私枉法的意思。

与"明庶政"相联系，如果是前一种解法，得出的结论就是说，通过观察"贲"卦，或者运用"贲"卦中的原理，只能作"明庶政"这样的小事，而不能做"折狱"这样的大事。后一种解法，得出的结论就是，要"明庶政"，不能轻易地裁决诉讼，折损其公正。

两种解读都有可取之处，相较之下，笔者更倾向于后者。

初九，贲其趾，舍车而徒。

【译文】装饰其脚趾，不坐车而徒步。

象曰：舍车而徒，义弗乘也。

【译文】不坐车而徒步，是因为理应不乘车。

【解读】在传统的解读中，由于对卦辞中"小"的理解偏于狭窄，因此导致对爻辞的理解，也随之而偏。较为普遍的观点是认为，下卦重文，上卦重质。但当明晰了卦辞的核心含义，是在言说"贲"虽"亨"却"小"的局限性之后，就会发现，六爻之间呈现出自下而上、自内而外、由己及人的六种不同的"贲"，分别从六个不同的角度，阐释了"贲"的"小"。

初九位于最下，因此有"趾"之象，"贲其趾"就是装饰其脚趾的意思，形象地说，就是穿了一双漂亮的鞋子。

"舍车而徒"就是不坐车而徒步的意思。初九在互坎之下，坎为车，因此有"舍车而徒"之象。

因为穿了一双新鞋子，就不坐车而徒步，显然就是为了炫耀一下"贲其趾"的结果，足见其境界之小。这原本是极容易理解，甚至在生活中，时常可见的事情，所以象辞说"义弗乘也"——理应不乘车。这个"义"是由初九的爻位决定的，初九身处最下，有小民之象，因此境界理应如此。

但是后儒因为，不了解爻辞突出"小"的初衷，而将其解读为，初九为君子，因此在天下文饰的时代，依然能够特立独行，其表现就是通过"舍车而徒"，以示其清高的姿态，云云。可谓繁复不通。

六二，贲其须。

【译文】装饰其胡须。

象曰: 贲其须, 与上兴也。

【译文】装饰其胡须, 说明其随从在上位者一起运动。

【解读】卦中三至上形成一个缩小的颐卦, 有口之象。六二上临九三, 因此有须之象。因此说"贲其须"。与装饰脚趾(穿鞋子)相比, 装饰胡须显然更加高级一些——人总要在衣着得体之后, 才能考虑到对胡须这种细枝末节部分的装饰。

胡须的基本特性是, 要附着于下颌之上, 进而随之上下运动。同时装饰胡须, 说明人已经开始注重自己的仪表, 隐含有出门应酬之意。所以象辞说"与上兴也", 就是随从在上位者一起运动的意思, 在卦象上的体现就是, 六二上承九三而与之亲比。与初九"贲其趾"的自我欣赏相比, 其境界有所进步。但终究依附于人, 仍旧是"小"。

综观初、二两爻, 都是自"贲"肢体的小民行为, 初九因为身处最下, 除了自我欣赏之外, 完全被动, 只能期望得人偶然一见而已; 六二因为身处民之上, 可与官相接, 因此略显主动, 开始随人而动。

上述两种, 正是小民自"贲"以求进身之态。

九三, 贲如濡如, 永贞吉。

【译文】充分浸润在文饰之中, 能够永葆贞正, 则能得吉。

象曰: 永贞之吉, 终莫之陵也。

【译文】永葆贞正而得的吉祥, 是指始终不为阴柔所凌辱。

【解读】"濡(rú)"既有润泽之意, 又有停留、迟滞之意。这也正与九三的卦象相合: 一方面, 九三上下皆与阴柔相比, 有领受重重之"贲"之象, 又为互坎之主, 坎为陷, 为水, 因此有饱蘸其贲之象, 所以说"贲如濡如"。另一方面, 坎为陷, 为暗, 九三又是下离之终, 因此有光明已尽、陷于昏暗之象。

总之, 九三既处于重重文饰的光彩之中, 又处于文过失贞的边缘之上, 集中地体现了"贲亨小"的本质。因此戒之以"永贞吉"——如果能够永葆贞正, 则能得吉。这是因为, 九三阳居阳位, 原本既已得正, 而非不正, 只是深陷盛饰之中, 有溺于安乐之虞。正如《周易折中》所言"九三非不贞也, 能永其贞, 则二阴于我为润泽之濡, 我于彼不为陷溺之濡。"

象辞说"永贞之吉, 终莫之陵也"是在解释, 九三因"永贞"而得之"吉", 就是始终不为阴柔所凌辱。比之于人事, 君子溺于小人之"贲"而不知止, 最终势必成为小人的玩偶, 遭其凌辱, 用现代的话说就是被捧杀。

六四, 贲如皤如, 白马翰如, 匪寇婚媾。

【译文】(被文饰得)威武雄壮的样子, 骑着高大的白马, 不是贼寇而是婚媾对象。

象曰：六四，当位疑也。匪寇婚媾，终无尤也。

【译文】六四所处的位置，是容易产生疑惑的位置。不是贼寇而是婚媾对象，说明终究没有忧悔。

【解读】"皤（pó）"有两种解释，一是头发白，二是大腹。先儒因为将上卦三爻理解为"崇质返素"，所以通常取皤的白发之意。笔者则认为取大腹之意更为贴切，原因有二：

首先六四位于三至上形成的大离之中，离为大腹，因此六四本身具有大腹之象；

其次《诗·大雅·崧高》中有"申伯番番，既入于谢。徒御啴啴。周邦咸喜，戎有良翰。"诗句，用词与六四极为相近，而且四为诸侯之位，与"申伯"的身份也相近，"番番"意为威武雄壮的样子，以中国古代的审美观来看，"大腹"与威武有相通之处，且在古代"番"与"皤"通假。

所以"皤"应当解为大腹，"皤如"就是威武雄壮的样子。"白马翰如"是在进一步描述"皤如"——骑着高大的白马，驰骋而来。象中互震为白马。

既言之后，所涉必是国事，所谓"国之大事唯祀与戎"，六四骑乘白马威武雄壮而来，结果却是"匪寇婚媾"，"匪寇"就不是戎事，"婚媾"虽然也算国事，但与"寇"相比，显然是"小"。

象辞说"六四，当位疑也"是指六四柔居柔位，但却乘刚的状态。"终无尤也"是因为在贲卦之中，讲求的阴阳相贲，因此虽然乘刚，仍旧以亲比为意，所以"匪寇婚媾"，既成婚媾，当然无忧。

综观三、四两爻，都为得他人之"贲"者，且都为盛饰。九三阳居阳位，得二阴之"贲"，正是一幅以阳刚之才，下见恭维，上得宠信的官吏之象，极易沉溺其中而失贞，所以得"永贞"之戒。六四则得官爵、鞍马之"贲"——在一个重视礼制的时代，这比人来相"贲"重要得多。但盛饰而来，所求仅为婚媾而已。但在境界上，三、四已经远远超越了初、二两爻。

六五，贲于丘园，束帛戋戋，吝，终吉。

【译文】以贤士来文饰自身，所带的礼物很少，吝道，最终会吉祥。

象曰：六五之吉，有喜也。

【译文】六五的吉祥，是因为有值得庆幸的事情。

【解读】"丘园"应当取象于上艮，上艮为山，因此有丘园之象。所谓丘园应当是指，隐居山丘原野的贤士。"贲于丘园"具有两重含义，首先是以"丘园"——贤士为"贲"，即以贤士来文饰自身的意思。其次，贤士既然隐于丘园，那么要引以为"贲"，则必然有一个出门而求的过程。与初、二的自"贲"肢体，和三、四的得人之"贲"相比，这是六五的巨大突破——主动求"贲"。

贤士原本是用来充当国家之股肱的，如今作为君王的六五，却仅仅以之为自己的装饰品，可见其境界之"小"。更有甚者，其主动求"贲"的过程，也充斥着"小"——"束帛戋戋"，"束帛"是古时常用的礼物，"戋戋"是少的意思。本来初衷已然狭小，在实施的过程中，手段依然狭小，因此被断为"吝"。

所谓"终吉"是因为，六五的行为虽然"小"，但终究在形式上是正确的，终究是有利于在社会上建立正确导向的——以贤人为装饰品，至少可以在社会上形成尚贤之风，而且耳濡目染，总能对君王的行为有所影响、改进，总好过满朝皆小人，出入皆奸佞，来得好些。

象辞说"有喜"，就是说在其行为的背后，有值得庆幸，能够到来亨通的内容。进一步说，就是君王能主动求贤士为"贲"，至少说明了两个问题：一君王尚有求治之心；二君王尚有鉴贤之目。如此，则国尚有望。

上九，白贲，无咎。

【译文】以白来文饰，没有咎害。

象曰：白贲无咎，上得志也。

【译文】以白来文饰，没有咎害，说明其上行而得行心愿。

【解读】上九与其他五爻均不同，既非自"贲"，又非得人之"贲"，也非自求其"贲"，而是完全"贲"人的。其所采用的"贲"的方式，就是"白贲"。

上九自泰卦的九二而来，上至上艮之终。九二为现于田野的"大人"，上艮为山，为止，因此上九就是六五所求来"贲"己的丘园隐士，而其"白贲"的作用和价值，就是"文明而止"中的"止"。

因为"白贲"之"白"是与其他炫彩相对，其价值/作用就在于能使一切过炫之彩，显得分外醒目——即如一面能够反鉴一切过盛之文的镜子，因此起的是"止"的作用。可见"文明而止"中的"止"，并非通过强力来止，而是通过教化来止。当然这也是以六五尚且求"贲于丘园"——"有喜"为基础的。

象辞说"上得志也"，就是上而得其文明而止——人文之志的意思。

综上所述，贲卦六爻与"贲"——文饰的关系，可汇成如下之图：

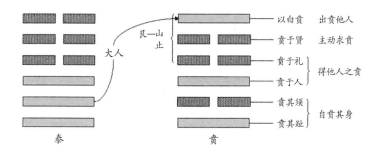